CI보험을 판매하는 33가지 방법

초판 1쇄 발행   2019년 2월 8일

지은이 김문성 · 홍성민   **펴낸곳** 네오머니(주)   **펴낸이** 김문성
기획 · 정리 김정식   **마케팅** 고세규   **디자인** 조선미   **영상제작** 김태우
출판등록 2012년 4월 9일 제2006-000122호
주소 서울시 강남구 선릉로112길 14(삼성동) JS빌딩 2층
전화 02-2088-5480   **팩스** 02-2088-5490   **이메일** neomoney_mail@neomoney.co.kr

ISBN 978-89-93281-61-3   정가 20,000원
ⓒ 김문성, 2019

이 책은 저작권법에 따라 보호받는 저작물이므로 무단 전재와 무단 복제를 금지하며,
이 책 내용의 전부 또는 일부를 이용하려면 반드시 저작권자와 네오머니(주)의 서면동의를 받아야 합니다.
잘못된 책은 구입하신 서점에서 바꿔 드립니다.

CI보험을 판매하는 33가지 방법

NEO·MONEY

Contents

01 CI보험을 고객에게 정확하게 설명하는 방법이 중요한 이유는?   6

02 CI보험은 종신보험과 어떻게 다른가요?   15

03 가족력을 가진 고객이 반드시 CI보험을 활용해야 하는 이유는?   22

04 CI 발생 전에 질병이 발생하면 어떻게 해야 하나요?   31

05 보장도 중요하지만 노후준비도 해야 하는데, 좋은 방법이 있을까요?   43

06 CI보험은 LIFE CYCLE에 따라 역할이 달라집니다.   50

07 CI보험은 보험금 지급이 정말 까다로운 것일까요?   59

08 CI보험은 정말 비싼 보험일까요?   68

09 나이가 들면 반드시 찾아오는 질병이 있습니다.   82

10 가족 중 당뇨를 가진 분이 있으십니까?   95

11 가족 중에 고혈압을 가진 분이 있으십니까?   110

12 자기 혈관 숫자를 알고 있나요?   122

13 의료비와 수술비, 얼마나 준비하면 되나요?   129

14 사망원인 3위인 뇌혈관질환이 정말 더 무서운 이유는?   141

15 질병이 발생하면 가장 두려운 것은?   150

16 암에 대해 얼마나 알고 계십니까?   157

17	남자보다 여자가 암 보장을 먼저해야 하는 이유는?	166
18	남자에게 암이란?	173
19	암을 치료하는데 의료비는 얼마나 필요할까요?	180
20	소액암의 반란, 소액암이 무서운 이유는?	189
21	암과 다른 질병과의 차이는 재발과 전이에 있습니다.	197
22	3대 질병으로 인한 사망률, 앞으로 높아질까요? 낮아질까요?	206
23	의료비 파산을 아십니까?	213
24	어른들이 가장 두려워하는 질병 1위를 아십니까?	223
25	두 번째 CI / LTC 보장이란 말을 들어보셨나요?	232
26	남자의 일생, 8.15를 아십니까?	240
27	여자의 일생은 86.20이라고 합니다.	248
28	OO보험, 언제 가입하셨습니까?	259
29	주요 질병에 대한 보장규모는 어떻습니까?	267
30	최근 보장트렌드 변화에 맞춰 꼭 준비해야 할 담보는?	278
31	CI보험에 있는 서비스 특약을 아시나요?	285
32	CI보험은 고객의 상황에 맞춘 설계가 중요합니다.	292
33	앞으로 우리가 살아 갈 시대는 生 → 老 → 病 → 療 → 死의 시대가 될 것입니다.	300

Intro.
CI보험을 판매하는 33가지 방법

보험업계의 다양한 분야에서 활동 중인 많은 분들과 CI보험의 장점이 무엇이라고 생각하는지, 어떤 컨셉으로 판매하는 것이 맞는지, 어떤 고객에게 적합한 상품인지…등등에 관해 의견을 교환할 때 마다 놀랍게 느껴졌던 것은 CI보험에 대해 긍정적인 견해를 가진 분들도 많지만 동시에 부정적인 견해를 가진 분들도 많다는 것이었습니다.

하나의 상품에 대해 이렇게 호불호(好不好)가 명확하게 나누어지는 상품도 드물다는 생각에 적어도 보험업계에 종사하는 사람이라면 CI보험의 가치를 정확하게 이해할 필요가 있겠다고 생각되었습니다. 그래서 다시 한번 보험 약관을 살펴보고, 각 회사별 상품 구성도 비교해보고, 다양한 판례와 사례도 수집하여 정리하게 되었습니다.

CI보험의 가치와 필요성에 대해서는 왜 CI보험이 개발되었는지 그 탄생배경이 많은 것을 얘기해 주고 있습니다. 최근 수십 년 사이에 인간의 수명은 극적으로 길어졌습니다. 의료기술 또한 빠르게 발전하면서 사람들은 사망하기 전에 오랜 기간 질병에 시달리고 장기간병상황에 직면하게 되었습니다. 이에 따라 사망보험금도 필요하지만 사망하기 전 필요한 고액의 치료비와 간병비 지출에 대비하고자 하는 고객들이 늘어나게 되었습니다. 이런 시대 상황을 반영해 개발된 것이 CI보험입니다.

CI보험을 연구하면 할수록 CI보험이 고객에게 제공하는 혜택이 매우 크다는 사실을 기반으로 CI보험의 가치를 체계적이고 종합적으로 정리하여 많은 보험영업 가족에게 제공하고자 이 책을 발간하게 되었습니다.

이 책은 크게 세 개의 주제로 구성되어 있습니다.

첫 번째 주제는 CI보험을 제대로 이해하고 CI보험이 고객에게 제공하는 혜택이 무엇인지를 다루고 있습니다. 또한, CI보험에 대해 가지고 있는 오해들을 적시하고 어떻게 해결할 것인지에 대한 솔루션도 함께 제공합니다.
두 번째 주제는 CI보험의 필요성을 다양한 관점에서 풀어내는 방법을 다루고 있습니다. CI보험이 제공하는 보장의 내용과 그 의미를 최신 통계를 활용하여 설명하고 있습니다.
세 번째 주제는 사회환경 변화의 방향을 설명하고, 고객이 앞으로 직면하게 될 다양한 위험에 대한 대비 수단으로써 CI보험이 얼마나 중요한 역할을 할 수 있는지를 다루고 있습니다.

CI보험은 보험회사별로 담보내용이 다르고 특약 내용도 달라 "바로 이것이다" 라고 설명하기가 어려운 상품입니다. 이 책은 CI보험이 기본적으로 가지는 기능에 초점을 맞추고 있습니다. 일부 특약이나 서비스 등은 회사마다, 상품마다 차이가 있을 수 있습니다. 이 책의 내용이 판매하고 계신 CI보험의 주계약과 특약 및 서비스 내용과 다를 수 있다는 점에 대해 미리 양해를 구하고자 합니다.

마지막으로 이 책을 통해 CI보험의 가치를 새롭게 인식하고 제대로 된 설명을 통해 더 많은 CI보험 영업 성과를 올리실 수 있기를 기원합니다.

01 CI Insurance

CI보험의 필요성을 종합적으로 설명하는 방법

CI보험을 고객에게 정확하게 설명하는 방법이 중요한 이유는?

CI보험이란 무엇이고 왜 필요한가요?

고객이 CI보험이 무엇인지 질문했다면 어떻게 답을 하는 것이 좋을까요? 이런 질문을 받았을 때 "CI보험은 이런 상품입니다."라고 간결하고 효과적으로 설명할 준비는 되어 있으신가요?

CI보험은 다양한 특징을 가지고 있기 때문에 어떤 기능을 강조하느냐에 따라 고객이 매우 다르게 인식할 가능성이 높은 상품입니다. 또한, CI보험에 대해 잘못 알고 있는 소비자들이 상당히 많고, 심지어 금융전문가들조차 CI보험의 정확한 가치를 제대로 이해하지 못하는 경우도 있습니다. 따라서 고객이 이해하기 쉬운 말로, 설득력 있는 내용을 포함하여 CI보험을 설명하는 것은 중요한 판매방법이 될 수 있습니다.

CI보험을 쉽게 설명하는 핵심 포인트는 다음과 같습니다.

> "CI보험은 갑작스러운 사고나 질병으로 인해 중병상태가 계속될 때 약정한 사망보험금의 일부를 미리 지급함으로써 사망 전이라도 보험 가입자의 경제적 부담을 줄일 수 있는 상품입니다. 따라서 CI보험은 종신보험과 건강보험의 성격을 동시에 가지고 있는 상품입니다."

종신보험과 건강보험의 성격을 동시에 가진다는 것은 두 상품의 장점을 모두 활용할 수 있다는 의미가 됩니다. 이런 특징을 가진 CI보험이 탄생하게 된 배경과 그 의미를 고객에게 설명하는 것이 포인트가 될 것입니다.

CI보험은 사망보험이면서 건강보험입니다.

고객들은 소소한 보장을 해 주는 보험상품에 가입하면서 상당히 많은 돈을 사용합니다. 고객들은 보험금을 쉽게 받을 수 있다면 이득이라는 생각을 하고 있습니다. 예를 들어 감기에 걸려 병원비로 1만 원을 썼고 이중 절반인 5천 원을 보험금으로 받을 수 있는 보험이 있다면 어떻게 생각할까요?

보험금을 쉽게 받는다는 측면에서는 최고의 보험이라고 생각할 수도 있겠지만 실은 굳이 이런 보험이 없어도 5천 원 정도는 가진 돈으로 충분히 지출할 수 있는 액수이고 가정에도 치명적인 위험은 아닐 것입니다.

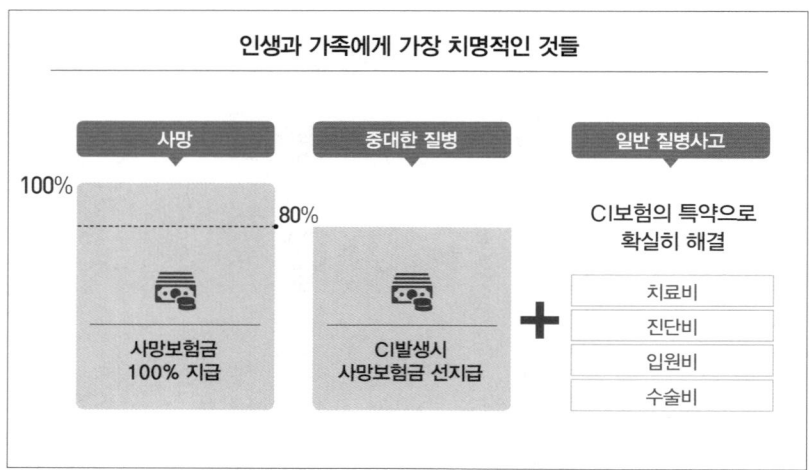

보험은 자신이 가진 돈과 소득으로 감당할 수 없는 위기 상황이 발생했을 때 경제적 도움을 받아 치명적인 위험에서 벗어나기 위해 고안된 상품이고, 이것이 보험의 가치입니다. 따라서 자신과 가족에게 가장 치명적인 위험이 무엇인지 확인하고 이런 위험에 대한 대비를 먼저 하는 것이 현명한 선택입니다.

치명적인 위험을 순서대로 나열해보면, 무엇보다도 사망이 가장 치명적인 위험일 것입니다. 그런데 최근 의료기술의 발전으로 인해 사람들은 사망하기 전에 많은 의료비를 지출할 수밖에 없는 상황에 놓이게 되었습니다. 즉, 중대한 질병에 대비할 필요성이 커진 것입니다. 그 다음으로 일반적인(중대하지 않은) 질병이나 사고에 대한 준비도 필요할 것입니다.

CI보험은 사망보험금 지급을 기본으로 하지만 중대 질병 등이 발생하면 사망보험금을 미리 지급함으로써 의료환경변화와 새롭게 바뀌고 있는 라이프사이클에 대비할 수 있도록 고안된 것입니다. 또한 특약으로 일반적인 건강, 사고보장까지 준비할 수 있도록 만든 상품입니다.

°CI보험은 유병장수시대로 바뀌는 환경에 대비하기 위해 탄생한 상품

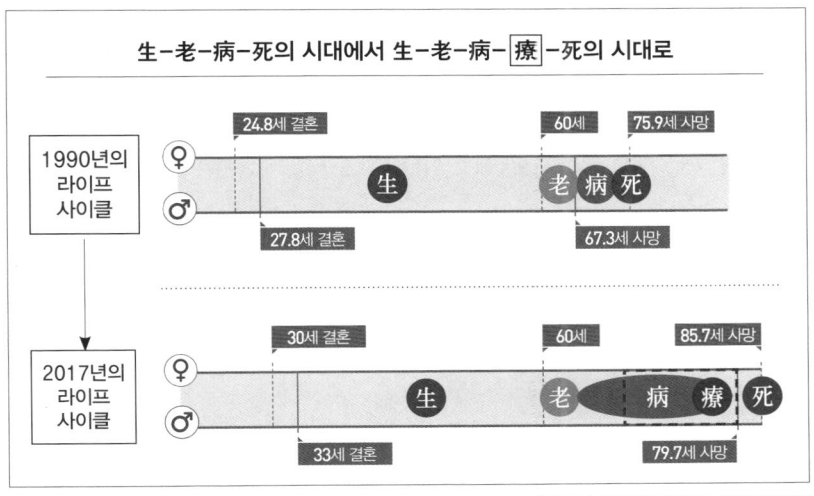

[2017년 생명표 및 사회지표, 통계청(2018)]

CI보험이 왜 필요해졌을까요?

예전의 "생로병사"의 생명주기가 "생 → 로 → 병 → 요(양) → 사"로 바뀌게 되면서 사망 이전에 많은 병원비와 간병비가 필요로 하게 되었습니다. 따라서 종신보험도 이런 사회적 변화에 맞게 보완될 필요가 생겼

고, 이런 사회적 변화와 고객의 필요에 따라 개발된 상품이 바로 CI보험입니다.

CI보험은 1983년에 처음 고안된 상품으로, 역사가 그리 오래되지 않았습니다. 1983년 남아프리카공화국의 생명보험회사 의사인 바너드(Marius Barnard)가 고안했다고 합니다. CI보험이 이때 개발된 이유는 사람의 수명이 1980년대 이후부터 급속히 늘어났기 때문입니다.

우리나라의 경우에도 1990년 남자의 수명은 67.3세, 여자는 75.9세에 불과했습니다. 60세를 노년의 시작이라고 했을 때 겨우 7년에서 16년 정도 살았던 것이죠. 우리는 흔히 인생을 "생로병사"라고 표현하는데, 그림에서 보듯 1990년대에는 늙은 후에 병에 걸려서 사망하는 기간까지가 상당히 짧습니다. 기간이 짧다는 것은 그만큼 노년기에 필요한 자금의 규모가 크지 않다는 의미와도 같습니다.

그런데 최근 통계청의 생명표를 보면 상황이 크게 달라졌음을 알게 됩니다. 2017년 기준 남자의 평균 수명은 79.7세이고, 여자는 85.7세입니다. 60세 이후 남자는 거의 20년을, 여자는 26년 이상을 살게 된 것이죠. 여기에 의료기술의 발달로 인해 상당 기간의 치료와 요양이 필요한 상황이 발생하게 되었습니다. 이렇게 인구구조와 사회환경 변화에 따른 고객 요구를 수용하여 탄생한 상품이 바로 CI보험입니다.

이렇게 상담하세요

고객 현황

50세 여성, 주부, 중산층, 자녀있으며 남편은 직장인
(본 화법은 초고액 자산가를 제외한 모든 고객에게 적용할 수 있습니다.)

> 🙋 고객님, CI보험에 대해 들어보신 적 있으세요?

네 들어본 적은 있는데 정확하게는 모르겠어요.
(들어보았으며 정확하게 알고 있다고 답하는 고객에게는 어떻게 이해하고 있는지 질문하세요.)

> 🙋 그러시군요~ CI보험을 쉽게 설명해 드리면 '갑작스러운 사고나 질병으로 인해 중병상태가 계속될 때 약정한 사망보험금의 일부를 미리 지급함으로써 사망 전이라도 보험가입자의 경제적 부담을 줄일 수 있는 상품입니다. 따라서 CI보험은 종신보험과 건강보험의 성격을 동시에 가지고 있는 보험'이라고 생각하시면 됩니다.

그렇군요. 그런데 갑자기 CI보험에 대해 왜 질문하시는 건가요?

> 🙋 제가 최근 통계자료를 살펴보면서 '아~ 정말 우리 삶의 모습이 많이 바뀌었구나'는 생각을 하게 되었습니다. 1990년에 남자의 수명은 겨우 67세 남짓이었는데, 지금은 80세에 육박하고 있고 여성도 수명이 많이 증가하게 되었지요. 예전에는 우리 삶을 '생로병사'로 표현하지 않았습니까? 그런데 최근에는 다르게 표현하기 시작했다고 합니다.

생로병사란 말은 저도 알죠. 그런데 어떻게 달라졌다는 건가요?

> 🙋 지금은 '생 → 로 → 병 → 요(양) → 사'로 표현한다고 합니다.

그게 어떤 뜻입니까?

🙋 최근 어르신들이 병원에 가서 꽤 심각한 병으로 진단을 받으셔도 상당히 오랜기간 생존하는 것이 현실이죠. 그리고 다시 건강을 되찾기도 하시고요. 요즘 의학기술을 보면 충분히 이해가 가실 거예요. 그래서 병에 걸린 후에 상당기간 병간호와 요양을 받으신 후 다시 지병이 악화되어 재차 치료를 받다가 돌아가시지요. 혹시 고객님께서도 이런 상황을 겪으셨을지 모르겠네요… 저는 주변에서 너무나 많이 보고 있거든요.

저는 부모님이 일찍 돌아가셔서 그렇지는 않았어요.(만약, 고객이 자신도 이런 경험이 있었다고 한다면 그 경험에 대해 구체적으로 듣습니다. 경험이 많다면 CI보험 가입의사는 훨씬 강할 수 있습니다.)

🙋 고객님과 제가 지금보다 나이가 들면 이런 현상은 훨씬 일반적일 텐데요, 오랜 치료와 병간호로 인해 사망 전에 사용하게 되는 많은 병원비를 무엇으로 감당할 것인지에 대해 걱정하지 않을 수 없게 되었습니다.
이런 사회환경 변화에 대비할 필요성이 더욱 커지고 있는 상황이 되어버렸어요.

고객님 주변에도 고령이신데 계속 병원에 입원하거나 요양병원에서 생활하시는 어른들이 있으시지요?

그건 그래요. 제 친구 중에도 있어요.

🙋 제 주변에도 정말 그런 분들이 많으세요. 이런 일들이 발생하는 이유는 사람의 수명이 빠르게 길어지고 있고 의료기술이 발달하기 때문인데요, 이제는 사망 전에 상당히 큰 비용을 지출할 수밖에 없는 시대가 된 것 같습니다. CI보험은 이런 변화에 맞춰 비교적 최근에 개발된 보험입니다.

이 상품은 기존의 종신보험의 장점을 대부분 가지고 있으면서 상황에 따라 사망보험금을 미리 받아 활용할 수 있는 기능까지 포함되어 있어요. 즉, 사망보험금도 준비하고 적립된 보험료로 필요한 목돈 수요에도 일정부분 대비하면서 중대한 질병이 발생하면 사망보험금을 미리 받을 수도 있는 상품입니다.

그림으로 풀어보는 CI 보험 실전 활용 포인트

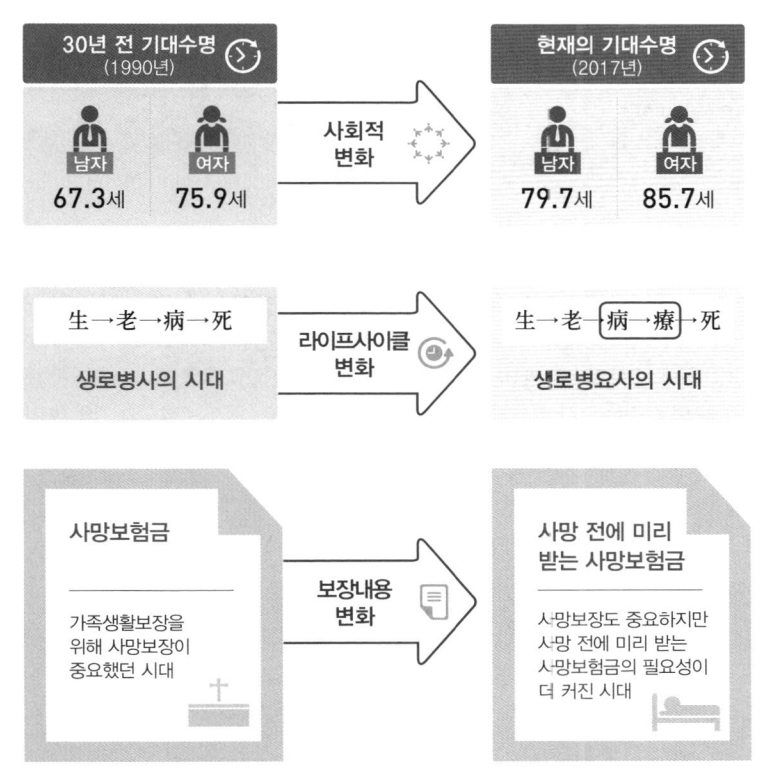

사망보장과 중대한 질병에 따른 고액의 의료비까지
한번에 준비하는 지혜가 필요한 시대로 변화

그림으로 풀어보는 CI 보험 실전 활용 포인트

효과적인 상담을 위해서는 중요한 통계지표와 통계가 주는 메시지를 고객에게 전달할 수 있어야 합니다. 이를 위해 다음의 세 단계로 상담을 진행할 필요가 있습니다

| 사회환경 변화를 통계를 통해 설명 ① | → | 통계를 통해 보장내용의 변화 설명 ② | → | 구체적 사례를 활용하여 설명 ③ |

첫째, 과거와 크게 달라진 환경변화를 주제로 상담을 시작합니다.

예전과 다르게 변화한 인생 주기로 인해 고객의 보장내용에도 변화가 필요하다는 점을 숫자와 통계를 통해 자연스럽게 알려야 합니다. 이를 위해 현재와 과거 30년 전의 수명 변화에 대해 정확하게 비교할 수 있도록 암기를 할 필요가 있습니다. 30년 전인 1990년의 수명은 남자 약 67.3세, 여자가 75.9세이고, 현재는 남자가 거의 80세, 여자는 86세까지 수명이 늘어났다는 사실을 구체적인 수치로 제시합니다.

이렇게 수명이 길어지게 되면서 생·로·병·사의 인생 주기가 이제는 생·로·병·요·사로 바뀌게 되었음을 알려줍니다.

둘째, 과거에는 치명적 위험인 사망 시를 대비하여 사망보험금이 강조되었지만, 지금은 사망 전에 발생할 병원비, 간병비 등에 대한 준비를 위해 사망보험금을 미리 받을 필요성이 커졌음을 강조합니다. 종신보험이나 건강보험에 가입하고 계신 분들도 이제는 바뀌는 환경 변화에 대비하기 위해 CI보험을 활용해야 함을 설명합니다.

마지막으로 실제로 이런 상황이 발생하는 주변 사례를 함께 설명하는 것이 좋습니다. 최근 우리 주변에서 발생하고 있는 부모님의 치료, 간병에 대한 상황은 이런 변화가 남의 일이 아님을 알려주고 있습니다. 80대를 넘어선 부모님들의 적지 않은 병원비와 간병비를 은퇴를 앞둔 자녀들이 계속 지출하고 있는 지인들을 손쉽게 찾아볼 수 있습니다.

우리가 노인이 될 미래에는 이런 상황이 더욱더 많아지지 않을까요?

02 CI보험은 종신보험과 어떻게 다른가요?

CI보험과 종신보험의 특징 비교를 통한 양대 상품 판매 방법

CI보험과 종신보험의 특징과 장점 비교가 중요한 이유는?

고객들이 주로 가입한 사망보험은 종신보험이 압도적으로 많습니다. 그런데, CI보험이 등장하면서 종신보험과 CI보험 중 어떤 상품에 가입하는 것이 더 좋은지를 궁금해하는 분들이 많습니다.

결론부터 정리한다면 CI보험도 종신보험이라는 것이며, 일반적인 종신보험과 달리 사망하기 전이라도 사망보험금을 미리 지급한다는 점에서 차이가 있습니다.

그렇다면, 종신보험을 제안하는 것이 좋을까요? 아니면 CI보험을 제안하는 것이 좋을까요? 그리고 이미 종신보험에 가입한 분들이 보장을 보완할 때 CI보험을 활용하는 것이 좋을까요? 다른 건강보험이나 종신보험에 추가 가입하여 보장을 보완하는 것이 좋을까요?

종신보험과 CI보험의 특징과 장점 등을 명확하게 정리할 수 있고, 이를 효과적으로 설명할 수 있다면 고객 상담에 큰 도움이 될 것입니다. 또한 "그건 이렇습니다!"라고 설명할 수 있다면 보장설계 전문가로서의 신뢰도 더욱 높아질 것입니다.

CI보험과 종신보험의 가장 큰 차이점은 주계약에 있습니다.

종신보험의 가입목적은 피보험자 사망 시 남겨진 가족의 생활보장자금 준비, 혹은 사망보험금을 유족에게 유산으로 남기거나, 고액 자산가의 경우 상속세 재원마련을 위한 것입니다.

그런데 수명이 길어지면서 사망 이전에 많은 의료비 등의 부담이 발생하게 되었고, 이 때문에 고객은 사망 전에 발생하는 고액의 치료비에 대비할 필요성을 느끼게 되었습니다. 사망 시에만 지급하는 것을 원칙으로 하는 종신보험의 사망보험금을 일찍 지급함으로써 사망 전부터 가입자 및 가족의 경제적 부담을 완화할 수 있도록 구성한 것이 CI보험입니다.

따라서 CI보험은 종신보험의 특징을 그대로 가지고 있으면서도 CI 보장상황 또는 LTC 상황이 발생할 경우 사망보험금의 상당 부분(일반적으로 사망보험금의 80%)을 미리 지급하는 것을 "주계약"에 포함한 보험상품입니다.

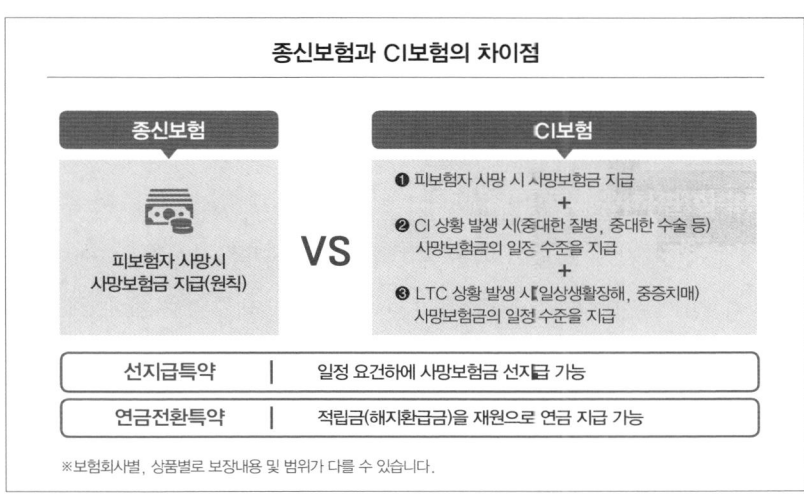

그래서 CI보험은 종신보험과 건강보험의 성격이 결합된 상품으로 고객은 사망보험금의 일부를 미리 지급받아 의료비, 간병비, 생활비 등으로 활용할 수 있고, 사망 시에는 남은 사망보험금으로 남겨진 가족의 생활비 및 상속재산으로도 활용할 수 있습니다.

CI보험은 인생의 마무리를 책임지는 보험상품입니다.

이 세상에는 수백만 가지의 사망원인이 있습니다. 상어의 공격으로 사망하거나, 투신자살하는 사람에게 깔려 사망하는 황당한 경우도 있습니다. 하지만 이런 사고로 사망하는 사람은 10%를 넘지 않으며, 대부분은 질병으로 인해 사망합니다.

수 많은 질병 중에서도 유독 네 개의 질병(암, 심장질환, 뇌혈관질환, 폐렴)

으로 사망하는 사람이 전체 사망자의 55.5%(2017 사망원인 통계, 통계청)를 차지하고 있기에 사람들은 이 4개의 질병을 두려워 하는 것입니다.

질병은 발병률과 치명성의 정도에 따라 분류할 수 있습니다. 아주 치명적이지는 않지만 발병률이 높은 질병은 고혈압, 당뇨와 같은 만성질환인데, 나이가 들면 누구나 한 가지 이상의 만성질환을 가지게 되는 것이 보통입니다.

만성질환과 달리 목숨을 위협하는 주요 질병으로 암과 뇌출혈, 뇌경색, 급성심근경색을 꼽을 수 있습니다. 이런 질병이 경증으로 끝난다면 치료를 통해 건강을 되찾을 수 있지만, 불행히도 이런 질병이 심해지면 심각한 상황에 부딪히게 됩니다. 고액의 치료비는 물론이고 만에 하나

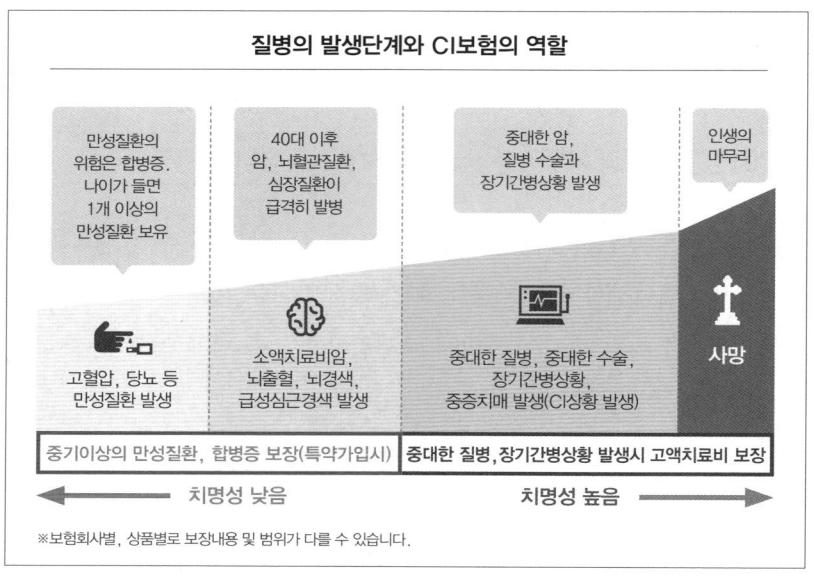

장기간병상황이나 중증의 치매상황이 발생하게 된다면 치료비 외에 간병비 부담으로 인해 가족 전체가 심각한 경제적인 고충을 겪게 됩니다.

일반적으로 사람의 일생은 점점 늙어가면서 조금 아프다가 많이 아프게 되고, 그러다 가족의 간병을 받다가 결국 사망에 이르게 됩니다.

CI보험은 사람의 일생에서 발생하게 되는 질병단계에 맞춰 주계약과 특약으로 발생단계별로 보장을 제공한다는 점에서 종신보험과는 다른 특징을 가지고 있습니다.

CI보험과 유사한 GI보험

GI보험 또한 CI보험과 근본적으로 같은 기능을 하는 제공하는 보험 상품이라 할 수 있습니다. 다만, GI(General Illness)라는 용어에서 알 수 있듯이 보장하는 주요 질병 내용에 차이가 있습니다.

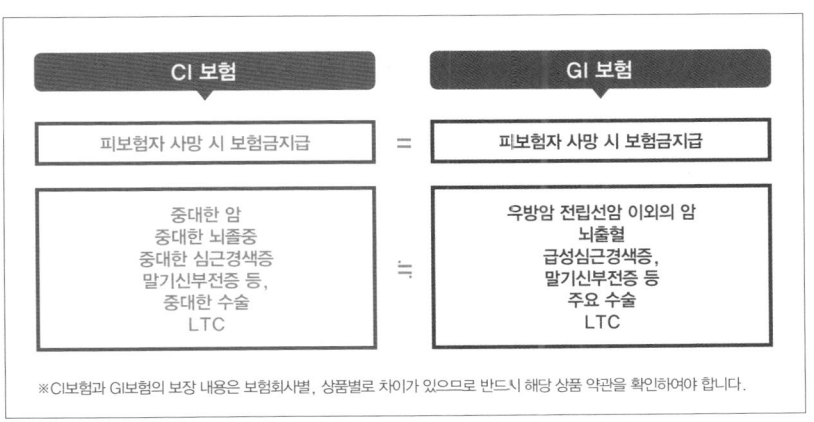

※CI보험과 GI보험의 보장 내용은 보험회사별, 상품별로 차이가 있으므로 반드시 해당 상품 약관을 확인하여야 합니다.

CI보험과 GI보험의 보장 대상 측면에서 차이를 구체적으로 살펴보겠습니다. 피보험자 사망 시 보험금을 지급한다는 점에서 두 상품은 모두 동일하게 사망보험의 성격을 가지고 있습니다.

보장대상 질병에서는 조금 차이가 있는데, 먼저 암과 관련된 차이점을 살펴보면, CI보험에서 중대한 암이란 보장대상에서 제외되는 암종(피부의 악성흑색종, 기타피부암, 초기 전립선암, 갑상선암, 림프성백혈병, 전암, 재자리신생물, 대장점막내암 등)을 나열하고 그 이외의 암을 보장 범위를 하는 방식으로 일반적으로 보장대상에서 제외되는 암 이외의 암을 보장한다는 약관이 대부분입니다.

반면 GI보험에서는 보장대상이 되는 암을 질병분류 코드로 나열하는 경우가 많은데, 대부분 유방암, 전립선암, 기타피부암, 갑상선암, 대장점막내암을 제외된 나머지 암종들을 나열하는 것이 일반적입니다. 즉, 나열된 암 이외의 암은 보장대상에 해당되지 않는다고 이해할 수 있습니다.

다음으로 뇌와 심장관련 보장 내용을 비교해 보면, CI보험에서 보장하는 중대한 질병은 중대한 급성심근경색증과 중대한 뇌졸중, 말기신부전증 등 말기질환을 의미하는 반면, GI보험은 뇌출혈, 급성심근경색증, 말기신부전증 등의 말기질환을 보장합니다. 즉, 뇌 관련 질환과 심장관련 질환의 경우에는 보장범위에서 차이가 있습니다.

LTC보장 부분은 일반적으로 일상생활장해 상해 및 중증 치매를 보장하고 있어 두 상품 모두 유사합니다. 또한, 두 상품 모두 보험료 납입면제 특약, 연금 전환 특약 등을 갖추고 있습니다.

간단하게 두 상품의 보장 대상 차이를 설명했지만 보험회사별, 상품별로 차이가 있을 수 있을 수 있으므로 취급하는 상품 약관을 정확하게 확인할 필요가 있습니다.

이렇게 상담하세요

고객 현황

48세 전업 주부, 대학생 자녀 1명과 남편은 자영업 사장님

> 제가 통계자료를 살펴보니 우리 인생은 크고 작은 병에서 벗어나기가 정말 어려운 것 같더라고요. 세상에는 수백만 가지의 사망원인이 있다고 하는데, 그 중에서도 4대 질병으로 사망할 확률이 50%를 넘는다고 합니다. 혹시 4대 질병이 어떤 건지 아시는지요?

글쎄요… 어떤 건데요?

> 4대 질병은 암, 심장질환, 뇌혈관질환, 폐렴입니다. 이 네 개의 질병으로 열 명 중 5명 이상이 사망하고 있습니다.

그렇군요… 무서운 질병이기는 하죠.

> 보험에 가입하고 보험금을 받지 못하면 정말 억울하겠지요? 반대로 보험금을 받을 확률이 높다면 기꺼이 보험료를 낼 것입니다. 고객님도 그리 생각하지 않으신가요?

그렇기는 하죠. 받을 확률만 높다면야…

그렇습니다. 사람들은 당장에 작은 보험금이라도 받기를 원합니다. 그래서 실손의료보험이나 경증의 질병에 걸려도 보험금을 받을 수 있는 보험에 가입합니다. 그런데 고객님과 같이 소득이 높은 가정은 굳이 이런 보험이 없다고 해서 치명적인 위험에 처하시지는 않을 것입니다. 고객님의 남편께서 경제활동을 하지 못할 정도의 치명적인 질병에 걸렸을 때가 가장 위험한 것이죠. 그래서 보험은 확률과 치명성의 게임이라고 합니다.

그렇기는 하죠.

실제로 경제활동을 하기 어려운 질병들은 그리 많지 않습니다. 암과 급성심근경색이나 뇌출혈, 그리고 이에 수반하는 중대한 수술 등이 여기에 해당합니다. 여유가 없는 분들과 여유가 있는 분들의 보장계획은 그래서 큰 차이가 있습니다.

그럼 저 같은 경우에는 어떻게 해야 할까요?

아마 고객님도 이미 건강보험 정도는 가입하고 계실 거예요. 여기에 제가 말씀드린 상황이 발생할 경우를 대비한 추가 보장을 든든하게 가져가시면 가벼운 질병에 대한 보장(기존 건강보험을 활용)도 하면서, 특약을 활용해 심각한 질병이 되기 전 상황도 보장받으시고, 중대한 질병 상황에 대한 보장과 고액의 사망보험금까지 만드실 수 있도록 하면 좋겠는데요, CI보험이 바로 이 역할을 하는데 제격인 상품입니다.

그림으로 풀어보는 CI 보험 실전 활용 포인트

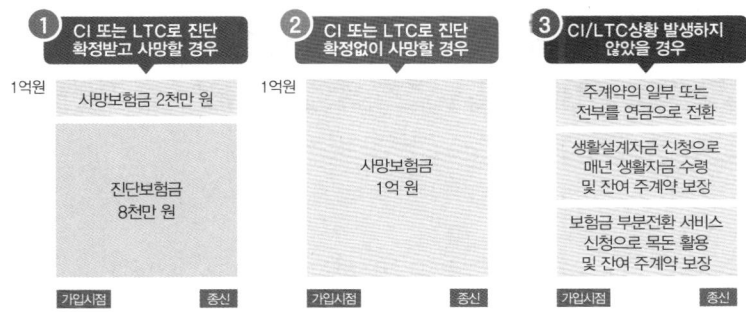

고객 상황별 CI보험의 보험금 활용방법

※ 본 사례는 주계약 1억 원을 기준으로 한 도해입니다. 보험회사별, 상품별로 보장내용 및 범위가 다를 수 있습니다.

CI보험은 사망 전에도 CI상황이 발생하면 주계약의 사망보험금 일부를 진단보험금으로 지급하게 됩니다. 이를 고객에게 효과적으로 설명하려면 상황별로 나누어 설명하는 것이 좋습니다.

① 먼저, CI나 LTC로 진단받게 될 경우에는 진단보험금으로 사망보험금의 80%(보장 강화형을 선택할 경우 100%)를 받을 수 있습니다. 이후에 사망하게 되면 나머지를 사망보험금으로 지급하여, 주계약 1억 원을 나누어 받을 수 있습니다.

② 한편, 갑자기 사망하는 경우도 발생할 수 있는데요. 이때는 주계약 사망보험금 1억 원을 일시에 받을 수 있습니다.

③ 한편, CI나 LTC 상황이 발생하지 않고 건강하게 노후를 보내는 경우에도 돈이 필요할 경우가 발생할 수 있습니다. 이때는 보험을 해지하지 않고 필요한 자금을 활용할 수 있는 기능이 있는데요, 연금으로 전환해 매년 연금으로 받거나, 생활설계자금 신청 기능을 활용해 매년 생활자금을 받으면서 잔여 주계약을 보장받거나 보험금 부분전환 서비스를 활용해 목돈을 받아 사용할 수도 있습니다.
(해당 서비스는 회사별, 상품별로 차이가 있으므로 반드시 약관을 참조하시기 바랍니다.)

건강보장을 주제로 한 CI보험 판매 방법 1

03 가족력을 가진 고객이 반드시 CI보험을 활용해야 하는 이유는?

가족력을 주제로 하는 상담이 효과적인 이유는?

가족력을 가진 고객은 심리적으로 해당 질병을 두려워할 수밖에 없습니다.

사람은 누구나 확증편향을 가지고 있습니다. 확증편향이란 일반적으로 사람들은 자신이 알고 있는 바, 믿는 바에 일치하는 방향으로 모든 것을 해석하고, 범주화하고, 판단하고, 결정하며 선택하는 경향을 말합니다. 특히 자신이 경험하지 못한 위험은 자신과 별 상관이 없다고 판단하는 경우가 이에 해당될 수 있습니다.

반대로 가족력이 있거나 부모님이 어떤 질병으로 돌아가신 경험이 있는 사람에게는 해당 질병에 대한 두려움이 매우 클 수 있습니다. 최근 연구결과에 따르면 특정 질병에 있어서 가족력은 중요한 발병 원인으로 인정되고 있습니다.

실제 가족력을 가진 고객은 일반인보다 해당 질병에 걸릴 확률이 높습니다. 이를 인정한다면 논리적으로 볼 때 가족력을 가진 고객은 더 많은 보험료를 지불해야 맞습니다. 그러나 우리나라에서는 가족력이 있다고 해서 더 많은 보험료를 요구하지 않습니다.

이 부분은 가족력을 가진 고객과의 상담에 있어서 핵심 포인트가 될 수 있습니다. 왜냐하면 가족력을 가진 분들은 발생확률에 비해 상대적으로 저렴하게 보장 혜택을 받을 수 있기 때문입니다.

가족력을 주제로 한 상담은 두 가지 포인트로 진행할 수 있습니다.
첫째, 실제로 가족력이 얼마나 질병 발생의 원인이 되는가에 대한 과학적 설명과,
둘째, 가족력이 있어도 일반가입자에 비해 보험료가 높지 않다는 경제적 측면에서 상담하면 CI보험 판매에 도움이 될 것입니다.

가족력(家族歷) 가계도를 활용한 고객 확대 방법

가족력(家族歷)을 의학적으로 정의하면 '3대에 걸친 직계가족 혹은 사촌 이내에서 같은 질환을 앓은 환자가 2명 이상'인 경우를 의미합니다. 의사는 가족력이 의심되는 환자의 경우 3대 직계가족 위주로 문진을 시행하는데, 일반적으로 가족력을 체크하는 질병 항목은 암, 대사성질환과

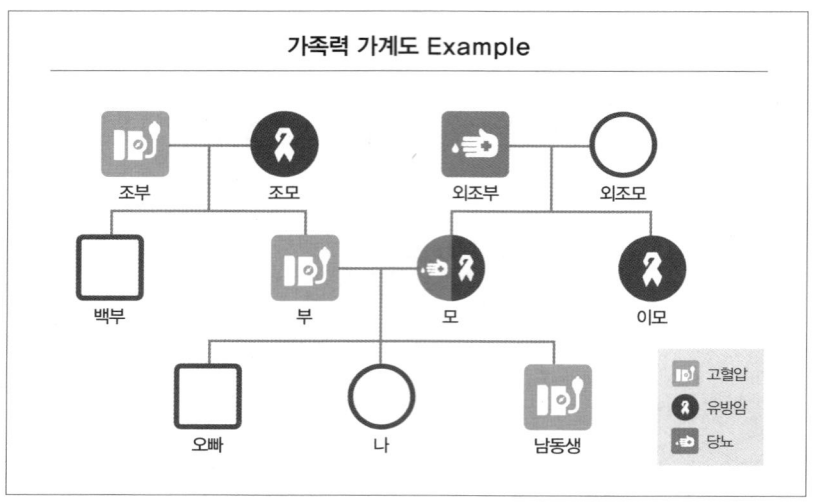

정신질환 등입니다. 이들 질병에 대해 가족력을 체크하는 이유는 가족력의 영향을 많이 받는 질병들이기 때문입니다.

가족력 가계도를 활용하면 보다 쉽게 상담을 진행할 수 있는데, 우선 가계도를 그린 후(또는 미리 인쇄된 가계도를 만들어 상담합니다.) 고객의 형제자매와 부모님, 조부모님의 가족력을 질문합니다. 고객이 답변하기 쉽게 구체적으로 병명을 언급하여 질문하는 방식으로 암, 심장질환, 뇌질환, 당뇨, 고혈압, 치매 중 어떤 병력을 가지고 있는지 순서대로 질문하면 됩니다.

해당 질병에 대한 가족력이 있다면 표에 있는 가족 칸에 해당 질병명을 기재하여 전체 가족력을 고객이 직접 눈으로 확인하게 되면 훨씬 가입 의사가 강해질 것입니다.

가족력 가계도는 신규고객 확대를 위해 사용해도 효과적입니다. 해당 고객의 가족력 가계도를 작성한 후 가족력이 확실할 경우에는 소개를 요청해야 합니다. 소개를 요청할 때는 "소개해 주세요"라는 표현 보다는 "제가 고객님의 형제분을 꼭 만나서 보장설계를 제대로 해 드려야 할 것 같습니다."라고 보다 직접적이고 적극적인 소개요청을 하는 것이 좋습니다.

가족력을 가진 고객에게 보험은 아주 중요한 역할을 할 것이고 발병확률도 높기 때문에 고객에게 정말 도움이 될 것이라는 믿음을 가지고 상담하는 것이 중요합니다.

어떤 질병이 가족력의 영향을 크게 받을까요?

가족력의 강도(强度)가 친가와 외가 혹은 직계와 방계에 따라 얼마나 차

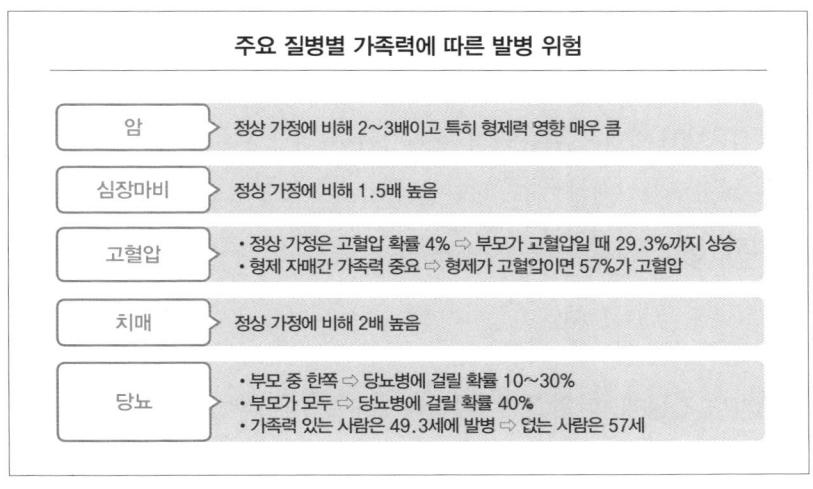

주요 질병별 가족력에 따른 발병 위험

질병	내용
암	정상 가정에 비해 2~3배이고 특히 형제력 영향 매우 큼
심장마비	정상 가정에 비해 1.5배 높음
고혈압	• 정상 가정은 고혈압 확률 4% ⇨ 부모가 고혈압일 때 29.3%까지 상승 • 형제 자매간 가족력 중요 ⇨ 형제가 고혈압이면 57%가 고혈압
치매	정상 가정에 비해 2배 높음
당뇨	• 부모 중 한쪽 ⇨ 당뇨병에 걸릴 확률 10~30% • 부모가 모두 ⇨ 당뇨병에 걸릴 확률 40% • 가족력 있는 사람은 49.3세에 발병 ⇨ 없는 사람은 57세

이가 나는지는 명확하게 분석된 것이 없습니다. 다양한 연구 결과 일가 중에 같은 질병이 둘 이상 있으면 일단 가족력이 있다고 간주합니다.

가족력의 영향을 많이 받는 대표적인 질병으로 암을 꼽고 있는데, 세계적으로 가장 신뢰받는 암 가족력 연구는 2004년에 있었던 스웨덴 카롤린스카 의과대학(Karolinska Institutet) 연구소와 독일 암연구센터의 공동 연구결과라고 합니다.

연구팀은 1932년 이후 출생한 스웨덴인 1,000만 명을 대상으로 가족력과 암 발병 위험을 조사했는데, 부모가 암에 걸린 경우 자녀의 암 발병 위험은 위암·대장암·유방암·폐암에서 1.8~2.9배에 달했고, 형제자매가 암에 걸린 경우는 2.0~3.1배, 부모와 형제자매가 모두 동일한 암에 걸린 경우는 3.3~12.7배 많았다고 합니다.

부모보다 형제자매 간의 가족력이 강한 것은 같은 세대인 형제자매가 암을 유발하는 환경요인을 공유하기 때문으로 판단하고 있습니다.

분당서울대병원에서 이루어진 우리나라의 연구 결과에서도 위암 가족력은 위험도가 2.9배로, 스웨덴인의 2.2~3.3배와 유사하게 조사되었다고 합니다.

어떤 전문가는 암 가족력의 기준을 다른 질병과 다르게 해야 한다고 주장하기도 하는데, 암의 경우에는 직계가족 3대에서 1명만 발병해도 가족력이 있는 것으로 봐야 한다고 합니다. 이 뜻은 그만큼 암은 가족력이 큰 영향을 미친다는 의미입니다.

캐나다 맥매스터(McMaster) 의대에서 심장마비를 경험한 사람 1만 2천명과 일반인 1만 5천명을 비교한 결과, 부모가 심장마비를 경험한 사람은 심장마비를 겪을 위험이 심장마비 가족력이 없는 사람보다 1.5배 높았다고 합니다.

고혈압의 경우에는 부모보다 형제자매 간의 가족력이 강하게 나타나고 있습니다. 부모 모두 고혈압이 있는 한국 성인의 29.3%, 형제자매가 고혈압인 사람의 57%가 고혈압으로 나타났다고 합니다(질병관리본부 국민건강영양조사).

부모가 알츠하이머성 치매를 앓았으면 자녀도 노년기에 알츠하이머성 치매 발병 가능성이 2배 정도 높아진다고 합니다. 알츠하이머성 치매는 아포지단백 4형이라는 유전자와 관련 있는데, 이 유전자형을 1개 물려받으면 2.7배, 2개 물려받으면 17.4배 발병 위험이 높아진다는 연구 결과도 있습니다.

당뇨의 경우에도 부모 한쪽이 당뇨병이면 자녀가 당뇨병에 걸릴 확률이 10~30%, 부모 모두이면 약 40% 정도 되는 것으로 보고 있습니다. 특히 당뇨의 경우 가족력이 있으면 정상가정보다 발병시점이 더 빨라진다고 하니, 미리 서둘러 대비하는 지혜가 필요합니다.

이렇게 상담하세요

고객 현황

48세 주부, 중산층, 형제가 4명 있으며 부모님은 암으로 사망.
남편의 부모님은 당뇨와 고혈압이 있음
(본 화법은 모든 고객에게 적용할 수 있습니다.)

🙋 고객님, 혹시 질병 발생의 가장 큰 원인이 무엇인지 알고 계세요?

그거야 뭐… 스트레스 아닌가요?

🙋 하하하~ 다들 그렇게 대답하시죠. 분명 스트레스가 만병의 근원이기는 한데요, 연구 결과를 보면 가족력 또한 중요한 요인중 하나라고 합니다. 혹시 가족력이 무엇인지는 알고 계시죠?

그럼요. 가족 중에 병이 있는걸 가족력이라고 하지 않나요?

🙋 맞습니다. 의학적으로는 3대에 걸친 직계가족 혹은 사촌 이내에서 같은 질환을 앓은 환자가 2명 이상이면 해당 질병의 가족력을 가지고 있다고 정의합니다. 가족력이 특히 큰 영향을 미치는 병이 따로 있는데요, 혹시 들어보셨나요?

그건 잘 모르겠는데, 어떤 병인가요?

🙋 가족력의 영향을 가장 많이 받는 질병은 암이고요, 그 외에도 고혈압, 당뇨, 심근경색, 치매 등도 영향을 많이 받는다고 합니다. 그래서 가족 중에 암 환자가 있으셨던 분들은 특히나 더 주의하셔야 합니다.

그 정도인가요?

🙋 연구 결과에 따르면 암의 가족력이 있는 분들은 암 발병률이 정상인보다 2~3배나 높고, 형제력 또한 큰 영향을 미친다고 합니다. 그래서 어떤 전문가는 암의 경우에는 가족 중에 1명만 암 환자가 있으면 가족

력이 있다고 봐야 한다고 주장하기도 합니다. 고객님과 배우자님의 형제자매분들 중에 혹시 암을 가진 분이 있으신가요?

저도 그 부분이 걱정이긴 해요. 부모님이 암으로 돌아가셨고, 언니도 암을 앓고 있거든요. 그래서 저도 암 보험에 가입하긴 했어요.

아! 그러시군요. 제가 고객님의 형제자매분들을 꼭 만나봐야 할 것 같네요. 제가 도움이 될 수 있도록 보장설계를 제대로 해 드려야 하겠습니다. 그 외에도 가족력에 영향을 받는 질병도 보장설계를 할 때 고려해야 하는데요, 제가 가계도를 가지고 왔으니 이곳에 가족력을 기록해 보겠습니다. 암 외에 당뇨, 고혈압, 심근경색, 치매 정도만 체크해 보겠습니다. 혹시 해당하는 질병이 있으십니까?

암 이외에는 없는 것 같습니다.

가족력은 통계적으로도 중요한 발병원인으로 인정되고 있습니다. 실제 가족력을 가진 분은 일반인에 비해 해당 질병에 걸릴 확률이 높기 때문이죠.

논리적으로 보면 가족력이 있는 고객은 더 값은 보험료를 지불해야 맞지만 우리나라는 가족력이 있다고 해서 보험료가 올라가지는 않습니다. 즉, 가족력을 가진 분들은 발생확률에 비해 상대적으로 저렴하게 보험 혜택을 받는다는 것이죠. 그래서 더욱 보험을 통해 미래를 미리 대비해 두실 필요가 있습니다.

그림으로 풀어보는 CI 보험 실전 활용 포인트

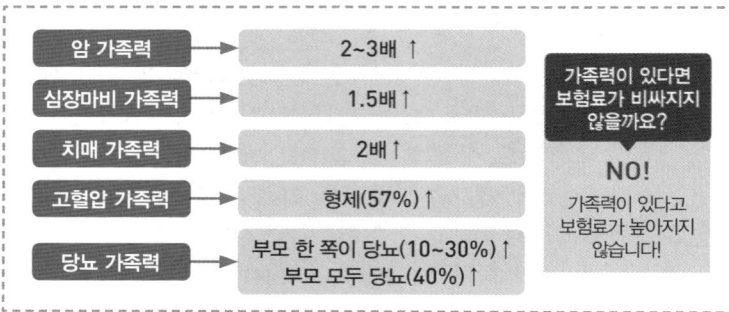

먼저, 가족력이 무엇인지 고객에게 설명하는 것부터 시작합니다. 3대에 걸쳐 동일 질병이 2명 이상 있으면 가족력이 있다고 할 수 있으며, 암은 특히 가족력에 영향을 많이 받는 질병이라는 사실도 함께 강조합니다.

가족력의 영향을 크게 받는 주요 질병을 설명하면서 가족력이 얼마나 크게 영향을 미치는지를 구체적으로 알려줍니다. 예를 들어 가족력의 영향을 크게 받는 질병인 암, 심장마비, 치매, 고혈압, 당뇨가 가족내 관계에 따라 발병 위험률이 차이가 난다는 사실을 표를 통해 하나씩 수치를 언급하면서 설명해 주세요.

이런 의학적 통계는 암이 몸에 안 좋다는 단순한 표현보다 수치로 설명할 경우 더욱 정확하게 미래의 위험을 인지할 수 있고, 이런 질병에 대비해야겠다는 판단을 이끌어 낼 수 있습니다. 가급적 수치를 외우는 것이 효과적입니다.

그리고 가족력을 가진 고객은 더 많은 보험료를 지불해야 하는 것이 논리적으로 타당하지만 우리나라 보험은 가족력이 있다고 해서 보험료가 비싸지는 않는다는 사실을 설명하면서 가족력을 가진 분들은 발생 확률보다 상대적으로 저렴하게 보험 혜택을 받는 것이므로 보험 가입이 더욱 유리함을 강조합니다.

추가적으로 CI보험의 큰 장점 중 하나가 암에 대한 보장이 강하다는 것이므로, 암 가족력이 있는 분들은 반드시 CI보험을 활용할 필요가 있다는 점을 강조합니다.

04 CI Insurance

건강보장을 주제로 한 CI보험 판매 방법 2

CI 발생 전에 질병이 발생하면 어떻게 해야 하나요?

> **CI 상황이 아닌 질병보장을 어떻게 하느냐를 설명하는 것이 중요한 이유는?**

CI보험에 대해 부정적인 견해를 보이는 많은 이들은 CI 상황이 아닌 경우 CI보험은 보험금을 지급하지 않는다는 점을 들어 가입을 거절하는 경우가 있습니다.

근본적으로 이 주장은 CI보험의 본질을 잘못 이해하고 있기 때문에 나타나는 경우인데, CI보험은 사망보험금을 사망 이전에 지급하기 위해 만들어졌으며, CI 상황이 아닌 원인으로 사망해도 가입한 사망보험금 전액이 지급되는 구조를 가지고 있습니다.

즉, 못 받는 것이 아니라 늦게(사망 시에) 받는다는 것이 차이일 뿐입니다. 다만, 소액암이나 경미한 질병이 발생할 경우는 CI보험의 주계약이 보장하지 않으므로 이 부분에 대해 고객이 아쉬워할 수는 있습니다. 이 부분을 해결하기 위해 CI보험은 다양한 건강보장 특약을 활용하여 보장을 더욱더 든든하게 할 수 있도록 보완, 제공하고 있습니다.

최근 출시되고 있는 CI보험이나 GI보험은 주계약에서 보장하지 않는 질병 보장을 특약을 활용해 보장 받을 수 있도록 하고 있습니다. 뇌 관련 질환을 예를 들어 보겠습니다. 뇌출혈은 뇌경색증에 비해 고액의 치료비가 들고 후유장해 위험도 훨씬 큽니다. 한편, 뇌경색증은 상대적으로 덜 치명적이지만 발생 확률이 뇌출혈에 비해 높습니다. 따라서 뇌출혈은 고액의 보장이 필요한 반면, 뇌경색증은 특약으로도 충분히 커버할 수 있습니다.

이런 원리에 따라 특약이 만들어졌고 이를 잘 활용하면 보장 범위를 넓힐 수 있습니다.(보험회사별, 상품별로 차이가 있을 수 있으므로 약관을 반드시 확인하세요)

또한, 기존에 가입하고 있는 실손의료비보험 및 암보험, 건강보험을 함께 활용하거나, 추가로 건강보험에 가입하여 질병 단계별로 보장을 받는 전략을 취하는 것도 효과적일 수 있습니다.

CI보험의 보장범위와 보장범위 확대 방법

다음의 그림은 일반종신보험과 CI보험, 실손의료비보험 및 건강보험의

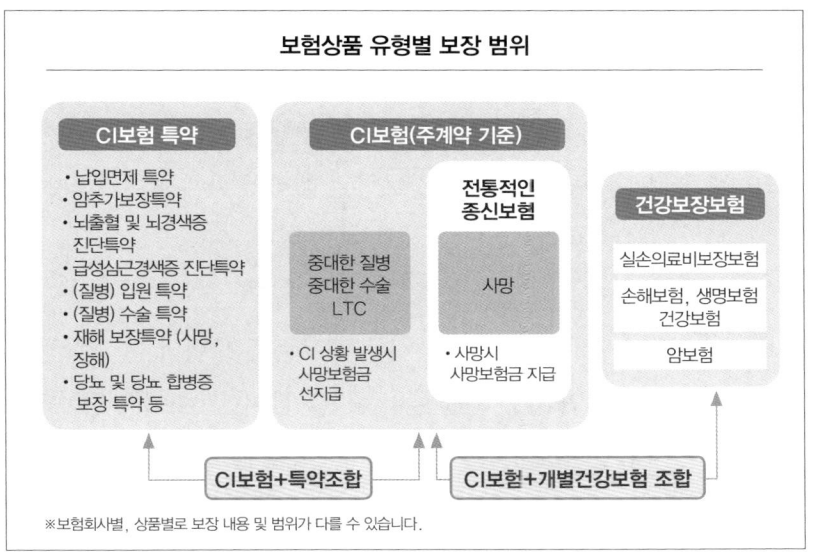

역할을 이해하기 쉽게 요약, 정리한 것입니다. 전통적인 종신보험은 사망해야 사망보험금을 지급하는 것이 원칙(예외 있음)으로, 보험금 지급 사유 발생 시기가 가장 늦기 때문에 상대적으로 CI보험에 비해 보험료가 낮은 것이 일반적입니다.

CI보험은 사망하기 전에 발생하는 고액의 치료비 등의 부담을 줄여주기 위해 사망 전이라도 CI 상황이 발생하면 보험금을 지급합니다. 보험회사 입장에서 보면, 보험금 지급시점이 빨라질 수 있기 때문에 일반종신보험보다 보험료가 약간 높을 수 있습니다.

CI 상황이 아닌 주요 질병에 대해 단순히 진단만 받아도 보험금을 받고 싶은 것이 소비자의 니즈일 것입니다. 이 부분을 보완해 보험금 지급을 더 쉽게 하면서 보장 범위를 넓히는 역할을 하는 것이 CI보험의 특약입니다. 한편, 추가로 건강과 관련된 보장을 더 받고자 할 경우에는 일반 건강보장보험과 실손의료비보험을 조합하여 활용하는 것도 좋은 방법이 될 것입니다. CI보험과 일반 건강보장보험은 배척의 관계가 아니라 보완의 관계이기 때문입니다.

CI보험의 보장범위가 좁다고 생각하는 경우는 CI보험의 본질을 잘못 파악하고 있기 때문입니다. 예를 들어 종신보험(사망보험)에 가입하면서 입원비를 주지 않는다고 생각한다면 사리에 맞을까요?

만약 고객이 이미 일반적인 건강보험과 실손의료비보험 등에 가입하고 있다면 CI보험을 활용하여 치명적인 질병에 대한 보장과 함께 사망보험금으로 가족의 생활을 보호할 수 있도록 준비하거나 CI보험의 적립기능을 활용해 적립금 일부를 비상시 사용하거나 연금으로 전환할 수 있습니다. 또한 고객이 여유가 있다면 사망보험금을 자녀에게 상속할 수 있도록 설계하면 고객에게 큰 도움이 될 수도 있습니다.

고객의 니즈에 맞는 보장과 보장 범위를 설정하는 것이 중요
CI보험의 가입 결정을 이끌어 내기 위한 핵심 포인트는 고객이 원하는 보장이 무엇이고 보장 범위를 어떻게 설정할 것인지를 먼저 정하는 것입니다.

왜냐하면 CI보험은 고객이 원하는 보장과 보장범위를 고려하여 상품에 고객을 맞추는 것이 아니라 고객의 요구에 상품을 적용하는 것이 필요한 상품이기 때문입니다. 즉, 고객의 실제적 요구에 따라 CI보험을 선택하고 특약을 활용해 고객이 원하는 보장을 구성하여 만들어나가는 것이 중요한 것입니다.

무엇인가를 팔고자 하는 사람은 자신이 판매하고 있는 상품의 장점을 강조하지만, 그 상품의 구매를 거절하고자 하는 사람은 상품의 단점이 더 강하게 보이게 마련입니다. 그래서 인터넷을 검색하고, 전문가를 만나 보아도 CI보험을 명쾌하게 이해하기가 쉽지 않습니다. 고객 입장에서 생각해 보면 CI보험도 장단점이 모두 존재하기 때문에 가입하는 것이 좋은 것인지를 판단하기가 어려울 수 있습니다.

그러므로 보험의 가치를 중심에 두고 CI보험의 보장범위와 장단점을 함께 설명하면 고객은 경제적 측면과 위험관리 측면을 모두 고려하여 가입에 대해 더욱 진지하게 고민하게 될 것입니다.

고객에게 꼭 드려야 할 말씀은 이런 것이 아닐까요?

"어떤 보험을 선택하느냐 이전에 고객님께 맞는 보장설계를 어떻게 하느냐가 중요합니다. 핵심은 보장설계를 잘하는 것이 중요하기 때문입니다."

CI보험, 고객의 바뀌는 니즈를 반영하는 최적의 상품

생명보험협회에서는 3년마다 일반 소비자를 대상으로「보험 성향 조사」를 실시하고 그 결과를 발표하고 있는데, 설문 조사 내용 중 "여유가 된다면 향후 가입하고 싶은 보험은 무엇입니까?"란 질문이 있습니다. 이는 잠재적인 고객의 요구를 파악하는 데 도움이 되는데, 1순위가 장기간병보험, 다음이 연금보험, 질병보험, 상해/재해보험, 사망보장보험의 순으로 나타나고 있습니다. 고객의 속마음은 이런 순서로 미래를 대비하고 싶어 한다고 볼 수 있고, 이 결과를 통해 고객은 오래 사는 것에 대한 두려움이 매우 크며, 그 두려움 속에는 장기간병과 질병 등 건강에 대한 우려가 제일 많다는 사실을 쉽게 느낄 수 있습니다.

따라서 먼저, "요즘 고객을 만나보면 오래 사는 상황에 대해 걱정하는

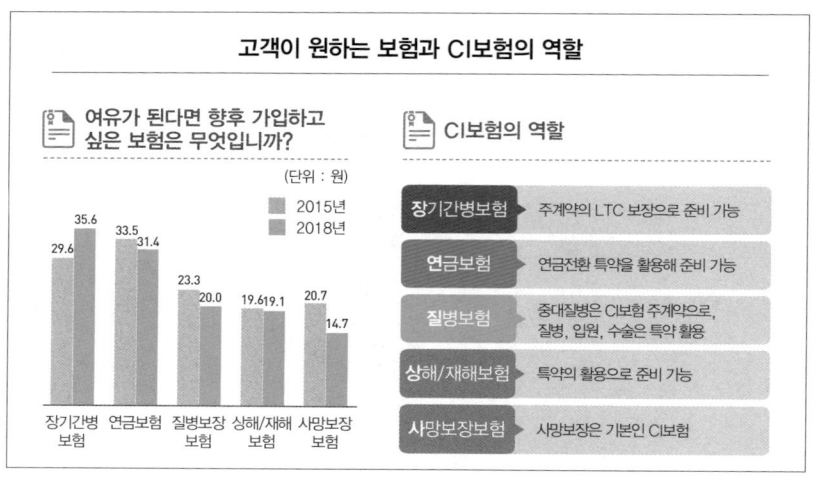

[출처 : 2018 생명보험 성향조사결과, 생명보험협회]

분들이 많은 것 같습니다."라고 대화를 시작하면서, "여유가 된다면 장기간병보험, 연금보험, 질병보험, 사망보험 순으로 가입하고 싶다고 말씀하십니다. 결국 오래 살게 될 때의 생활비오-, 간병비, 질병 치료비, 남겨진 가족 또는 배우자를 위한 배려 등을 원하는 것이죠."라고 설명하면 고객의 공감을 이끌어 낼 수 있을 것입니다.

모든 설득은 고객이 스스로 동의하고 공감하면서 자연스럽게 필요성에 대해 느끼게 하는 것이 가장 좋습니다. 고객의 마음으로 들어가서 고객도 미처 생각하지 못했던 니즈를 중심으로 대화를 풀어나가는 것이 자연스럽습니다. 고객은 장·연·질·상·사를 원하고 있다는 사실, 꼭 명심할 필요가 있겠습니다.

지금까지 알아본 내용을 고객에게 어떻게 설명할 것인지 화법으로 정리해 보겠습니다.

> "저도 고객의 다양한 니즈에 맞춘 설계를 하려고 노력하는데요, 연금도 가입하고, 장기간병보험도 가입하고, 건강보험도 가입하고, 종신보험도 가입하면 좋겠지만 여유가 충분하지 않은 분들은 부담이 될 수 밖에 없습니다. 다행히 이 네 가지 니즈를 하나의 상품으로 준비할 수 있는데요, 최적의 상품이 있기 때문입니다."

그러고 나서 다음과 같이 구체적으로 설명을 이어가세요.

장기 간병	CI보험의 장점 중 하나가 LTC(장기간호상태) 상황이 발생했을 때 주계약으로 보장한다는 것입니다. 즉, 사망보험금을 미리 지급받을 수 있다는 것입니다.
연금	고객님, CI 보험은 고객님의 니즈에 맞는 최적의 상품이라고 생각됩니다. 왜냐하면, 첫째, 가장 큰 걱정 중 하나인 예상치 못한 일이 생겨 갑자기 목돈이 필요할 때 유용합니다. 이 상품은 주계약을 유지하면서 미리 생활자금으로 받거나 연금 전환이 가능하여 혹시나 미래에 돈을 써야 할 일이 생기면 저축기능을 활용해 목돈을 만들거나 연금으로도 받으실 수 있습니다.
질병	중대한 질병 보장은 CI보험 주계약 보장으로 해결이 되고, 일반질병 등은 특약으로 보장 받을 수 있어 다양한 질병에 대비할 수 있습니다.
상해 /재해	CI보험은 특약으로 재해사망, 재해 장해보장을 받을 수 있도록 제공하고 있습니다.
사망	CI보험은 근본적으로 사망보장을 주계약으로 하기 때문에 사망에 따른 고액의 사망보험금으로 가족의 생활을 보장하고 남겨진 가족에게 유산으로도 물려줄 수있습니다.

"결론적으로 고객님이 걱정하시는 고민들을 해결하면서 경제적 측면도 고려해 볼 때 가성비 높은 하나의 상품이 이렇게 다양한 역할을 하는 경우도 드물다고 생각됩니다. 각각 여러 보험에 가입하면서 지불하는 부담을 하나의 상품으로 통합하면 훨씬 가성비를 높일 수 있습니다."

이렇게 상담하세요

고객 현황

54세 주부, 가족은 대학생 아들과 자영업을 하는 남편
상가를 보유하여 월세 수입이 많음. 노후에 대해 걱정하고 있으며
주로 미래 간병 자금에 대한 걱정이 큼

> 🙋 요즘 고객 분들을 만나보면 오래 사는 상황에 대해 걱정하는 분들이 많은 것 같습니다. 고객님은 이미 월세 받는 부동산도 준비해 놓으셔서 노후 걱정은 없으실 것 같은데 어떠세요?

아휴 ~~ 없기는요. 지금은 상가에서 월세가 나오고 있긴 하지만 언제까지 영원한 게 아니라서… 저도 걱정이 많네요. 주변을 보면 정말 수명이 늘어난 것 같아요.

> 🙋 혹시 주변 분이나 친구분들은 어떻게 노후 준비를 하는지 들어보신 적 있으세요?

걱정만 하지 별로 그런 이야기는 많이 하지 않아요. 대부분 연금이 많으면 좋다고 하던데요?

> 🙋 제가 생각해도 그런 것 같습니다. 이에 대한 설문조사가 있는데요, 여유가 된다면 장기간병보험, 연금, 질병보험, 상해/재해보험, 사망보험 순으로 가입하고 싶다고 말씀하십니다. 결국 오래 살게 될 때 생활비와 간병비, 질병 치료비 그리고 남겨진 가족 또는 배우자를 위한 배려 등을 원하는 것이죠. 고객님들도 다들 알고는 있지만 준비할 돈이 없다고들 하세요. 실제로 문제는 돈이죠.

저도 그래요. 많으면 좋은 줄 알지만, 여유가 없는 것이 문제지요.

> 🙋 저도 이런 상황을 잘 알고 있습니다. 연금도 가입하고 장기간병보험과 건강보험, 거기다 종신보험까지도 가입하면 좋겠지만 부담되는 것이

사실입니다. 그래서 이 네 가지를 하나의 상품으로 준비할 방법을 찾기 위해 노력했는데요, 다행히 최적의 상품이 있어요.

그래요? 어떤 상품인데요?

최근 우리 회사에서 출시된 [00 CI보험]이 이런 고객님들의 고민을 해결해 드리기 위해 개발된 상품입니다.

CI보험요? CI보험은 병에 걸렸을 때 보험금을 받기 어렵다고 하던데요?

아~ 그런 이야기를 들으셨군요. 정말 안타까운 부분인데요, CI보험은 사망하기 전에 발생하는 고액의 치료비 등의 부담을 줄여주기 위해 사망 전이라도 CI 상황이 발생하면 사망보험금을 선지급하는 것을 기본으로 합니다.

사망해야 지급하는 사망보험금을 미리 지급하기 위해서는 조건이 필요하겠죠? 보험회사 입장에서 보면, 보험금 지급시점이 빨라질 수 있기 때문에 오히려 부담됩니다. 그래서 지급조건을 정한 것입니다. 초기 진단이나, 중대하지 않은 질병 상황이 발생할 경우까지 미리 지급할 수는 없기 때문에 CI 상황 발생시 지급하는 것입니다.

일반적인 질병에 걸렸을 때 지급하는 상품은 건강보험인데요, 이 부분은 CI보험이 제공하는 특약을 통해 원하시는 보장을 충분히 받을 수 있으세요. 또한 CI보험은 종신보험과 같이 강력한 적립기능까지 가지고 있어 건강하게 노후를 보내실 때 적립 기능을 활용하면 노후 자금이나 목돈 마련도 가능하니 오히려 더 다양한 상황에 대비할 수도 있어요.

일반 질병까지 보장을 받을 수 있다고요?

그럼요. 저는 우선 고객님께서 이미 가입하고 계신 건강보장 보험을 잘 활용할 수 있도록 안내해 드리고, 부족한 건강보장 부분은 일반질병을 포함하는 CI보험의 다양한 특약을 적절히 활용하실 수 있도록 설계해 드리고자 합니다.

CI보험을 활용해서 건강보험이나 실손의료비보험으로는 부족한 치명적인 질병에 대한 보장과 함께, 치매와 같은 장기간병 상황이 발생했을 때도 보험금을 받으실 수 있고요, 사망보험금을 설정해 가족의 생활을 보호할 수 있도록 활용하는 것입니다.

생각해 보세요. 자신이 중병에 걸릴 것을 기대하는 사람이 누가 있을까요? 저는 건강하게 오래 살 때도 내가 가입한 보험이 도움이 될 수 있어야 하고 중병에 걸리거나 간병상황이 발생할 때도 도움이 될 수 있어야 한다고 생각합니다.

그럼 CI보험을 활용하면 둘 다 해결할 수 있다는 것인가요?

그렇습니다. 그것이 바로 CI보험의 핵심 가치입니다.

그림으로 풀어보는 CI 보험 실전 활용 포인트

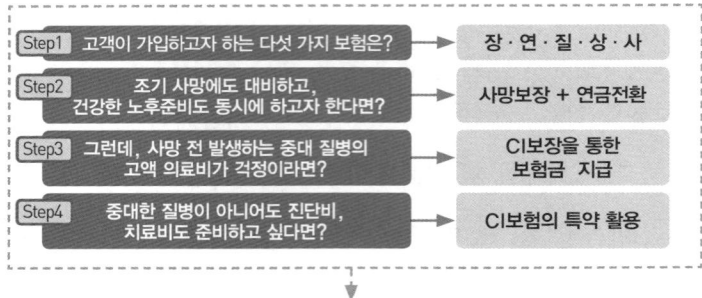

결론적으로 CI보험과 부가된 특약을 효과적으로 활용하면 장·연·질·상·사 모두에 대비할 수 있다는 점을 강조하는 것입니다.

고객은 장(기간병보험), 연(금), 질(병보험), 상(해/재해보험), 사(망보험)의 순서로 니즈를 가지는 것이 일반적이므로 우선, 이런 니즈를 모두 충족시킬 수 있는 보장설계를 하는 것이 중요함을 설명한 후, 조기사망과 건강한 노후 모두를 대비하기 위해서는 사망보장도 가능하고 연금전환도 가능한 상품이 필요함을 설명합니다.

또한 높아진 건강보장의 중요성을 고려해 볼 때 질병, 치료, 간병 상황은 사망과 연금 사이에 적지 않은 위험으로 존재하고 있습니다. 질병은 초기 발병, 중기, 말기로 진행되는데, 각 단계별로 충실한 보장이 필요함을 설명하면서, 말기 부분은 CI로 준비하고, 초기, 중기 질병 발생에 대해서는 CI보험에 함께 부가된 특약을 활용하면 든든한 보장이 가능함을 설명하고, 만약 기존에 가입한 건강보험이 있으면 이를 활용하여 보완할 필요성이 있음을 설명합니다.

05 CI Insurance

CI보험의 적립기능을 활용한 판매 방법

보장도 중요하지만 노후준비도 해야 하는데, 좋은 방법이 있을까요?

CI보험의 적립기능을 효과적으로 설명하는 것이 중요한 이유는?

많은 사람들이 CI보험을 건강보험의 한 종류로 잘못 생각하는 경우가 있는 듯 한데, CI보험은 종신보험의 구조를 기본으로 하고 있습니다. 정확하게는 CI보험은 종신보험이면서 건강보장의 기능을 함께 가지고 있는 상품입니다. 따라서 종신보험이 가지는 적립기능을 당연히 가지고 있으며, 적립기능이 있다는 것은 적립금을 활용할 수 있다는 뜻입니다.

CI보험은 보장을 주된 목적으로 가입하지만, 중도에 돈이 필요하거나 은퇴 후 노후자금이 필요할 경우에 적립된 보험료를 매우 유용하게 활용할 수 있습니다. CI보험은 납입이 종료되더라도 보험료 중 일부를 사망 및 CI보장을 위해 사용하기 때문에 해지환급금 또는 적립금이 원금을 넘지 못할 수도 있습니다. 적립금이 원금을 넘지 않는다고 해서 고객이 은행 적금을 선호한다면 어떻게 대응해야 할까요? 이 부분에 대한 효과적인 대응 방법을 당연히 생각해야 합니다.

이를 위해서는 CI보험이 가지는 적립기능과 보장기능이 어떻게 고객의 삶에 도움이 되는지를 제대로 설명할 필요가 있습니다.

CI보험의 적립기능은 보험상품이 가지는 본질적 구조입니다

종신토록 보장해 주는 보험을 갱신형(보험료가 계속 올라가는 방식)으로 만든다면 처음에는 보험료 부담이 적겠지만 시간이 흘러서 정작 보장받을 필요성이 높아질 미래에는 높아진 보험료를 감당하는 것이 거의 불가능해질 수밖에 없습니다. 따라서 CI보험은 최초 가입 때 정한 월 납입 보험료가 납입기간 동안 변하지 않는 평준보험료 방식을 적용하여 처음 보험료를 낼 때는 갱신형에 비해 조금 더 많이 부담하게 됩니다.

하지만 고객의 소득도 5년, 10년이 지나면 계속 상승하게 마련입니다. 예를 들어 현재 소득 월 300만 원 가운데 10%인 30만 원을 보험료로 납입하더라도 10년쯤 지났을 때 고객 소득이 600만 원으로 상승한다면 보험료는 동일하므로 소득 대비 5%로 부담이 줄어듭니다. 납입보험료가 변하지 않기 때문에 시간이 지날수록 보험료 납입부담은 줄어드는 효과가 생기는 것입니다.

보험회사는 계약자가 미리 더 많이 낸 보험료를 적립금으로 운용하여 쌓아두게 되고, 계약자는 이 돈을 미래에 활용할 기회를 얻게 됩니다. 고객이 낸 돈 일부는 보장을 위한 위험보험료와 계약관리 등과 관련된

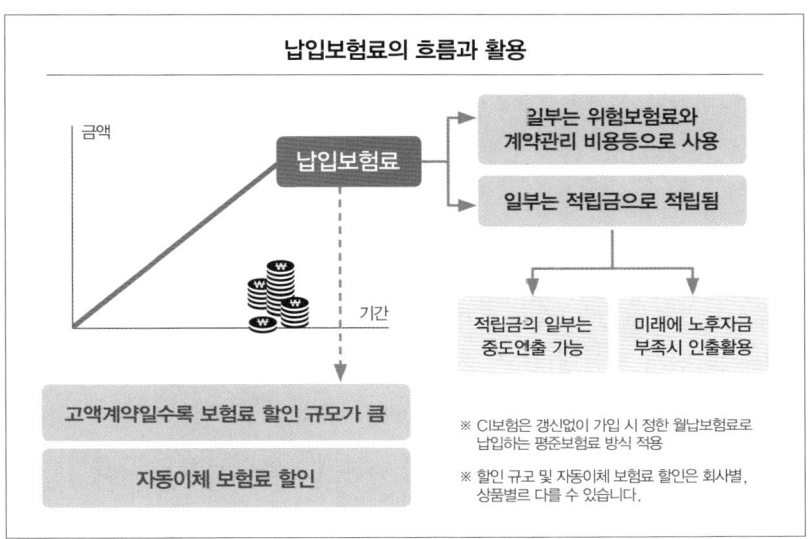

비용으로 사용되지만 상당한 보험료는 적립됩니다. 또한 고액계약일수록 보험료를 할인해 주고, 자동이체 시에도 보험료 할인혜택을 받을 수 있어(회사마다 차이가 있음) 납입기간에 따라 몇 개월 분의 보험료를 절감하는 효과까지 볼 수도 있습니다.

CI 보험에서 적립기능은 왜 존재하며, 그 원리는?

보험에 가입한 고객은 되도록 빨리 보험금 받기를 원할 것입니다. 그렇다고 사망 또는 중대한 질병으로 인한 보험금 수령은 그리 달갑지 않습니다. 보험에 가입하여 보험금을 받는다는 것은 보험사고가 발생할 때 가능한 것입니다. 하지만 보험사고가 발생하지 않아도 보험금의 상당한 금액을 받을 수 있다면 어떨까요?

CI보험금을 받을 수 있는 CI상황(사망, 중대한 질병 진단 등)이 발생하지 않아도 보험금을 받을 수 있는 방법은 크게 네 가지 유형 정도로 정리해 볼 수 있습니다.

첫째, 연금전환 기능을 활용해 연금으로 수령하는 것입니다. CI보험도 종신보험처럼 강력한 적립기능이 있습니다. 매월 납입한 보험료가 시간이 지나면서 쌓이게 되고, 이를 재원으로(계약자 적립금을 재원으로) 연금전환 시점에 연금으로 수령함으로써 부족한 노후 생활자금을 준비할 수 있습니다. 연금전환을 하게 되면 기본적으로 CI보장은 사라지고 연금보험과 같은 기능을 하게 됩니다.

둘째, 생활설계자금을 신청하는 것입니다. 생활설계자금을 신청하면 매년 정해진 금액을 받게 되며, 대신 보험가입금액이 자동으로 감소하게 됩니다. 즉, CI보장금액을 조금씩 줄이는 대신 생활자금을 수령하는 것입니다.(회사별, 상품별로 본 기능의 존재유무, 내용에 차이가 있을 수 있습니다.)

셋째, 중도인출 기능을 활용하는 방법입니다. 갑자기 목돈이 필요하게 되는 경우에 활용하면 좋습니다. 보험 계약 후 일정 기간이 지나면 신청이 가능하며, 중도인출 범위 내라면 수시로 중도인출이 가능합니다.

넷째, 보험금 부분전환 서비스를 제공하는 CI보험도 있습니다. 이 기능은 일정한 조건이 충족될 경우 사망보험금의 일부를 부분전환하여 목돈으로 인출할 수 있는 기능입니다.(회사별, 상품별로 본 기능의 존재유무, 내용에 차이가 있을 수 있습니다.)

이 중에서 연금전환 기능과 중도인출 기능은 대부분의 CI보험이 가지고 있지만, 생활설계자금이나 보험금 부분전환 서비스가 적용되는 CI보험은 보험회사나 상품에 따라 달라지지만 CI 상황이 발생하지 않아도 보험금을 받을 수 있다는 점에서는 공통적입니다.

이렇게 상담하세요

고객 현황

45세 남성, 전업 주부인 아내와 자녀 2명. 당뇨와 고혈압 가족력 있음. 중상 이상의 소득을 보유한 자영업을 하고 있는 고객

> 사장님. 요즘 사업은 어떠세요? 잘 되시죠?
>
> 아휴, 말도 마세요… 요즘 경기가 나빠서 저희도 고전하고 있어요. 이러다 노후준비는 어떻게 해야 할지…
>
> 사장님… 스트레스 너무 받지 마세요~ 사장님은 가장이시면서 사업체의 생존을 책임지는 오너시잖아요? 사장님이 잘못되시면 절대 안되세요.
>
> 그리 말씀해 주시니 고맙습니다. 허허.
>
> 그래서 저는 사장님들께 CI보험을 꼭 가입하시라고 말씀드려요. 이 상품이야 말로 사장님께 가장 필요하거든요. 게다가 사장님은 가족력까

지 있으시기 때문에 더욱 CI보험을 활용하셔야 합니다.

왜 그렇죠?

🙎 당뇨와 고혈압의 가장 무서운 점은 합병증이 치명적이기 때문인데요, 고혈압은 뇌졸중, 급성심근경색과 같이 갑작스럽게 위험해지는 합병증을 유발하고, 당뇨는 뇌혈관질환, 심혈관질환, 실명, 신부전 등 오랜 기간 치료할 수 밖에 없는 합병증을 유발합니다. 고혈압은 70세 이상 노인의 50% 이상, 당뇨도 30% 이상이 유병자라고 합니다.

그런가요? 걱정은 걱정이네요. 보험에 가입하고 싶어도 보험료가 부담이 되니 더 걱정이네요.

🙎 많은 사장님들이 그렇게 말씀하시는데요, 중도에 돈 쓸 일이 생길 수도 있고, 나중에 목돈이나 노후 생활비가 부족할지 모른다는 걱정 때문에 보장보험 가입을 꺼리시는데요, 제가 설명해 드리면 다들 가입하세요.

정말요? 다른 사장님들에게 무슨 말씀을 하시길래 다들 가입하시죠?

🙎 CI보험은 종신보험과 건강보험의 성격을 동시에 가지고 있어서 사망하거나 CI 상황이 발생하면 고액의 보험금을 받을 수 있습니다. 이것은 기본적인 기능이고 위험에 대비한 것이죠. 그런데, 종신보험의 성격을 가지고 있기 때문에 납입보험료의 상당부분이 적립되고 있거든요. 이렇게 적립된 적립금의 상당부분을 중도인출로 활용할 수 있어 오히려 비상시 급한 불을 끌 수도 있습니다.

게다가 혹시라도 은퇴 후 생활비가 부족할 때는 연금전환 기능을 활용하여 연금으로 수령할 수도 있어서 큰 병에 걸리지 않아도, 사망하지 않고 건강할 경우에도 활용할 수 있는 수단을 제공하고 있습니다.

즉, CI보험은 치명적인 사고, 사망에도 대비하면서 중도인출을 활용해 비상시 사용할 수도 있고, 나이가 들어 건강하게 은퇴했을 경우 생활자금으로도 쓸 수 있도록 설계하였기 때문에 가족력이 있는 분들은 더욱 더 많이 활용을 하고 있습니다.

그림으로 풀어보는 CI 보험 실전 활용 포인트

CI보험의 적립 기능과 연금전환 특약의 활용

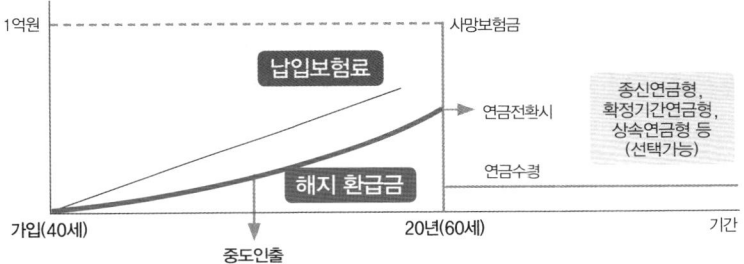

※ 본 시뮬레이션은 40세 남자, 주계약 1억원, 60세에 주계약과 특약의 해지환급금으로 종신연금형 전환 신청시를 가정한 것입니다.
본 사례는 예시일 뿐이며, 상품마다 서비스 등이 다를 수 있으므로 약관을 확인하시기 바랍니다.

CI보험은 납입보험료의 일정 수준이 적립되는 적립기능이 있어 일정 기간이 지나면 적립금을 인출가능금액 한도 내에서 중도인출 받아 활용할 수 있습니다.
물론 이런 상황이 발생하지 않는 것이 더 좋겠지요?

CI보험이 제공하는 보장은 나이가 많아질수록 더욱 필요한 것이므로 되도록 유지하는 것이 가장 좋습니다. 고객님은 노후 준비를 잘 하실 것이라고 확신합니다만 혹시라도 은퇴 후 생활비가 부족한 상황이 발생한다면 CI보험이 제공하는 연금전환 특약을 활용하실 수 있습니다.

연금전환을 신청하면 CI보장의 전부 또는 일부가 해지되지만 해지환급금을 연금으로 수령함으로써 노후생활비에 도움을 줄 수 있습니다. 연금전환을 하실 때는 종신연금형, 확정기간연금형, 상속연금형 등 다양한 연금 선택 옵션 중에서 고객님의 니즈에 맞는 연금을 선택할 수 있습니다.

그리고 일부 보장은 남겨서 미래에 발생할 질병, 사망에 대비해 두시면 좋겠습니다.

06 CI Insurance

고객의 LIFE CYCLE 변화를 주제로 한 판매 방법

CI보험은 LIFE CYCLE에 따라 역할이 달라집니다.

CI 보험은 왜 고객의 LIFE CYCLE 변화에 맞춘 상품일까요?

일반적으로 사람의 일생은 生(생) → 老(로) → 病(병) → 死(사)로 진행되는 라이프 사이클을 가지고 있습니다.

라이프 사이클 변화에 따라 삶의 관심사가 변하고 준비하고 보호해야 할 대상이 달라지는 것은 지극히 자연스러운 일입니다. 젊은 나이의 가장 일때는 어린 자녀와 배우자의 안전이 가장 큰 걱정입니다. 특히 가장이 질병이나 사고로 소득활동을 하지 못한다면 온 가족이 평생 어렵게 살 것입니다. 이런 경우에 CI보험은 큰 역할을 할 수 있습니다.

다행히 건강하게 은퇴를 맞이하게 된다면 모아 놓은 자산으로 은퇴생활비를 충당하면서 살아가다가 크고 작은 병에 걸리게 됩니다. 가벼운 병이라면 큰 문제가 없지만 치료비가 큰 병일 경우에는 가족의 생계에

큰 영향을 미치게 됩니다.

보통은 늙어서 병으로 고생하다가 사망하게 되는데, 통계적으로 남편이 먼저 사망합니다. 남편은 평균 14년 정도의 유병기간 동안 적지 않은 의료비를 사용하고 사망하는 경우가 많습니다. 모아 놓은 돈의 상당 액수가 남편의 치료비로 지출되는 것이죠. 그리고 홀로된 부인은 남편 사후에 10년을 더 살아가야 합니다. 통계적으로 그렇습니다.

평생 모아 놓은 돈 가운데 상당한 금액을 남편의 치료비로 지출하게 된다면 부인의 의료비와 간병비는 어떻게 감당할 수 있을까요? CI보험은 이 때 큰 도움이 됩니다.

다행히 충분하게 자산을 모았고 남편 사후 부인이 사망할 때까지 자산이 유지된다면 남편의 사망보험금은 자녀를 위한 유산으로 활용할 수 있습니다. 또한 자산이 많은 분들에게는 상속세를 납부할 재원으로 활용할 수 있습니다. CI보험은 이렇듯 LIFE CYCLE의 변화에 따라 그 역할을 달리할 수 있는 상품입니다.

부부의 LIFE CYCLE을 고객에게 설명하세요.

고객을 만났을 때 곧바로 보험가입을 권유하는 것 보다는 고객의 삶이 앞으로 어떻게 전개될 것인지를 큰 그림으로 설명할 수 있다면 쉽게 공감을 얻을 수 있을 것입니다. 다음 그림은 일반적인 부부의 라이프 사이클을 나타낸 것입니다. 다음 설명을 참조해서 빈 칸을 채워보세요.

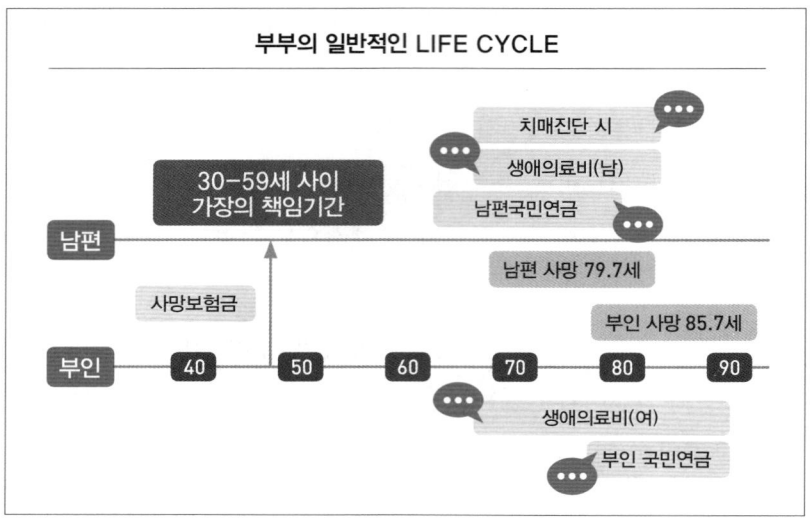

남자 나이 30세에서 59세 사이의 기간을 '가장의 책임기간'이라고 합니다. 이 기간은 가장의 경제력 상실이 가장 치명적인 위험이 될 것입니다. 다행히 건강하게 나이가 든다면 은퇴를 하게 될 것입니다. 은퇴 생활비 마련에 있어서 큰 비중을 차지하는 것은 국민연금(또는 공적연금)과 부동산일 것입니다. 여기에 다른 금융재산에서 발생하는 소득이 합해져서 은퇴 생활비로 사용될 것입니다.

은퇴 생활을 하다가 일반적으로는 남편이 먼저 사망합니다. 남자의 수명이 여자보다 6~7년 정도 짧기 때문입니다. 대부분의 남편은 상당 기간 병으로 고생하다가 사망에 이르게 되는데, 이때 적지 않은 금액의 병원비를 지출하게 됩니다. 그러고 나서 부인은 혼자 살아갈 것입니다.

부인은 남편 생전에 모아 놓은 재산 가운데 상당액수를 노후 생활비와 남편의 의료비로 지출한 상태입니다. 통계적으로 부인은 남편 사후 10년 이상을 홀로 살아야 하므로 경제적 곤궁에 처할 가능성이 커지게 됩니다. 경제적 여유가 없이 홀로된 어머니는 자식들 집을 옮겨 다니면서 산다고 해서 붙여진 이른바 "탁구공 신세"가 될 수밖에 없다고들 합니다.

지금까지 이야기로 풀어 본 LIFE CYCLE은 부유한 일부 소수를 제외하고는 대부분 부부가 겪을 가능성이 높습니다. 과연 이 이야기는 얼마나 현실에 가까울까요? 현실이라면 어떤 근거가 있을까요?

> **홀로 남을 배우자를 배려해서 별도의 재정적 준비를 하는 것은 자녀를 위한 길이기도 합니다.**

2017년 우리나라의 결혼연령은 남자 33세, 여자 30세로 평균 세 살 정도 차이가 납니다. 한편, 남, 녀의 수명은 각각 79.7세, 85.7세로 남녀의 수명은 6년에서 7년 정도 차이가 납니다. 통계적으로 아내는 남편 사후에 약 9~10년 정도 혼자 살게 될 운명이라는 것이죠.

만약 통계처럼 남편이 먼저 사망한다면 남겨진 아내에게는 어떤 일이 일어날까요? 어떤 분은 자신이 사망하면 집과 모은 돈, 연금 등 모두를 아내가 가질 것이므로 걱정 없다고 주장하지만 과연 그렇게 될까요?

통계는 65세 이후 여성 의료비로 6,800만 원 정도 지출하고 남성은 5,100만 원 정도 지출하는 것으로 발표되었지만, 실제 현실은 '있는 만큼 쓰고 간다'가 맞습니다. 가지고 있는 돈을 다 쓰고도 치료를 받아야 한다면 빚을 얻어서라도 치료하는 것이 가족이기 때문입니다.

홀로된 배우자의 또 하나의 부담은 연금액이 줄어드는 것입니다. 국민연금 가입 부부 중 한쪽이 사망하면 해당 연금의 유족연금과 자신의 연금 중 하나만 선택해야 합니다. 본인연금을 선택하면, 배우자 유족연금 60%(20년 이상 가입자일 경우)의 30%를 추가 지급받으며, 유족연금을 선택하면 본인연금은 사라지게 됩니다. 결국 연금 반토막을 경험하게 되는 것이죠.

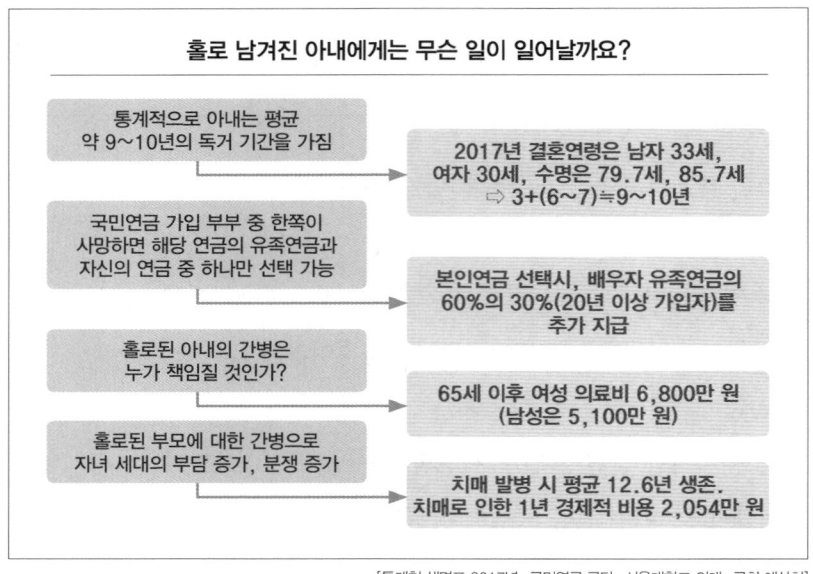

[통계청 생명표 2017년, 국민연금 공단, 서울대학교 의대, 국회 예산처]

이렇게 가진 돈을 다 쓰고 연금도 줄어든 후 홀로된 부인이 병에 걸리면 치료나 간병은 어떻게 할 것인가는 매우 중요한 문제라고 할 수 있습니다. 결국 홀로된 부모에 대한 간병은 자녀 세대의 부담으로 이어지게 되고 자녀를 가난하게 만드는 원인이 되기 때문입니다.

서울대 의대 자료에 의하면 치매에 걸린 사람은 평균 12.6년을 생존한다고 합니다. 국회 예산처가 발표한 치매로 인한 경제적 비용은 1년에 2,054만원입니다. 즉, 홀로 된 부인에게 적어도 2억 원 정도의 자산은 남아 있어야 한다는 결론입니다.

이렇게 상담하세요

고객 현황

45세 남성, 중견기업 부장, 자녀 초등학생 2명, 맞벌이 부부

> 고객님. 건강보험은 충분히 가입되어 있으신지요?

그럼요. 우리 가족 모두 실손보험과 건강보험에 가입하고 있어요.

> 하하하~ 너무 잘 하셨습니다. 그럼 종신보험이나 CI보험도 가지고 있으실 것 같은데, 있으시지요?

있긴 있는데, 그리 많지는 않아요 5천만 원 정도 되려나?

> 그렇군요… 생각보다 보장 규모가 적은데 그렇게 하신 이유가 있으신지요?

사망할 확률보다는 오래 살 확률이 높지 않은가요? 그 정도면 적당할 것 같아서요.

🧑 30세에서 59세 사이의 남자를 가장 책임기간에 있다고 하는데요, 놀랍게도 남자사망자의 21%가 이 기간에 사망합니다. 저도 통계를 보고 처음에는 잘 믿어지지가 않더라고요.

음…생각보다 많네요.

🧑 제 생각에는 젊은 분들이 사망하면 주변에 알리지 않기 때문에 그렇게 많이 돌아가신다는 사실을 느끼지 못해서 그런 것 같습니다. 혹시 부인과 나이 차이는 얼마나 되세요?

아내가 네 살 적습니다.

🧑 그럼 부인은 10년 이상 홀로 사셔야 할 운명이시겠네요. 통계적으로 여성이 남성보다 6,7년 정도 수명이 더 길기 때문에 그렇습니다. 제 판단으로 고객님은 충분히 노후 준비를 잘하고 계실 것 같은데, 고객님께서는 모아 놓은 재산과 연금 등으로 고객님 사후에도 부인께서 어려움없이 살 수 있으리라 생각하고 계시죠?

그럼요. 혼자 사는데 모아 놓은 돈과 국민연금 등이 있으면 충분하다고 생각하고 있어요.

🧑 많은 남편 분들이 그렇게 생각하시는데요, 실제 현실은 그렇지 않습니다. 이렇게 준비해도 인생의 마지막에 엄청난 부담이 되는 남편의 치료비와 간병비로 인해 준비된 자산 중 상당한 금액이 소진될 수 있기 때문입니다.

요즘 의료기술은 완치는 못 해도 안 죽게 만드는 데는 엄청난 능력을 가지고 있다고들 합니다. 예를 들어 치매에 걸린 경우 12.6년이나 더 살게 되는데요, 매년 2,054만 원의 간병자금이 필요하다고 합니다. 이 기간 동안에 필요한 돈만 해도 거의 2억 원이나 됩니다. 앞으로는 노후 생활비 보다 치료비를 걱정하는 가정이 훨씬 많아지게 됩니다.

그런가요?

🧑 이런 미래 변화에 가장 잘 대응할 수 있는 상품이 CI보험인데요, CI보험은 기본적으로 사망을 보장하는 상품이지만 CI 상황이 발생하면 사망보험금을 미리 받을 수 있는 보험입니다. 또한 납입보험료의 일부를 적립해서 가입기간 중에 비상자금이 필요하면 중도에 인출해서 사용도 가능합니다.

이러한 기능은 고객님의 LIFE CYCLE 변화에 대응하는데 아주 중요한 역할을 합니다. 고객님의 미래 LIFE CYCLE을 제가 보여 드릴게요. (라이프 사이클 그림을 보여줍니다. 다음 페이지 참조)

분명히 젊어서 사망할 확률은 낮지만 사망하면 치명적이죠. 그래서 사망보험금이 절대적으로 필요한 시기에 CI보험이 그 역할을 하게 되고요, 건강하게 노후를 보내다가 사망 전에 발생하는 고액의 치료비가 부담될 경우 사망보험금 선지급 기능을 통해 치료, 간병비 부담을 해결할 수 있습니다. 그리고 사망보험금은 남겨진 배우자의 노후 생활비, 치료비, 간병비로 활용할 수 있어서 CI보험을 가장 치명적인 가정의 위험으로부터 보호하는 장치라고 합니다. 그래서 그때그때 발생하는 치료비 부담을 완화시켜 주는 상품인 건강보험과 CI보험을 균형있게 가져가시면 좋습니다.

게다가 CI보험에는 중요한 의미가 하나 더 있습니다.

그건 뭔가요?

🧑 예를 들어 암보험에 가입하셨는데 암이 발생하지 않는다면 수십 년 동안 낸 보험료가 너무 아깝지 않겠습니까? CI보험은 반드시 받으시게 됩니다. 그래서 보장자산이라고 표현하는데요, 반드시 받기 때문에 배우자를 위한 배려가 되고, 자녀를 위한 유산으로도 사용할 수 있는 자산입니다.

그림으로 풀어보는 CI 보험 실전 활용 포인트

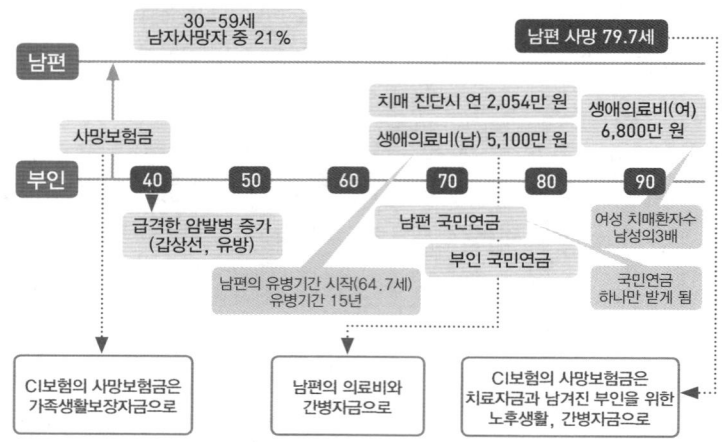

CI보험은 LIFE CYCLE 변화에 대응하는데 가장 적합한 상품입니다

30세에서 59세 사이의 남자를 「가장책임기간에 있는 가장」이라고 하는데요, 남자사망자 중 이때 사망하는 비율이 21%나 됩니다. 이에 대한 대비로 사망보장이 필요한데, 이때의 사망보험금은 자녀와 배우자의 가족생활자금의 역할을 하게 됩니다.

CI보험은 기본적으로 사망보장을 하는 보험이고, CI상황이 발생하면 사망보험금을 미리 받는 상품입니다. 또한 납입보험료의 일부를 적립함으로써 가입기간 중에 비상자금이 필요하면 중도인출로도 사용할 수 있는 상품입니다. 이러한 기능은 고객의 LIFE CYCLE 변화에 대응하는데 아주 중요한 역할을 합니다.

고객이 다행히 건강하게 노후생활을 하더라도 통계적으로 남편이 먼저 사망하게 됩니다. 남편은 사망 이전에 많은 의료비를 사용할 확률이 매우 높습니다. 이때 CI보험은 사망 전 고액의 치료비 부담을 덜어줄 것이고 사망보험금은 남겨진 배우자를 위한 노후생활비와 치료비, 간병비로 활용할 수 있게 될 것입니다.

CI보험금 지급을 주제로 한 고객 상담 방법

CI보험은 보험금 지급이 정말 까다로운 것일까요?

> CI보험은 보험금을 받기 어렵다고 하던데… 사실일까요?

CI보험에 대한 거부감을 가진 사람들은 "중대한 질병, 중대한 수술, 중대한 화상 및 부식, 일상생활장해상태 및 중증치매상태가 발생해야 한다"는 보험금 지급 조건을 두고 그래서 CI보험은 보장범위가 좁아 별로라고 주장하곤 합니다.

이런 주장에 대해 어떻게 생각하십니까?

결론적으로 말하면 이런 주장은 CI보험에 대한 근본 개념을 잘 이해하지 못한 오해에서 비롯된 의견이라고 할 수 있습니다. 앞에서도 여러 번 언급하였지만 CI보험은 수명의 연장으로 인해 사망 전 고액의 치료비와 간병비가 필요해진 최근 사회 환경에 대응하기 위해 사망보험금을 선지급해 줄 수 있도록 고안된 상품입니다.

그런데 이렇게 사망보험금을 미리 지급하는 상품이라고 해서 맹장수술과 같은 일반질병 발병 시에도 사망보험금을 선지급한다면 CI보험의 보험료는 엄청나게 높아질 수 밖에 없을 것입니다. 따라서 사망 시에만 지급하던 사망보험금을 미리 지급하기 위해서는 생명이나 건강과 관련한 중대한 상황발생이라는 일정한 조건이 반드시 전제될 수 밖에 없는 것입니다. 이런 현실적인 문제로 인해 경우에 따라서는 일반질병보험이나 실손의료보험에 비해 보험금 지급이 상대적으로 까다롭다고 느낄 여지가 있는 것은 사실입니다.

또 하나 기억해야 할 것은 사망보험금을 미리 받지 못한다고 해서 보장이 사라지는 것은 아니라는 점입니다. 이는 CI 조건에 해당되지 않아 보험금을 받지 못한다고 하더라도 사망 시에는 전액 받을 수 있기 때문에 CI 상황이 발생하면 사망보험금의 일부를 먼저 받는다는 점에서 수령시점이 빨라지는 것이며 보험금을 받지 못하는 것은 아니라는 것입니다.

CI보험의 목표는 사망 시에만 지급하던 사망보험금을 생명이나 건강과 관련한 중대한 위기상황 발생시에 이미 정해져 있는 사망보험금을 선지급함으로써 가입자의 경제적 곤궁을 미리 해소할 수 있도록 하는 것이지 중대하지 않은 질병을 모두 보장하기 위한 상품이 아닌 것이죠. 그래서 일반질병에 대한 보장은 건강보장특약 등으로 해결할 수 있도록 CI보험은 다양한 특약을 별도로 제공하고 있는 것입니다.

> CI보험의 혜택을 고객의 상황에 따라 구분하여 설명해야 합니다.

CI보험은 사망보험과 건강보험의 성격을 동시에 가지고 있다고 해서 건강보험의 측면을 강조하여 설명한다면 고객은 중대하지 않은 일반 질병 진단을 받아도 보험금을 받을 수 있을 것으로 오해할 소지가 있으므로 유의가 필요합니다. 따라서 다음과 같은 순서로 설명하는 것이 좋습니다.

근본적으로 CI보험은 사망보험이므로, 사망할 경우 당연히 사망보험금을 100% 지급받습니다. 그런데 아쉬움이 있습니다. 대부분의 사람들은 사망 전 고액의 치료비 또는 간병비를 지출하고 사망하게 됩니다. 이런 고액의 치료비가 발생할 수 있는 상황에 대비해 미리 보험금을 받

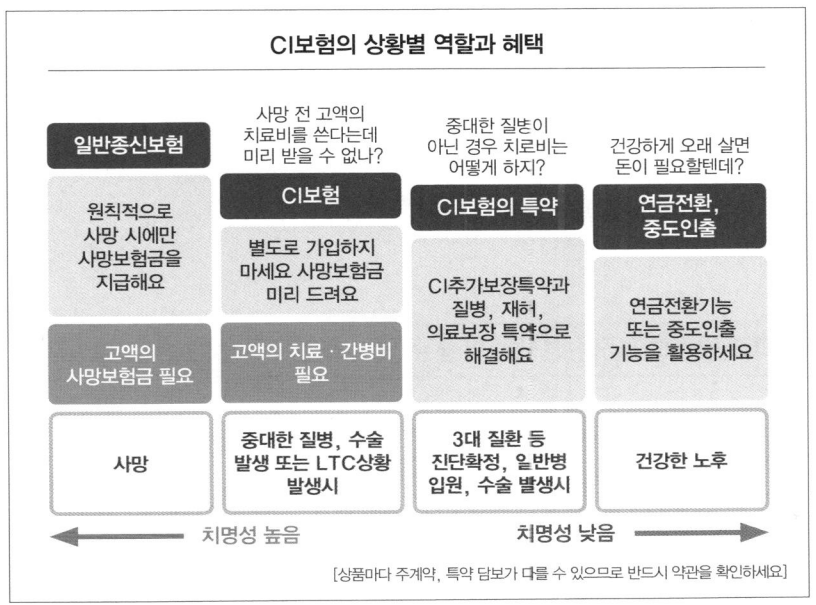

을 수 있다면 얼마나 좋을까? 라고 생각하는 고객의 니즈를 반영하여 사망보험금을 일정한 조건 하에 선지급 받을 수 있는 보험이 CI보험의 본래 기능입니다. 그럼, 일반 질병 등에 걸렸을 경우는 두 가지 방향으로 설명이 가능합니다.

첫째, 대부분의 병은 초기에서 중기, 말기로 병증이 깊어지게 되는데, 진단 초기에는 의료비가 많이 들지 않아 가정이 감당해 낼 수 있을 가능성이 크지만 병이 진행될수록 경제적 곤궁이 커질 것이므로 이 부분에 대비할 필요가 있음을 설명합니다. 또한 질병 진단을 받게 되면 더 이상 보험가입이 되지 않을 가능성도 부연합니다.

둘째, 이런 상황에 대비해 다양한 특약을 선택할 수 있도록 준비해 둔 상품이 CI보험입니다. 따라서 초기, 중기 질병에 대한 대비를 함께 하기 위해서는 필요한 특약을 활용하면 됩니다. 여기에 종신보험의 특징인 적립기능을 활용해 미래에 연금으로 전환하거나 목돈이 필요할 경우 적립금을 활용하여 목돈수요에도 대비할 수 있음도 함께 전달하면 좋습니다.

CI보험의 보험금을 선지급 받을 수 있는 조건은?

CI보험에서 사망보험금을 지급하거나 선지급하는 사유를 설명하는 것이 복잡하다고 느끼는 분들이 많습니다. 이를 고객이 이해하기 쉽게 설명할 방법은 무엇일까요?

CI보험의 사망보험금 선지급 요건

구분		
중대한 질병	중대한 암	말기 폐질환
	중대한 급성심근경색증	원발성 폐동맥고혈압
	중대한 뇌졸중	중증 세균성수막염
	말기 신부전증	다발경화증
	말기 간질환	루게릭병
중대한 수술	관상동맥(심장동맥)우회술	심장판막수술
	대동맥인조혈관치환수술	5대 장기 이식수술
중대한 화상, 부식	중대한 화상 및 화학약품등에 의한 피부손상(부식)	
LTC보장	일상생활장해상태	중증치매상태

※ 선지급 조건은 회사별, 상품별로 차이가 있을 수 있습니다. 보다 정확한 요건은 상품의 약관을 확인하시기 바랍니다.

CI보험의 주계약은 크게 「CI 보장 + 사망보장 + LTC 보장」, 이 세 가지로 나눌 수 있습니다. 우선 세 가지 조건으로 분류하고 각각의 조건에 대해 다음의 순서로 설명하면 효과적일 것입니다.

첫째, CI 보장은 중대한 질병과 수술 및 화상 및 부식(피부손상) 상황 발생 시 사망보험금을 선지급 합니다.
둘째, 사망보장으로 사망 시 보험금 전액을 지급합니다.
셋째, 여기에 최근 수명 연장과 의료기술의 발전으로 부담이 더 커지고 있는 LTC 상황에 대한 보장도 제공하는데, 일상생활장해상태가 발생하거나 중증치매상태가 발상할 경우 사망보험금을 선지급하게 됩니다.

참고로 보험회사와 상품에 따라 약간의 차이가 있을 수 있으니 보다 정확한 요건은 상품 약관을 확인하는 것이 가장 정확합니다.

CI보험과 GI보험의 암, 뇌, 심장 관련 질환 보장의 차이

CI보험과 GI보험의 약관을 보면 주계약에서 보장하는 질병의 정의가 조금 다르게 되어 있다는 사실을 알게 됩니다.(단, 보험회사별, 상품별로 차이가 있을 수 있으므로 해당 상품의 약관을 확인하세요)

암의 경우부터 살펴보겠습니다. CI보험에서는 중대한 암을 주계약으로 보장하고 있습니다. CI보험 약관에서는 "악성종양세포가 존재하고 또한 주위 조직으로 악성종양세포의 침윤, 파괴적 증식으로 특징지을 수 있는 악성종양"을 중대한 암으로 정의하면서 보장에서 제외되는 암을 나열해 놓았습니다.(일반적으로 다음의 암 종류는 보장에서 제외되는데, 깊이가 1.5mm이하인 피부의 악성 흑색종, 기타 피부암, 초기 전립선암, 갑상선암, 대장점막내암 등이 이에 해당합니다.)

한편, GI보험에서 보장하는 암은 CI보험과는 달리 보장대상 암을 구체적으로 질병분류 코드별로 나열하고 있는데, 일반적으로 유방암, 전립선암, 기타피부암, 대장점막내암 및 갑상선암을 제외한 암을 나열하고 있습니다.(회사별, 상품별로 차이가 있을 수 있습니다.)

뇌와 관련된 질환의 경우에도 차이가 있습니다. CI보험은 일반적으로 중대한 뇌졸중을 보장하고 있는데, 뇌혈액순환의 급격한 차단으로 인해 장해분류표에서 정한 '신경계에 장해가 남아 일상생활 기본동작에 제한을 남긴 때'의 지급률이 25%이상인 장해상태가 발생하고 약관에서 정한 뇌졸중 진단확정을 받았을 때 보장이 됩니다. GI보험은 약관에서 규정하는 뇌출혈에 대해 보장을 제공하고 있으며, 구체적으로 질병분류코드 I60에서 I62(지주막하출혈, 뇌내출혈, 기타 비외상성 두개내출혈)에 해당하는 질병을 보장합니다.(상품마다 차이가 있을 수 있습니다.)

급성심근경색증의 경우 CI보험에서는 중대한 급성심근경색증을 보장하는데 '관상동맥의 폐색으로 말미암아 심근으로의 혈액공급이 급격히 감소되어 전형적인 흉통의 존재와 함께 심근조직의 비가역적인 괴사를 가져오는 질병'이라고 정의하고 있습니다. 이에 비해 GI보험은 한국표준질병사인분류상 I21에서 I23(급성심근경색증, 후속심근경색증, 급성심근경색증 후 특정 현존 합병증)에 해당할 경우 보장합니다.

정리하면, CI보험은 질병 정의 방식으로 표현한 반면, GI보험은 질병분류코드 방식으로 표현하고 있다는 것입니다.

이렇게 상담하세요

고객 현황

40세 남자 직장인, 자녀 2명. 평균적인 소득과 자산을 가지고 있음. 최근 다른 OO보험사에서 CI보험에 대해 상담을 받고 가입을 고려하고 있는 상황

> 늘 이렇게 찾아와 주시는 데 도움도 드리지 못하고 있네요. 벌이가 시원치 않아 보험 가입이 만만치 않은 것 같아요. 그래도 하긴 해야 하는데…

> 하하하~ 고객님, 생명보험도 자동차보험처럼 누구에게나 필요한 것이랍니다. 자동차보험은 법으로 강제하기 때문에 다들 가입하지만 생명보험은 강제하지 않기에 늘 가입해야 하는지를 고민하시는데요, 반드시 준비하셔야 해요. 고객님의 경우 특히 가정경제를 고객님이 모두 책임지고 있기 때문에 가족생활 보장과 건강보장을 위한 준비는 반~드시 필요하세요.

> 그렇긴 한데요…. (잠시 생각한 후) 사실 얼마 전에 모 보험사의 설계사 분이 찾아오셔서 보험상담을 하고 가셨어요. 그러면서 CI종신보험을 제안하셨는데요, 제가 인터넷으로 CI보험을 검색해 보니 좋다는 글도 있고 별로라는 글도 많아 어떻게 해야 할지 모르겠더라고요. CI보험은 정말 가입해도 괜찮은 건가요?

> 저도 인터넷 기사나 댓글 등을 많이 보았습니다. 대체로 CI보험에 대해 제대로 이해하지 못하고 쓴 글들이 많은데요, CI보험을 정확하게 이해하신 후 가입 여부를 결정하시는 것이 좋을 것 같습니다. 제가 알기 쉽게 설명해 드릴게요.

> 그럼 고맙지요~

🙍 제가 질문을 드리는 형태로 설명해 드릴게요. 고객님께서는 사망할 경우에 사망보험금을 받는 것이 좋으실까요? 아니면 사망 전이라도 필요시에 미리 사망보험금을 받는 것이 더 좋으실까요?

그야 사망 전에 받으면 좋겠죠?

🙍 전통적인 종신보험은 사망해야만 사망보험금을 지급하는 반면, CI보험은 사망 전에도 보험금을 지급할 수 있도록 해서 사망 전에 발생하는 고액의 치료비, 간병비 그리고 가족 생활비를 준비하는 데 큰 도움을 줄 수 있도록 만든 상품입니다. 물론, 갑자기 사망할 경우에도 사망보험금은 전액 지급하기 때문에 종신보험의 성격을 그대로 가지고 있습니다.

그렇군요. 그런데, 또 한 가지 궁금한 것이 있는데요, CI 보험은 보험금을 받기가 매우 어렵다고 하는 글들도 많던데요? 이건 사실인가요?

🙍 그 부분이 가장 오해가 많은 부분인데요, 단약, 맹장수술을 했을 때도 사망보험금을 선지급한다면 어떨까요? 고객은 좋겠지만 보험회사는 감당할 수 없겠지요? 이런 일반적인 질병에도 사망보험금을 선지급한다면 보험료는 실로 엄청나게 높아 질 수밖에 없을 겁니다.

CI보험은 기본적으로 사망보험인데요, 최근 트렌드를 보면 사망 이전에 병원에서 고액의 치료를 받고 사망하는 경우가 대부분이지 않습니까? 사망 전에 발생하는 이런 경제적 부담을 해결하고자 하는 고객의 필요가 반영된 것이 CI보험입니다. 따라서 보험회사는 어떤 조건에서 사망보험금을 지급한다는 한계를 설정할 수밖에 없습니다. 그것이 CI 상황이라는 것입니다.

즉. 사망보험금을 미리 지급하기 위한 조건이 필요한 것이고, 그에 따라서 중대한 질병 등이 발생할 경우 미리 사망보험금을 지급하는 것입니다.

그렇군요… 그럼, 중대하지 않은 질병에 대한 보장은 어떻게 해야 하나요?

당연히 필요합니다. 우리의 생로병사를 생각해보면 병이 생겨서 진행되고 결국 중증으로 발전해서 사망에 이르게 되는데, CI보험은 뒤의 두 가지 상황에 대한 대비임이 분명합니다. 그래서 CI보험은 질병 초기나 중대하지 않은 질병 등에 대한 보장을 위해 다양한 특약을 선택할 수 있도록 마련해 놓았습니다.

특약은 고객이 자신의 상황에 맞게 선택할 수 있는 장점이 있습니다. 이렇게 하면 질병 초기, 중기, 말기, 사망 후까지 보장을 받을 수 있는 것입니다.

그럼 저는 CI보험을 선택해야 할까요? 일반종신보험을 선택해야 할까요?

어떤 상품이 더 좋다고 할 수는 없습니다만, 고객님의 상황에 따라 더 적합한 상품을 선택할 수는 있습니다. 우선, CI 상황은 아무래도 나이가 들수록 발생 확률이 높아지지 않겠습니까?

따라서 나이가 40대 중·후반이 넘은 분들과 과거 병력이 있으시거나 가족력이 있으신 분들이라면 CI보험을 활용하는 것이 좋겠습니다. 한편, 상대적으로 젊은 20대~30대 분들은 일반 종신보험을 활용하는 것이 좋을 수 있겠습니다.

이렇게 명쾌하게 설명해 주시니 제가 선택하기 쉬울 것 같네요. 그럼 FP님께서 제게 맞는 설계를 해봐 주시면 좋겠어요

그림으로 풀어보는 CI 보험 실전 활용 포인트

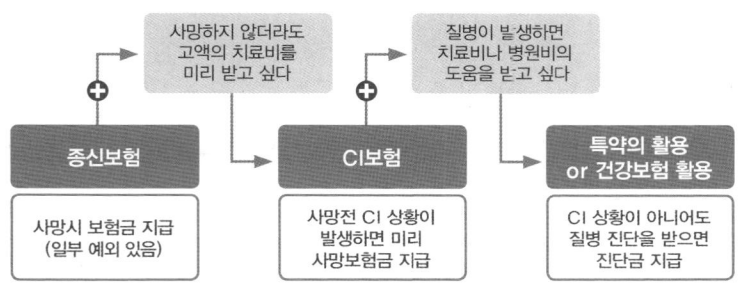

CI보험은 나이가 많거나 가족력 또는 과거 질병 경력이 있는 분들에게 적합한 보험입니다.

CI 보험금은 받기가 어렵다? 이 말은 CI보험의 정의를 오해한 데에서 비롯된 것입니다. CI보험을 단순한 건강보험 또는 질병보험으로 생각하고 가입했다면 분명 CI 상황이 발생해야 보험금을 받을 수 있으니 지급이 까다롭다고 오해할 수 있습니다.

CI 보험금을 지급받는 것이 까다롭다는 논리는 일반건강보험이나 실손의료보험에 비해 보험금을 받을 요건이 엄격하다는 관점에서 비교하기 때문인데요, CI보험은 원래 치명적 위험(사망, 중대한 질병 등)에 대비하기 위해 가입하는 것이지, 일반질병, 상해에 대비하고자 가입하는 것이 아닌 상품입니다.

CI보험의 최대 특징은 사망 이전에 사망보험금을 미리 받게 되어 오히려 종신보험에 비해 보험금을 활용할 수 있는 가능성이 높다는 점입니다.

고객들은 이미 실손의료비보험이나 건강보험에 가입하고 있을 가능성이 높습니다. 이들 상품은 발생한 의료비 부담을 덜어주는 역할을 할 것입니다. 반면 CI보험은 중대하고 치명적인 질병으로 인해 고액의 치료비와 간병비를 준비하고 실직 및 소득상실 상황까지 염두에 둔 든든한 보장을 제공합니다. 이 둘은 서로 보완관계에 있으므로 조합을 통해 더욱 효과적인 보장플랜을 구성할 수 있습니다.

08 CI Insurance

CI보험이 주는 실질적 혜택을 주제로 한 상담 방법

CI보험은 정말 비싼 보험일까요?

> CI보험이 제공하는 핵심 혜택을 제대로 설명하는 방법은?

원칙적으로 일반종신보험은 피보험자 사망 시에만 보험금을 지급합니다.(일부 예외 있음) 한편 CI보험은 피보험자가 사망할 경우 사망보험금을 지급한다는 측면에서 종신보험과 같은 역할을 하지만 피보험자가 사망하기 전이라도 CI상황이 발생할 경우 보험금을 지급한다는 점에서는 종신보험과 큰 차이가 있습니다.

상식적으로 생각해볼 때 보험회사 입장에서는 가입자의 기대여명 시점(사망시점)에서 지급할 사망보험금을 CI 상황 발생시에 미리 지급하기 때문에 같은 크기의 보장규모라면 종신보험보다 CI보험의 보험료를 더 높게 책정하는 것은 당연할 것입니다. 실제로도 CI보험의 보험료가 같은 사망보험금일 경우 종신보험에 비해 더 높은 것이 일반적입니다.

고객의 입장에서는 미리 받는 사망보험금의 가치가 일반종신보험에 비해 더 높은 보험료를 지불할 만큼의 가치가 있는 지 의문을 가질 것입니다. 고객은 늘 비교하고 어떤 상품이 자신에게 더 유리한 것인지에 따라 가입을 결정하기 때문입니다.

그렇다면 CI보험이 제공하는 혜택을 어떤 관점에서 설명하는 것이 바람직할까요?

종신보험과 CI보험의 가장 큰 차이점인 "CI상황 발생시 보험금을 지급한다(사망전에 미리 받는다.)"의 가치가 과연 일반종신보험보다 더 많은 보험료를 지불할 만큼 의미가 있고, 고객에게 도움이 된다는 것을 이해하고 설명할 수 있다면 성공적인 영업이 이루어질 수 있을 것입니다.

매월 발생하는 여유자금, 어떻게 활용해야 할까?

고객은 늘 자신에게 맞는 최적의 선택을 하고자 합니다. 만약 한 달에 33만 원 정도의 여유 자금이 있는 40세 남자 고객이 있다고 가정해 보겠습니다. 이 고객은 33만 원을 어떻게 활용할 것인지에 대해 다양한 선택을 할 수 있습니다.

먼저, 은행 적금을 고려할 수 있습니다. 적금은 언제든 원금은 찾을 수 있고, 시간이 지나면 원금에 약간의 이자를 더하여 받을 수 있습니다. 단, 사망하거나 중대한 질병에 걸렸을 경우 불입금과 이자 이상을 받을 수는 없습니다.

> **적금, 종신보험, CI보험의 차이는?**
>
> CI보험의 첫 번째 핵심 가치는 고액의 보험금을
> 사망 전에도 받을 수 있다는 것입니다.
>
> "한 달에 33만 원으로 무엇을 할까?"
>
> - (적금) 계속 돈이 쌓임. 원금 + 소정의 이자
> - (종신) 적금보다 적지만 계속 돈이 쌓이고 사망시 보험금 지급
> - (CI) 적금보다 적지만 계속 돈이 쌓이고, 사망시 보험금 지급 + 사망전 CI상황 발생시 보험금 지급

다음으로 종신보험을 고려할 수 있습니다. 종신보험은 납입기간 중에 해지하면 원금보다 적게 받을 가능성이 높지만 사망할 경우 고액의 사망보험금을 받을 수 있어 남겨진 가족에게 큰 도움이 됩니다. 단, 중대한 질병에 걸렸을 경우에는 보험금을 받을 수 없습니다.

마지막으로 CI보험을 선택할 수도 있습니다. CI보험 또한 납입기간 중도에 해지하면 원금보다 적게 받을 가능성이 높습니다. 하지만 사망할 경우 사망보험금을 받을 수 있는데, 같은 금액의 보험료를 납입하는 조건이라면 종신보험보다 조금 적은 사망보험금을 받게 됩니다. 한편, 중대한 질병에 걸렸을 경우에도 보험금을 미리 받을 수 있다는 점에서 종신보험과 차이가 있습니다.

단순히 매월 납입하는 보험료만을 기준으로 했을 때 CI보험이 종신보

험에 비해 다소 보험료가 높습니다.

사망 전 얼마나 많은 리스크에 직면할 것인가?

고객들은 물론 일부 보험 전문가도 CI보험은 비싼 보험이라고 생각하는 경우가 있습니다. 과연 그럴까요? 비싸다는 의미는 혜택에 비해 더 많은 돈을 지불하는 것을 의미합니다. 받는 혜택이 더 크다면 오히려 싸다고 표현해야 합니다. CI보험의 보험료가 일반종신보험보다 높다고 해서 비싸다고 할 수 있을까요? 결론적으로 CI보험은 "보험료가 높은 상품이지만 상대적으로 싼 보험입니다." 그 이유는 다음과 같습니다.

우리나라 남자의 기대 수명은 79.7세이고, 여자는 85.7세입니다. 만약 종신보험에 가입했다면 평균적으로 이 나이쯤에서 보험금을 받게 됩니다. 40세에 가입했다면 통계적으로는 40년 후가 되어야 보험금을 받는 것입니다. 물론 그 전에 사망할 경우 보험금을 받게 되지만 평균 수명보다 더 오래 사는 사람들도 적지 않으므로 통계적으로 혹은 평균적으로 이 때 받는다고 가정해도 무리가 없을 것입니다.

그렇다면 평균수명까지 살아가는 동안 CI 보험금을 받을 수 있는 여러 가지 위험에 얼마나 직면할 가능성이 높은 지를 따져볼 차례입니다.

암이 발생하는 시점을 생각할 필요가 있습니다.

첫 번째 위험은 암입니다. 암은 발생시점이 중요합니다. 여성의 경우 갑상선암과 유방암을 중심으로 40대 중반부터 급속히 암발생률이 높아지고 남성은 50대 중반부터 70대까지 암 발생률이 급격히 증가하고 있습니다.

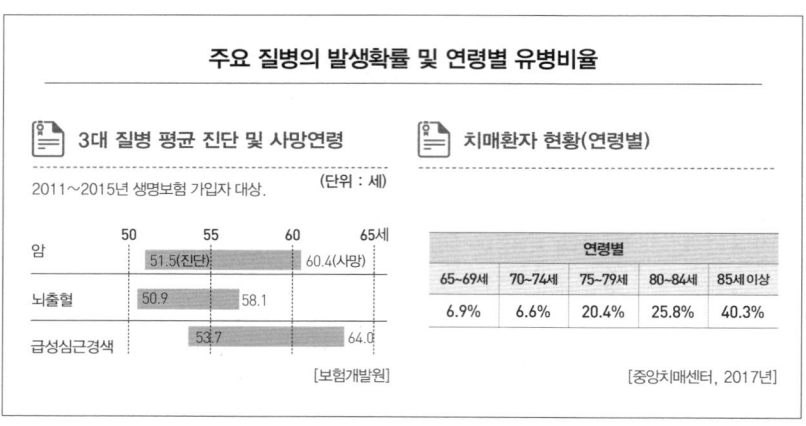

최근 보험개발원에서 생명보험 가입자를 대상으로 3대 질병에 대한 진단 시기 및 사망연령 통계를 발표했는데 생각보다 이른 나이에 많은 분들이 이들 질병에 걸리고 사망하고 있었습니다. 암의 경우 평균 51.5세에 진단을 받았으며 60.4세에 사망하고 있습니다. 단순히 계산하면 암에 걸린 후 약 9년 뒤에 사망하는 것입니다.

이 9년의 기간 동안 암 환자와 가족에게는 어떤 일이 발생할까요? 수술을 받을 것이고 계속 치료도 받게 되며, 그러다 재발하게 되면 간병을 받다가, 재수술, 그리고 사망하게 될 것입니다.

이렇듯 암은 치명적이면서 발생률이 높고 발생시점도 빠르기 때문에 많은 분들이 암보험에 별도로 가입합니다. 아주 현명한 방법이라 할 수 있지만, 평생 암에 걸릴 확률보다는 걸리지 않을 확률이 더 높은 것이 사실입니다. 만약 한 달에 10만 원 이상을 암 보장을 위해 사용했는데, 암이 아닌 다른 질병으로 사망한다면 정말 아쉽지 않을까요?

또한 암 보험은 그 자체로도 보험료가 높습니다. 그 만큼 위험률이 높기 때문입니다. 그래서 일반적으로 2천만 원에서 3천만 원 정도의 암 보장 규모를 충분하다(?)고 생각하는 듯 합니다. 실제 암 보험 가입자들의 평균 보장금액 또한 2천만 원을 조금 넘는 정도에 불과합니다.

CI보험은 고액의 암 보험금을 준비할 수 있으며, 암이 아닌 다른 질병(CI상황에 해당되는 질병)이 발생해도 보험금을 받을 수 있고, 질병에 걸리지 않아도 사망 시 보험금을 지급받을 수 있는 상품입니다.

두 번째 위험인 뇌출혈의 경우에도 50.9세에 진단을 받았으며, 58.1세에 사망하는 것으로 나타났습니다.

세 번째, 급성심근경색증의 경우 진단 시점은 53.7세이며 사망시점은 64세로 나타나고 있습니다.

만약, 종신보험에 가입했다면 사망시점이 되어서야 보험금을 지급받을 수 있지만 CI보험에 가입했다면 이보다 10~20년은 일찍 보험금을 지급받았을 것입니다.(CI상황에 해당된다고 가정했을 경우)

마지막 위험으로 치매를 들 수 있습니다. 치매 환자의 34%는 60세에서 80세 구간에 있고 66%는 80세 이후 구간에 있습니다. 종신보험에 가입했다면 보험금을 받을 수 없습니다. 이 때 보험금을 받을 수 있다면 얼마나 유용할까요? CI보험은 중증치매상태가 발생하면 주계약으로 보험금을 받을 수 있습니다. 즉, 별도로 장기간병보험에 가입할 것인지, 아니면 CI보험에 가입함으로써 다른 질병과 함께 포괄적으로 보장을 받을 것인지, 어떤 것이 더 효율적일지 판단할 필요가 있습니다.

보험금을 10년 일찍 받을 수 있는 혜택에 대한 대가로 약간 더 보험료를 지불하는 것이 CI보험의 기본원리인 것입니다.

CI보험금의 가치는 시간가치에 있습니다.

생명보험의 사망보험금은 '가족에 대한 사랑'이 가장 큰 가치입니다. 그 가치는 금전으로 환산할 수 없는 소중함 그 자체임이 분명합니다. 그럼에도 불구하고 CI보험의 가장 큰 특징이 사망보험금의 선지급에 있으므로 CI보험의 보험금 가치를 한번쯤은 산술적으로 계산해 보는 것도 나쁘지 않은 방법입니다.

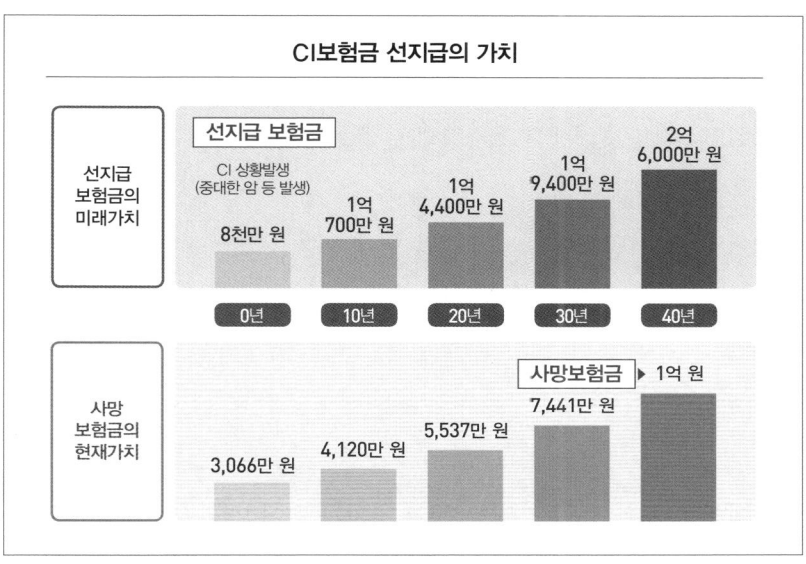

[주계약 사망보험금 1억 원 가정, 80% 선지급 조건 가정, 할인율 및 수익률 3%가정]

1억 원의 사망보험금(80% 선지급형)을 주계약으로 하는 CI보험에 가입한 고객은 CI상황이 발생했을 경우 8천만 원의 보험금을 수령할 수 있습니다. 이 8천만 원의 가치를 산정해 본다면 어느 정도나 될까요?

고객이 CI상황 발생 후 10년이 지나 사망한다면 미리 받은 8천만 원의 미래 가치는 1억 7백만 원 이 될 것입니다.(3% 수익률 가정시) 만약, 20년 후 사망한다면 1억 4,400만 원, 30년 후라면 1억 9,400만 원, 40년 후에는 2억 6,000만 원의 가치가 있을 것입니다. 만약 CI보험에 가입하지 않아 8천만 원의 치료비를 대출로 마련했다면 최소한 이 금액 이상을 갚아야 합니다. CI보험의 선지급의 가치는 이렇듯 높습니다.

다른 관점에서도 선지급 보험금의 가치를 계산해 볼 수 있습니다. 40세인 고객이 일반종신보험에 가입하고 80세(40년 후)에 사망하여 사망보험금으로 1억 원을 수령했다고 가정해 보겠습니다.

미래에 받을 사망보험금 1억 원의 현재 가치(40세 시점)는 3,066만 원(3% 할인률 가정)이 될 것이고, 10년 후(50세 시점) 가치는 4,120만 원, 20년 후(60세 시점) 가치는 5,537만 원, 30년 후(70세 시점)는 7,441만 원이 될 것입니다.

나중에 받는다는 것은 그 만큼 돈의 가치가 떨어진다는 의미입니다. 이렇듯 미리 받는 사망보험금의 시간 가치는 적지 않은 금액이라고 할 수 있습니다. GI보험의 경우에도 같은 원리로 설명할 수 있습니다.

연금전환 기능과 생활설계자금신청 기능

CI상황이 발생하지 않고 건강하게 노후를 맞이했을 때 노후 생활비가 필요할 경우에 활용할 수 있는 대표적인 기능이 연금전환 기능입니다. CI보장 보다는 생활자금을 받는 것이 더 필요할 경우 활용할 수 있으며, 연금으로 전환할 때 계약자가 선택한 주계약의 범위(일부 또는 전부)만큼 CI보장은 사라지고 연금보험과 같은 기능을 하게 됩니다.

한편, 생활설계자금신청 기능을 활용할 수도 있는데, 이 기능은 CI보장도 유지하면서 노후 생활자금으로 활용하고 싶을 경우에 유용합니다.

매년 생활설계자금을 받는 대신 보험가입금액이 줄어들고, 생활설계자금 지급이 종료되면 남은 CI보장은 종신토록 계속 유지되는 기능입니다. 약관에서 정한 생활자금을 매년 수령하는 대신「보험료 및 책임준비금 산출방법서」에서 정한 방법에 따라 매년 보험가입금액이 자동으로 감액됩니다.계(회사별, 상품별로 본 기능의 존재유무, 내용에 차이가 있을 수 있습니다.)

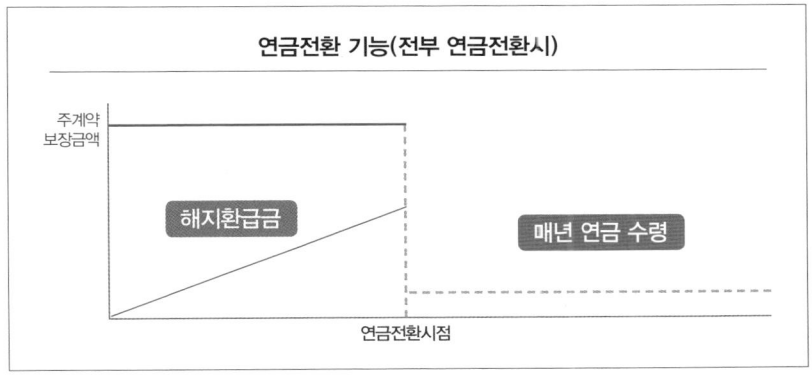

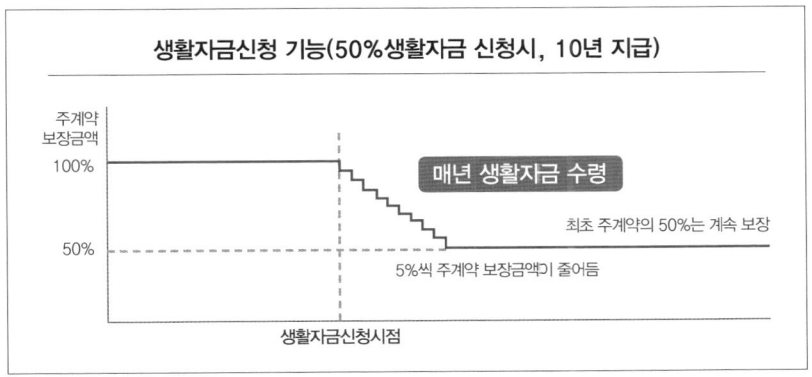

이렇게 상담하세요

고객 현황

50세 중소기업 사장님, 소득이 월 1천만 원 이상으로 상당한 규모의 자산 보유.

🙋 제가 많은 사장님들을 만나는데요, 공통점이 있으신 것 같아요.

그래요? 그게 어떤 거죠?

🙋 성공하신 사장님들은 모두 자금관리가 매우 중요하다고 강조하시더라고요. 자금관리를 잘못하면 앞으로 남고 뒤로 망한다고 강조하세요.

그야 당연하죠. 사업을 해 보면 자금관리야 말로 모든 것의 핵심이죠.

🙋 사장님께서도 종신보험을 가지고 계시지요?

그럼요. 3억 원 정도 보장을 받고 있죠.

🙋 그러실 줄 알았어요. 너무 잘 하신 것 같아요. 그럼 CI보험도 가지고 계신가요?

그건 없어요. 언젠가 CI보험을 제안했던 분이 있었는데 종신보험에 비해 비싼 것 같아 거절했어요.

🙋 그러셨군요… 사장님께서는 종신보험이 있으시니 추가로 CI보험이 꼭 필요하신데요, 같은 보장 규모일 때 보험료가 종신보험보다 높지만 보험이 주는 혜택을 고려하면 종신보험보다 훨씬 효율적일 수 있습니다.

어째서 그런가요?

🙋 종신보험은 사망해야만 보험금을 받습니다만, CI보험은 사망하지 않고 암이나 중대한 질병에 해당하거나 장기간병상황이 발생할 때에도

미리 보험금을 지급하기 때문입니다. 그런데 이런 혜택이 생각보다 훨씬 큽니다. 그것도 대단히 크죠.

구체적으로 얼마나 혜택이 큰가요?

제가 1억 원의 사망보험금을 기준으로 설명 드리겠습니다. 우리나라 남자의 기대 수명은 79.7세입니다. 만약 종신보험에 가입한 고객이 80세에 사망한다면 이때 사망보험금을 받을 것입니다. 만약, 50세에 가입했다면 통계적으로는 30년 후가 되어야 보험금을 받게 됩니다. 물론, 가입 후 얼마 되지 않아 사망과 같은 상황이 발생하면 납입 보험료 대비 훨씬 큰 보험금을 받을 수 있습니다.

하지만 암 등 질병은 그 전에 집중적으로 발생하지 않습니까?

혹시 암은 언제 많이 발생하는지 아시는지요?

그거야… 제가 정확하게 알기 어렵죠

최근 보험개발원에서 생명보험 가입자를 대상으로 조사했더니 암의 경우 평균 51.5세에 진단을 받고, 60.4세에 사망한다고 합니다. 약 9년 정도 차이가 있습니다.

최근 의료기술을 보건대 그 이상 생존할 수도 있겠지요? 종신보험은 암 진단을 받아도 보험금을 지급하지 않지만 CI보험은 보험금을 지급합니다. 물론 CI보험이 보장하는 암인 경우겠지만 중대한 암 대부분은 CI보험이 보장하고 있습니다.

1억 원을 주계약 사망보험금으로 설정하셨다면 CI상황이 발생했을 때 8천만 원(80% 지급형일 경우)의 보험금을 수령하게 되는데요, 발생 후 10년이 지나 사망한다면 미리 받은 8천만 원의 미래 가치는 1억 7백만 원이 됩니다. 3% 수익률을 가정했을 때 말이죠. 만약, 20년 후 사망할 경우에는 1억 4,400만 원, 30년 후에 사망한다면 1억 9,400만 원의 가치가 있습니다. 만약, 보험가입을 하지 않은 상황에서 이 정도의 치료비를 대출받게 되면 이자가 3%보다 훨씬 높을 것입니다.

그림으로 풀어보는 CI 보험 실전 활용 포인트

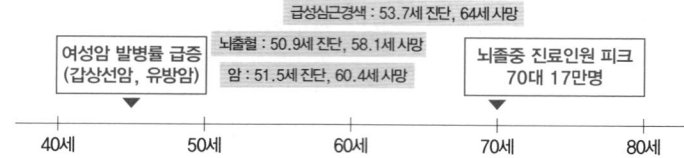

[암 발병위험 : 국가암등록사업 2015년 보고서, 3대 질병 진단 통계 : 2011~2015년 보험개발원,
뇌졸중 : 국민건강보험공단 2015, 급성심근경색 : 건강보험심사평가원 2013]

모진 목숨이란 말을 들어보셨습니까? 죽고 싶어도 죽지 못할 때 어르신 들이 흔히 쓰는 말입니다. 의료 기술이 발전하면서 모진 목숨은 더욱 모질어질 가능성이 높습니다. 실제 통계를 살펴보면 얼마나 우리가 주요 질병에 노출되어 있는지 알 수 있습니다. 최근 통계를 정리하면 다음과 같습니다.

기대수명까지 살 때 남자의 암 발생 위험은 38.3%, 여자는 33.3%입니다. 실제 생명보험 가입자들의 3대 질병 진단시점은 평균 51세~56세 사이입니다. 뇌졸중 진료인원은 60대 이상이 77.8%를 차지하고 있으며, 70대가 압도적으로 많습니다. 급성심근경색증의 경우 남자는 4050에서, 여자는 7080에서 급격히 늘어납니다.

암의 경우 여자는 갑상선암과 유방암으로 인해 40대 중반에 발병률이 급증하는 현상을 보입니다. 최근 유방암은 소액암으로 보장하는 상품들이 많은데요, CI 보험은 중대한 갑상선 암과 유방암을 보장하고 있어 여성에게도 효과적인 보험입니다.

사망하기 전에 보험금을 받는다는 것은 아주 큰 의미가 있습니다. 대부분의 중대한 질병은 60대 전후에 시작되고 70대가 되면 절정(peak)에 이릅니다.

사망하기 전 미리 받는 보험금의 가치는 미래에 받을 보험금에 비해 훨씬 높습니다. 또한 이 보험금으로 다시 건강을 되찾고 안정적인 노후 삶을 유지할 수 있습니다. 이것이 CI보험이 고객님께 드리는 혜택입니다.

09 CI Insurance
만성질환을 주제로 한 CI보험 판매 방법
나이가 들면 반드시 찾아오는 질병이 있습니다.

만성질환을 주제로 한 CI보험 상담이 효과적인 이유는?

'나이가 들면 병을 달고 산다.' 혹은 '병과 함께 산다.'는 얘기는 어른들이나 선배들로부터 한 번쯤은 들어봤던, 아니 자주 들었던 얘기입니다. 젊은 시절이나 자신이 아프지 않으면 이런 얘기들은 남의 일이라고 생각하기 쉽지만 조금만 관심을 기울이고 주변을 살펴보면 매일 약을 먹는 가족이나 직장 동료를 발견하는 것은 그리 어렵지가 않습니다.

그래서 만성질환을 주제로 CI보험의 필요성을 이야기하는 것은 매우 효과가 있습니다. 고객 주변에서 사례를 쉽게 찾아볼 수 있어 감정이입이 수월하기 때문입니다.

대표적인 두 가지 만성질환은 바로 고혈압과 당뇨이고, 최근에는 고지혈증도 만성질환의 하나로 꼽고 있습니다.

또한 만성질환은 나이가 들어 노인이 되면 자연스럽게 열 명 중 아홉 명이 가지게 되어 대부분의 고객은 민감할 수밖에 없습니다. 다만, 만성질환 자체는 치명적인 질병이 아니지만 만성질환을 앓게 되면 치명적인 합병증으로 이어지기 때문에 매우 중요하게 관심을 가지고 고객에게 전달해야 하는 포인트가 될 수 있습니다.

> 만성질환을 주제로 고객과 대화를 시작해 보세요.

만성질환은 미래 의료비 부담과 아주 밀접한데, 그 이유는 관리비용이 상당하고, 오랜 기간 지속적으로 지출되어야 하기 때문입니다.

고객을 만나시면 만성질환을 주제로 대화를 시작해 보세요. "고객님, 혹시 만성질환이 어떤 병인지 알고 계세요?" 라고 질문하고 만성질환의

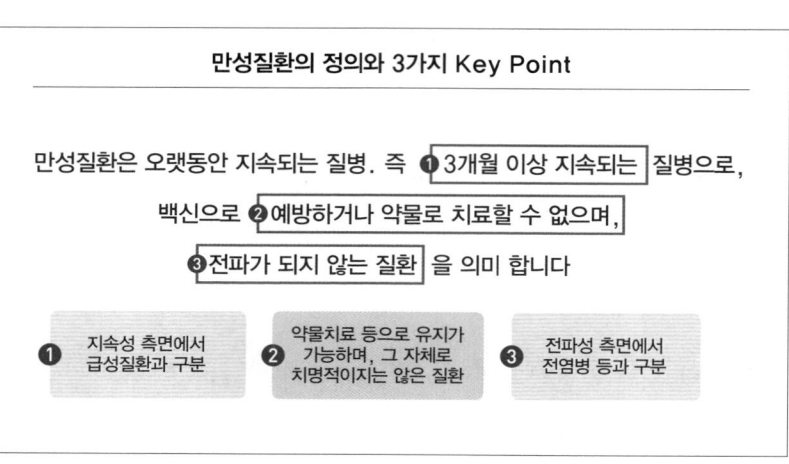

정의를 명확하게 알려주세요. 만성질환은 오랫동안 지속하는 질병. 즉, ① 3개월 이상 지속되는 질병으로, ② 백신으로 예방하거나 약물로 치료할 수 없으며, ③ 전파가 되지 않는 질환을 의미합니다.

만성질환을 설명할 때에는 3가지 주요 포인트를 하나씩 강조하는 것이 효과적인데, 첫 번째는 3개월 이상 지속된다는 점에서 급성질환과 다르고, 두 번째는 예방이나 약물치료로 완치하기가 어려워 평생 가지고 가야 하는 특징이 있어 만성이라고 하며, 세 번째는 전파가 되지 않으므로 전염병과 다르다는 사실입니다.

결론적으로 관리만 잘하면 오랫동안 현재 상태를 유지할 수 있는 질병이 만성질환입니다.

「의료화 현상」을 주제로 상담을 이어가세요

고객과 상담할 때 고객의 조부모님이 어떻게 돌아가셨는지 질문해 보세요. 아마도 노환으로 돌아가셨다는 답이 많을 것입니다. 사실 암이나 급성심근경색으로 돌아가셨다고 하더라도 당시에는 진단기술이 발전하지 못했고 병원도 많지 않아 그냥 나이가 들어 병이 생겨 돌아가셨다고 생각합니다.

그런데, 지금은 그렇지 않습니다. 어른들이 아프면 우선 병원을 갑니다. 병원에 가면 뛰어난 진단 기술, 예를 들면 MRI나 CT 등등, 이런 고가 장비를 이용해 그 원인을 밝혀 냅니다. 사전적으로 건강진단을 많이 받기도 합니다.

이와 관련한 구체적인 사례로 예전에는 이가 빠지면 노환으로 그러려니 했지만, 지금은 골밀도가 낮으면 이에 문제가 생기게 되니까 골다공증 약을 복용하거나 임플란트를 하게 됩니다. 즉, 완치는 못하더라도 치료는 한다는 것인데, 문제는 이 모든 상황이 적지 않은 비용을 필요로 한다는 것입니다.

최근에는 병원에서 원인을 밝혀 치료하다가, 병원에서 사망하는 것이 일상적입니다. 이를 「의료화 현상」이라고 하는데, 이렇게 의료 서비스를 받게 되면 사망시기를 상당 부분 늦출 수 있는 장점도 있지만 또 한편으로는 자연스럽게 병원비 부담도 커지게 됩니다.

나이가 들면 받는 연금 대부분을 병원에 가져다 준다는 어르신들의 이야기를 쉽게 공감하기 위해서는 고객이 가지고 있는 경험을 함께 공유하는 것은 매우 효과적이므로 고객에게 이런 경험이 있는지 질문하고 상담을 이어가면 더욱 좋습니다.

노년의료비의 급속한 증가, 심상치가 않습니다.

우리나라는 2000년에 65세 이상 노인이 전체인구의 7.2%를 기록해 이미 고령화사회에 진입하였고, 불과 17년 후인 2017년에 노인인구가 14%를 돌파하여 고령사회에 진입했습니다. 단 17년만에 고령화사회에서 고령사회로 진입한 우리나라는 세계에서 가장 빠른 속도로 노령화가 진행되고 있는 국가입니다. 통계청에서는 2026년에 노인 인구 20.8%로 초고령사회에 진입할 것으로 예상하고 있습니다.

고령인구의 가파른 증가는 국민건강보험 재정스지에도 좋지 않은 영향을 주게 됩니다. 실제로 진료비 증가의 주된 원인이 되는 고혈압 · 당뇨병 등 만성질환과 백내장, 치매, 폐렴, 척추관절병, 협심증, 임플란트, 치주질환 등은 주로 노인층에서 발생하는데, 2017년 국민 1인당 연간 진료비가 약 137만 원이었는데, 65세 이상 연령대는 약 399만 원으로 평균의 약 3배에 달하고 있는 실정입니다.

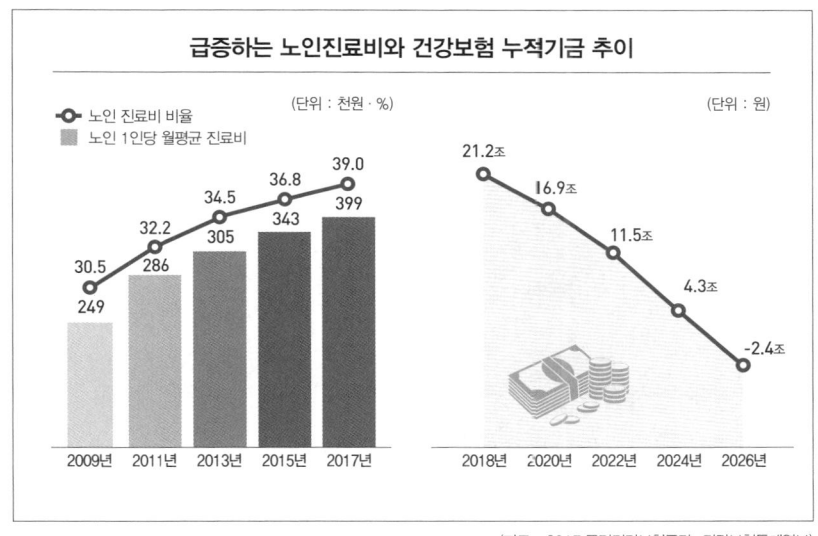

(자료 : 2017 국민건강보험공단, 건강보험통계연보)

금액 기준으로도 65세 이상 노인인구의 건강보험 진료비는 2010년 전체 진료비의 31.6%에 해당하는 13조 7천억 원에서 2017년에는 39.0%인 27조 1천억 원으로 크게 늘어났습니다. 2008년 처음으로 30%를 넘어선 이후 10년도 되지 않아 40%에 육박할 정도로 노인진료비 규모가 급속히 불어난 것입니다.

전체 인구 가운데 14%에 불과한 노인분들이 40%의 의료비를 사용한다면, 37%가 노인이 되는 2050년이 되면 과연 건강보험 재정이 견딜 수 있을지 걱정하지 않을 수 없습니다. 앞으로 건강보험과 장기요양보험료가 더욱 상승할 수밖에 없다는 사실을 쉽게 예상해 볼 수 있는 대목입니다.

1천만 명을 넘어선 만성질환자

의학기술이 발전하고, 소득이 높아지면 수명증가와 함께 자연적으로 만성질환은 늘어나게 되는데, 대한고혈압학회와 대한당뇨병학회, 한국지질동맥경화학회의 조사보고서(다음의 표 참조)는 만성질환 비율이 높아지면서, 노후가 위험하다는 것을 말해주고 있습니다.

실제로 3대 만성질환인 고혈압과 당뇨병, 이상지질혈증을 동시에 앓아 약물치료를 받은 사람이 최근 10년 사이(2006년 대비 2016년)에 4.1배 증가했다고 합니다. 같은 기간 2개의 만성질환을 앓는 사람은 2.5배, 1개 만성질환자는 1.4배나 늘어났습니다. 불행히도 만성질환을 앓고 있는

3대 만성질환 약물치료 현황(2006~2016)

(단위 : 명)

연도	전체 치료자	1개 질환 치료자	2개 질환 치료자	3개 질환 치료자
2006년	6,220,068	4,321,394	1,556,110	342,564
2007년	6,721,887	4,516,242	1,776,943	428,702
2008년	7,207,866	4,718,190	1,981,021	508,655
2009년	7,822,943	4,952,756	2,258,231	611,956
2010년	8,323,036	5,121,336	2,495,511	706,189
2011년	8,800,172	5,294,062	2,707,975	798,135
2012년	9,315,874	5,416,331	2,976,701	922,842
2013년	9,740,878	5,514,053	3,200,588	1,026,237
2014년	10,120,016	5,543,079	3,422,226	1,154,711
2015년	10,591,558	5,661,880	3,661,353	1,268,325
2016년	11,274,430	5,879,830	3,987,589	1,407,011

[대한고혈압학회와 대한당뇨병학회, 한국지질동맥경화학회 보고서, 2006~2016년 국민건강영양조사 자료와 국민건강보험 빅데이터 분석결과]

대부분의 환자들은 노인계층이기 때문에 이제 의료비 때문에 노후생활이 위협받는 시대가 도래했다고 볼 수 있습니다.

질병별로 조금 더 상세히 살펴보면 고혈압을 진단받은 환자 수는 1.6배, 당뇨병 환자수는 1.9배, 이상지질혈증(고지혈증) 환자 수는 3.2배 증가한 것으로 조사되었습니다. 이 가운데에 자신이 만성질환을 앓고 있는 지를 인지하지 못하는 경우까지 추정해 볼 때 그 수는 더욱 늘어날 것으로 예상됩니다.

심각한 질병으로 이어지는 만성질환의 무서움

만성질환을 가볍게 생각할 수 없는 이유는 장기적으로 심각한 질병으로 이어질 가능성이 높기 때문입니다. 그러므로 만성질환으로 인해 발병 가능한 합병증이 무엇인지를 살펴보면 어떤 방법으로 대비하는 것이 가장 효과적인 것인지도 쉽게 알 수 있을 것입니다. 특이한 점은 고혈압의 5대 합병증과 당뇨병의 5대 합병증을 비교해 봤을 때 두 질병의 합병증이 상당히 비슷하다는 사실입니다.

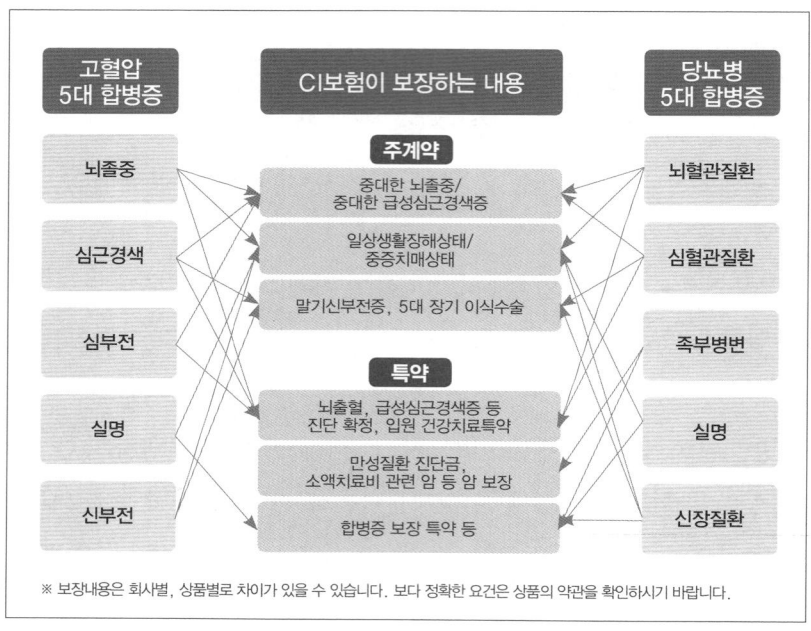

이렇게 두 질병의 합병증을 표시한 후 CI보험의 주계약 내용과 특약 내용을 표시하여 비교해 보면 5대 합병증에 대비한 상품이 CI보험임을 금세 알 수 있습니다. 주계약에서 부족한 부분은 특약을 활용하면 되고, 건강한 분들은 CI보험을 활용하고, 유병자분들은 간편가입(고지)

형보험을 활용할 수 있도록 안내합니다. 여기에 앞에서 언급한 향후 발병률의 증가와 노후의료비 부담을 함께 설명함으로써 가입 니즈를 높일 수 있습니다.

이렇게 상담하세요

고객 현황

50세 여성, 주부, 자녀는 2명이며 남편은 대기업 직장인
(본 화법은 모든 고객에게 적용할 수 있습니다.)

> 고객님, 요즘 어르신들을 보면 대부분이 만성질환을 하나 이상은 가지고 계신 것 같아요. 고객님 부모님들은 어떠신가요?

저희 부모님들도 건강하시기는 하지만 늘 아프다고 하세요.

> 아프다고 하시는 이유를 살펴보면 아마 만성질환을 앓고 계셔서 그럴 거예요. 혹시 만성질환이 어떤 질병인지 알고 계신가요?

당뇨나 고혈압이 만성질환이 아닌가요?

> 네. 말씀하신 두 질병이 바로 만성질환의 쌍두마차인데요, 만성질환은 오랫동안 지속되는 질병, 즉, 3개월 이상 지속하는 질병으로, 백신으로 예방하거나 약물로 치료할 수 없으며, 전파가 되지 않는 질환을 의미합니다.
>
> 이런 질병은 가지고 있다고 해서 당장 사망하지는 않지만, 노년기에 아주 큰 문제를 만든다고 합니다.

큰 문제요?

🧑 한국 사회는 이제 "Cure의 시대에서 Care의 시대로 바뀌고 있다."란 말을 들어보셨는지요? 약 잘 먹고, 병원 잘 가고, 잘 관리하면 문제가 없지만 늘 폭탄처럼 평생 달고 살아야 하는 질병이 만성질환입니다. 더욱이 진단기술의 발달로 의료화 현상이 진행되고 있어 미래에는 엄청난 의료비 부담이 발생하게 된다고 합니다.

의료화 현상요? 그건 무슨 뜻입니까?

🧑 제가 예를 하나 들어 볼게요. 예전에는 나이가 들면 노환으로 돌아가신다고 했는데, 지금은 아프면 당연히 병원에 가게 됩니다. 병원에서는 성능은 좋지만 비싼 장비로 원인을 밝힙니다. 원인이 밝혀지면 당연히 치료할 수밖에 없습니다. 돈이 들어가는 것이죠.

요즘은 병원에서 사망하는 것이 일상적이지 않습니까? 즉, 노년기는 병원으로 출퇴근하다가, 병원에 월세를 살게 되고 그 다음에는 병원에서 사망하게 되는데, 이를 「의료화 현상」이라고 합니다. 치료를 하게 되면 사망시기는 늦출 수 있지만 반대로 의료비에 대한 부담은 매우 커지게 되는 것이지요.

그렇군요… 심각할 수 있겠네요.

🧑 진짜 심각한 것은 우리와 같은 중년 가정에 큰 영향을 미친다는 것입니다. 2017년 기준으로 우리나라 65세 이상 노인인구 14%가 약 40%의 건강보험료를 사용하고 있는데요, 37%가 노인이 되는 2050년이 되면 과연 건강보험 재정이 견딜 수 있을까요?

그래서 많은 전문가들이 미래의 노후파산은 과도한 의료비 때문에 발생할 것이라고 경고하고 있습니다. 게다가 출산률까지 이렇게 떨어지니…

그러게요 나이는 점점 많아지는데, 보험료 낼 사람은 줄고 있으니…

🧑 여기에 또 하나 생각해야 할 부분이 있는데요, 만성질환의 발생비율이 급속히 증가한다는 것입니다. 제가 자료를 살펴보니 실제로 3대 만성

질환인 고혈압과 당뇨병, 이상지질혈증을 동시에 앓아 약물치료를 받은 사람이 최근 10년 사이(2006년 대비 2016년)에 4.1배나 증가했다고 합니다.

만성질환을 앓는다는 것은 결국 중대한 질병으로 이어지는 다리를 놓는 것과 같다고 합니다. 바로 합병증 때문입니다. 당뇨병과 고혈압이 있으면 어떤 합병증이 무서운지 혹시 알고 계신가요?

글쎄요… 어떤 합병증이 있나요?

고혈압과 당뇨병의 합병증은 유사한데요, 고혈압은 뇌졸중, 심근경색, 심부전, 실명, 신부전의 합병증을, 당뇨병은 뇌혈관질환, 심혈관질환, 당뇨병성족부병변, 당뇨망막병증, 신장질환과 같은 합병증을 유발하게 됩니다.

65세 이상 노인 열 명중 아홉 명이 하나 이상의 만성질환을 앓고 있는 현실을 생각해 보면 이에 대비한 CI보험은 매우 중요한 역할을 할 것 같습니다.

특히, 이런 분들은 더욱 CI보험을 활용하시는 것이 좋으세요.

어떤 사람이 CI보험을 활용해야 하나요?

만성질환을 앓는 부모님 또는 형제자매가 있는 경우이거나 과거에 병력이 있던 분들이라면 특히 CI보험을 활용하는 것이 좋으세요.

그림으로 풀어보는 CI 보험 실전 활용 포인트

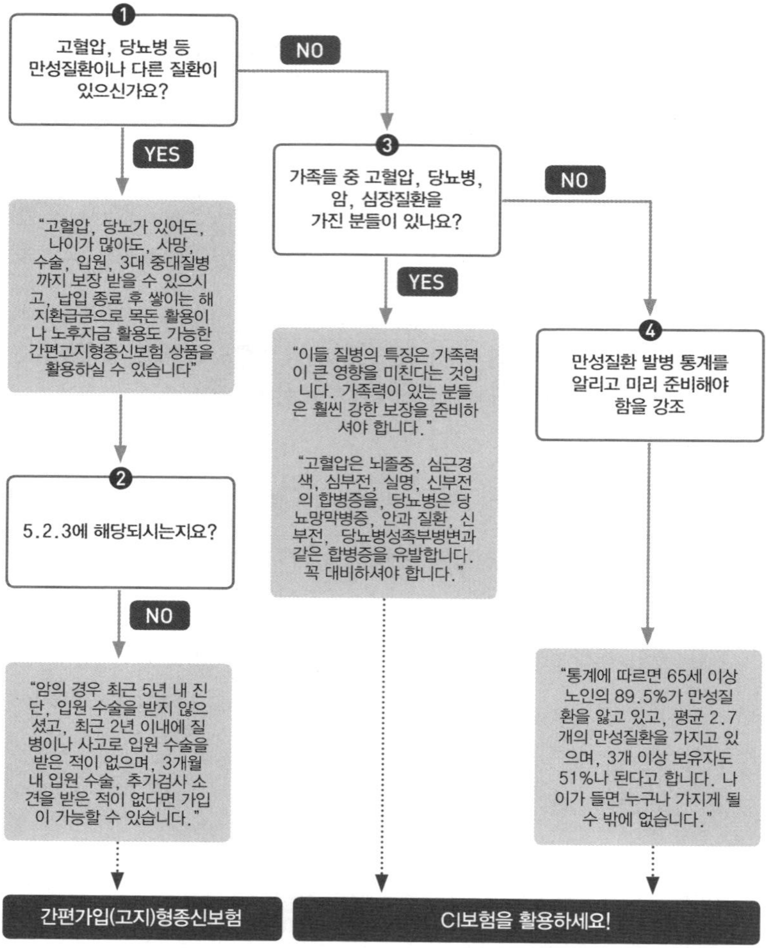

① 고혈압, 당뇨병 등 만성질환이나 다른 질환이 있으신가요?

- **YES** →
  "고혈압, 당뇨가 있어도, 나이가 많아도, 사망, 수술, 입원, 3대 중대질병까지 보장 받을 수 있으시고, 납입 종료 후 쌓이는 해지환급금으로 목돈 활용이나 노후자금 활용도 가능한 간편고지형종신보험 상품을 활용하실 수 있습니다."

  ② 5.2.3에 해당되시는지요?
  - **NO** → "암의 경우 최근 5년 내 진단, 입원 수술을 받지 않으셨고, 최근 2년 이내에 질병이나 사고로 입원 수술을 받은 적이 없으며, 3개월 내 입원 수술, 추가검사 소견을 받은 적이 없다면 가입이 가능할 수 있습니다."

  → **간편가입(고지)형종신보험**

- **NO** →
  ③ 가족들 중 고혈압, 당뇨병, 암, 심장질환을 가진 분들이 있나요?

  - **YES** →
    "이들 질병의 특징은 가족력이 큰 영향을 미친다는 것입니다. 가족력이 있는 분들은 훨씬 강한 보장을 준비하셔야 합니다."

    "고혈압은 뇌졸중, 심근경색, 심부전, 실명, 신부전의 합병증을, 당뇨병은 당뇨망막병증, 안과 질환, 신부전, 당뇨병성족병변과 같은 합병증을 유발합니다. 꼭 대비하셔야 합니다."

  - **NO** →
    ④ 만성질환 발병 통계를 알리고 미리 준비해야 함을 강조

    "통계에 따르면 65세 이상 노인의 89.5%가 만성질환을 앓고 있고, 평균 2.7개의 만성질환을 가지고 있으며, 3개 이상 보유자도 51%나 된다고 합니다. 나이가 들면 누구나 가지게 될 수 밖에 없습니다."

  → **CI보험을 활용하세요!**

그림으로 풀어보는 CI 보험 실전 활용 포인트

실제 상담 활용방법 및 순서

❶❷ 먼저, 고혈압, 당뇨병 등의 만성질환이나 다른 질환이 있는지 질문합니다. 만약, 이런 질환을 앓고 있다면 어떤 질병인지 체크하고 5.2.3에 해당되는지 여부를 확인한 후 가입이 가능하다면 간편가입(고지)형 종신보험 또는 간편가입(고지)형 실손의료보험(기타 간편가입 건강보험)의 장점을 설명하면서 가입제안을 합니다.

유병자이신 분들의 경우에는 반드시 합병증에 대한 우려를 설명하시는 것이 중요합니다. 고혈압은 뇌졸중, 심근경색, 심부전, 실명, 신부전의 합병증을, 당뇨병은 당뇨망막병증, 심혈관질환, 뇌혈관질환, 신부전, 당뇨병성족부병변과 같은 합병증을 유발한다는 사실을 고지하고 이에 꼭 대비야야 함을 강조하세요.

❸ 한편, 건강하다면 다음으로 가족력이 있는지를 체크합니다. 가족력이 있다고 하면 고혈압, 당뇨병, 암 등은 특히 가족력의 영향을 받는 경우가 많으므로 미리 준비해야 함을 설명합니다.

❹ 만약, 가족력도 없고 건강하다면 나이가 들면 발생할 수 밖에 없는 병이 만성질환임을 통계를 근거로 설명하면서 미리 준비할 수 있도록 합니다.

결론적으로 가족력이 있거나, 과거 질병을 가졌던 분들은 CI보험을 반드시 활용하여야 하며, 건강하더라도 나이가 들면 급속히 늘어날 만성질환에 대비하고, 만성질환 다음에 오는 중대한 질병에 대비할 수 있도록 설명하는 것이 포인트입니다.

여기에 CI보험의 적립 기능과 사망보험의 기능을 활용해 노후 생활비 또는 노후 목돈 준비도 일부 가능하며, 충분히 자산을 모았을 경우에는 CI보험의 사망보험금으로 상속세 재원을 마련하거나 자녀에게 상속재산으로 활용할 수도 있음을 함께 설명합니다.

당뇨를 주제로 한 CI보험 판매 방법

가족 중 당뇨를 가진 분이 있으십니까?

> **당뇨를 주제로 한 상담이 중요한 이유는?**

고객의 건강을 위협하는 대표적인 두 가지 만성질환으로 고혈압과 당뇨병을 꼽을 수 있는데, 이 중에서도 특히 당뇨는 수많은 합병증의 원인이 되기 때문에 더 큰 위협이 됩니다.

그래서 실제 영업현장에서 당뇨를 주제로 상담을 진행하게 되는 기회가 적지 않은데, 이때 많은 FP분들은 당뇨병은 합병증이 무서우니 미래에 발생할 가능성이 높은 질병에 대비하라고 이야기하는 정도에서 그치고 마는 경우가 많습니다.

이 정도의 상담내용이라면 너무도 일반적이고 상식적인 내용이기 때문에 고객의 마음을 움직이기에는 뭔가 부족한 듯하고 FP의 전문성도 의심받을 수 있습니다. 그러므로 CI보험 판매를 위해 당뇨병을 주제로 상담할 경우에는 다음의 두 가지에 초점을 맞춰 상담에 임하는 것이 좋습니다.

첫째는 당뇨의 무서움은 60대 이후, 특히 70대에 발병률이 급속하게 증가하여 노년기에 아주 큰 위협이 된다는 점을 강조하고 이에 대한 대비의 필요성을 설명하는 것입니다.

둘째는 당뇨의 가족력을 활용하는 것입니다. 당뇨는 가족력이 발병 원인에 큰 영향을 미치기 때문에 현재 당뇨병이 없더라도 부모님 또는 형제자매, 삼촌 등 친족이 가족력을 가지고 있을 가능성을 확인해 보는 것을 포인트로 하여 상담하는 것입니다.

여기에서는 당뇨와 관련된 중대한 합병증이 무엇이고, 이에 따른 위험들이 얼마나 치명적인 것들인지를 고객에게 구체적으로 설명할 때 적극적인 CI보험 제안으로 연결될 수 있습니다.

당뇨병을 고객에게 설명하는 방법

고객과의 상담 시 당뇨병을 주제로 자신감 있게 대화를 이끌어 나가기 위해서는 먼저 당뇨병의 정의를 정확하게 설명하는 것이 필요한데, 참고로 당뇨병은 이렇게 설명하는 것이 좋습니다.

"우리 몸의 기본 에너지원은 포도당이고, 혈액 속의 포도당 농도를 혈

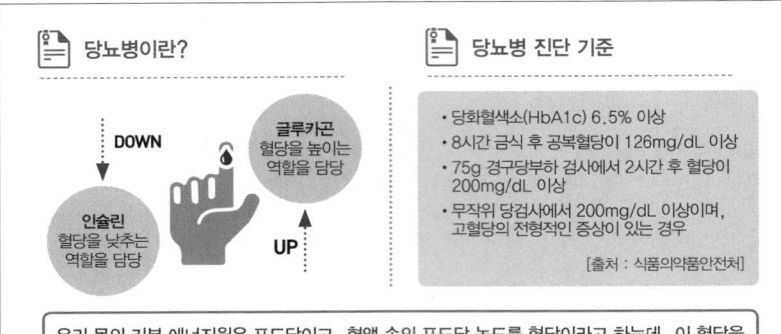

당이라고 하는데, 이 혈당을 조절하는 호르몬인 인슐린이 췌장에서 분비나 기능장애로 발생하는 고혈당 현상을 당뇨라고 합니다."라고 설명하고 이어서 당뇨가 무서운 첫 번째 이유로 나이가 들게 되면 급속히 발병이 증가한다는 점을 반드시 함께 강조할 필요가 있습니다.

당뇨에 대해 조금 더 쉽게 설명하려면 다음과 같이 전달해도 좋습니다.

> "당뇨병은 혈액 중에 포도당이 많아서 소변으로 포도당이 넘쳐 나오는 데서 지어진 이름입니다. 혈액 중 포도당(혈당)은 췌장(이자)에서 생산되는 인슐린과 글루카곤이라는 주요 호르몬에 의해 일정한 수준으로 유지되는데요. 당뇨병은 췌장이 충분한 양의 인슐린을 생성하지 못하거나, 만들어진 인슐린이 제대로 기능을 하지 못하여 포도당 대사에 이상이 생겨 일어나는 대사질환입니다."

당뇨병은 혈당검사, 경구당부하검사 및 당화혈색소 측정을 통해 진단하는데, 진단기준은 크게 4가지로 이 4개 중 한 가지라도 해당 되면 당뇨병으로 진단됩니다.

첫 번째, 공복혈당 126mg/dL(밀리글램퍼데시리터),
두 번째, 당부하 2시간 검사 200mg/dL이상
세 번째, 당뇨증상이 있으면서 무작위 혈당 200mg/dL이상
네 번째, 당화혈색소 6.5% 이상인 경우입니다.

대부분의 당뇨병은 2형 당뇨병일 가능성이 높습니다

당뇨병의 종류는 크게 제1형 당뇨병과 제2형 당뇨병, 그 외 기타 당뇨병, 임신성 당뇨병 등 4가지 정도로 구분할 수 있습니다.

제1형 당뇨병은 당뇨병의 2% 미만을 차지하며 주로 소아에서 발생하는데, 그 자체로 매우 치명적입니다. 제2형 당뇨병은 당뇨병 환자의 대부분이 해당되며 비만, 운동부족, 스트레스 등의 원인으로 40세 이후에 주로 많이 발생합니다. 제2형 당뇨병 환자의 절반 이상이 비만, 과체중을 가지고 있어 비만인 분들이 특히 조심해야 하고 엄격한 식사조절과 운동이 필요합니다. 또한 가족력도 큰 영향을 미치는 것으로 나타나고 있습니다.

기타 당뇨병은 주로 유전적 요인으로 당뇨병이 유발되는 경우이며, 많

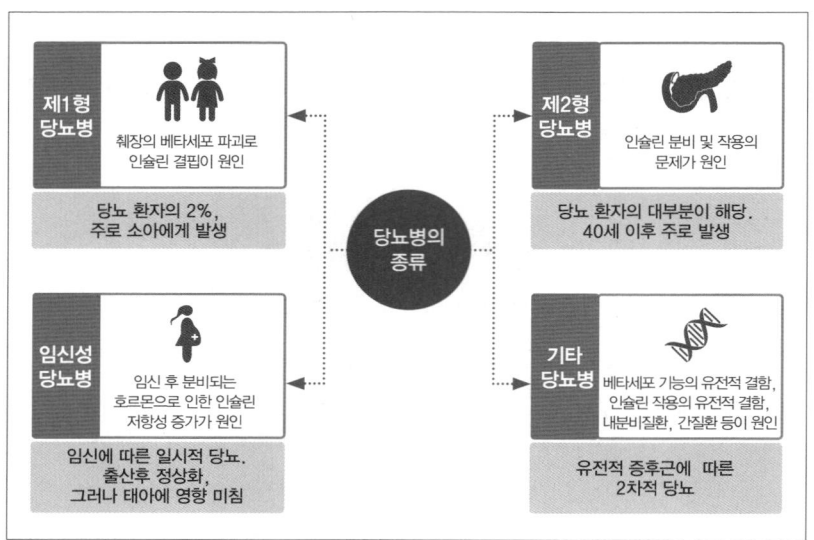

지는 않습니다. 그리고, 임신성 당뇨병은 임산부의 2~3%가 발병하며, 출산하면 정상화가 되는데, 문제는 태아에게 매우 나쁜 영향을 미칠 수 있다는 점에서 주의해야 합니다.

발병률이 계속 높아져 성인 7명 중 1명이 당뇨병 환자

2012년 대한당뇨병학회가 발표한 「한국인 당뇨병 연구보고서」에 따르면, 30세 이상 성인 당뇨병 환자 수는 320만 명이며, 성인의 10%가 당뇨병을 가지고 있는 것으로 조사되었습니다. 또한 2050년이 되면 591만 명이 당뇨병을 가질 것이라고 경고했습니다.

그런데 2018년에 다시 발표된 보고서 자료에 의하면 당뇨병 환자의 증가 속도가 2012년의 예상보다 훨씬 빨라지고 있음을 확인할 수 있습니다. 당뇨병 환자가 약 501만 명으로 추산되며, 30세 이상 당뇨병 유병률은 14.4%로 성인 7명 중 1명(2012년에는 10명 중 1명)이 당뇨병 환자이고, 연령이 높을수록 당뇨병 유병률도 높아집니다. 또한 60대까지는 남자의 당뇨병 유병률(인구 중 환자의 비율)이 30대 4%, 40대 11%, 50대 20%, 60대 28%로 여자보다 2~7%포인트 안팎으로 높았지만 70세 이상은 여자가 33.6%로 남자(29%)를 웃도는 것으로 나타나고 있습니다.

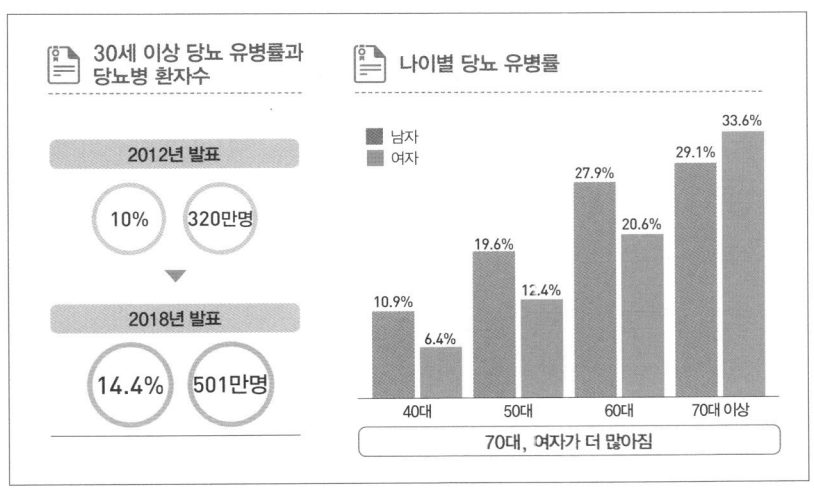

[대한당뇨병학회 2018 한국인 당뇨병연구보고서, 2016년 기준]

특히, 60대부터 당뇨병의 발병률이 급속히 높아지며, 70대가 되면 30% 이상이 당뇨로 고생하게 될 것이라고 합니다.

당뇨의 무서운 점은 두 가지입니다. 하나는 나이가 들면 누구나 걸릴 수 있다는 것과 다른 하나는 많은 합병증을 유발한다는 것입니다.

또한 당뇨병 전 단계, 즉 당뇨병 고위험군인 공복혈당장애 인구도 871만 명으로 25%(남자 31%, 여자 20%)나 되고 있습니다. 50대가 242만 명으로 가장 많았지만 30대~40대도 130만 명, 226만 명이라고 합니다.

당뇨병 유병자와 공복혈당장애를 합한 '혈당조절장애' 인구는 1,372만 명으로 30세 이상 성인의 39%나 됩니다. 10명 중 4명이 당뇨병 관리 대상인 것입니다.

당뇨, 가족력이 있는 경우 발병률이 크게 높아집니다

가족력과 유전력을 혼동하는 경우가 있으므로 구별이 필요합니다. 유전력은 유전적 요인에 따라 발생하는 질병인 데 비해, 가족력은 유전력은 당연히 포함되고 생활습관, 주거환경, 식습관 등의 후천적 요인도 영향을 미친다는 점에서 조금은 폭이 더 넓다고 볼 수 있습니다.

당뇨병은 대표적으로 가족력의 영향을 많이 받는 질병입니다. 서울대학교 의대 발표에 따르면 부모 중 한 분이 당뇨인 경우 자녀가 당뇨병에 걸릴 확률은 10~30%, 부모 두 분 모두가 당뇨인 경우에는 40%로 알려져 있습니다.

그러므로 당뇨와 관련된 상담 시 가족력을 체크해 보는 것은 매우 중요합니다. "고객님 혹시 형제자매나 부모님 중 당뇨를 가진 분이 있으세요?"라고 질문하는 것은 고객 상담 시 좋은 주제가 될 것입니다.

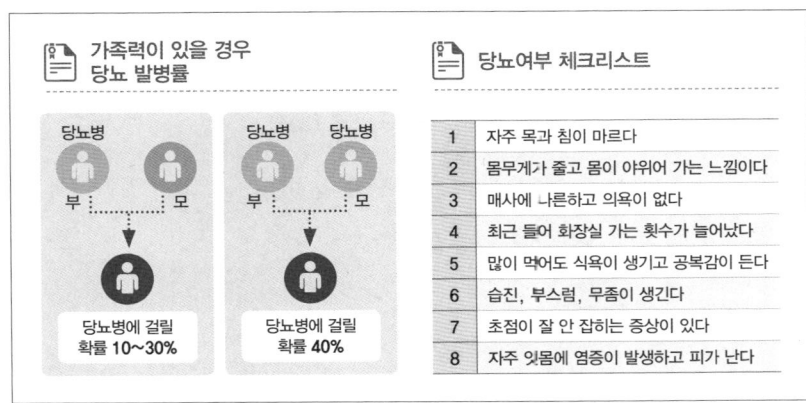

[서울대병원 내분비내과 조영민 교수/서울대병원 포스트]

또한 당뇨병은 인지하기 어려운 대표적인 질병이라고 합니다. 따라서 사전에 당뇨 가능성을 체크하는 지혜가 필요합니다. [당뇨 여부 체크리스트]표의 8가지 사항 중 3개 이상이 해당한다면 당뇨 검사를 받아볼 필요가 있습니다.

당뇨의 진짜 무서움, 합병증에 있습니다.

먼저 당뇨 자체의 위험으로 꼽을 수 있는 대표적인 증상은 "고혈당성 혼수" 입니다. 제2형 당뇨병 환자가 평소 혈당관리를 소홀히 했을 때 생길 수 있는 가장 치명적인 증상입니다. 일반적으로 혈당이 300mg/dL 이상이 되면 고혈당이라고 하는데, 고혈당성 혼수환자는 혈당이 600mg/dL 이상이고 심하면 혈당이 1,000~2,000mg/dL까지 치솟아 기력이 없고 아무것도 먹지 못하게 되면서 의식을 잃고 간질 발작이나 일시적인 마비 증상이 생기는데, 마치 뇌졸중과 비슷합니다.

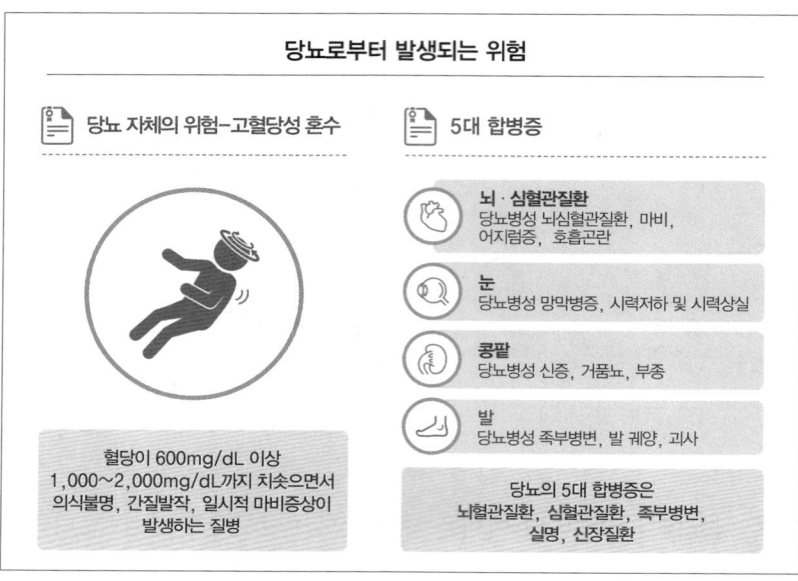

다음으로 만병의 근원이라고 하는 당뇨병의 진짜 무서운 점은 당뇨 자체의 위험뿐만 아니라 중대한 질병의 합병증을 유발한다는 것입니다. 당뇨로 인해 발생할 수 있는 대표적인 중대한 5대 합병증을 살펴보면 ①뇌혈관질환 ②심혈관질환 ③족부병변 ④실명 ⑤신장질환이며, 이 중 세 가지를 꼽으라면 ①신장질환 ②족부병변 ③실명을 들 수 있습니다.

● 뇌혈관질환
뇌에는 산소와 영양을 공급하기 위한 많은 혈관이 있는데, 이런 혈관이 좁아지고 막히면 뇌경색, 혈관이 터지면 뇌출혈이 발생합니다. 뇌경색과 뇌출혈을 합쳐 뇌졸중(중풍)이라고 합니다. 당뇨병을 가진 분들은 팔, 다리, 발의 동맥혈관이 좁아지고 막히면서 혈관에 문제가 생깁니다. 즉, 말초동맥질환이 발생하게 되는데, 이 때문에 심뇌혈관질환이 보통사람들에 비해 많이 발생합니다.

● **심혈관질환**
당뇨병 환자가 각별히 주의해야 할 합병증으로 심혈관질환을 빼놓을 수 없습니다. 대표적인 심혈관질환인 심근경색은 심장에 혈액과 산소를 공급하는 관상동맥이 막혀 심장조직이 마비되는 합병증입니다. 평소 당뇨를 앓고 있으면 심장혈류 공급장애가 급성심근경색으로 이어져 사망까지 이를 수 있기 때문입니다. 실제로 심근경색증의 초기 사망률은 약 30%에 달하며, 사망 환자의 50% 이상은 병원에 도착하기도 전에 사망하는 것으로 알려져 있을 만큼 치명적입니다.

● **족부병변(일명 당뇨발)**
당뇨병 환자들이 가장 두려워하는 합병증 중 하나입니다. 발가락이나 다리가 괴사해 심한 경우 절단하게 되는 것입니다. 실제로 당뇨병 환자 중 약 15%가 일생 동안 한 번 이상 발 궤양을 앓고, 그 중 1~3%는 다리 일부를 절단하는 것으로 알려져 있습니다.

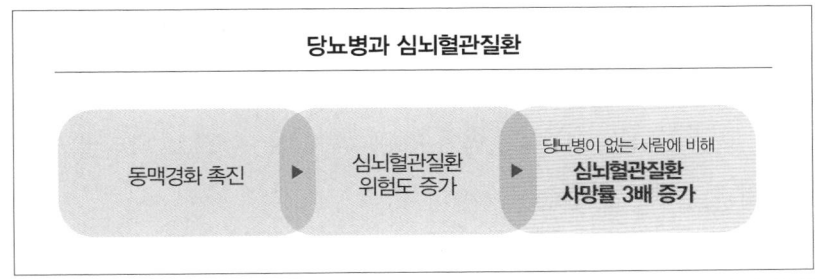

[경기권역심뇌혈관질환센터/심장혈관센터 (협심증의 모든 것)]

● **당뇨망막병증(실명)**

당뇨망막병증은 황반변성, 녹내장과 함께 3대 실명질환으로 꼽히며, 실명원인 1위인 질환입니다. 눈에서 망막은 물체의 상이 맺히는 곳인데, 이를 위해서는 많은 영양소와 산소가 필요하여 모세혈관이 집중적으로 분포되어 있습니다. 당뇨병으로 인해 고혈당이 지속되면 망막 혈관벽이 두꺼워져 혈액순환이 잘 되지 않아 산소와 영양분을 공급하지 못해 망막세포가 죽는데 이것이 당뇨망막병증입니다. 70% 이상의 당뇨병 환자에서 발병할 정도로 심각한 병증입니다.

지난 2009년 1월~2017년 12월까지 김안과(안과 전문병원)에서 치료받은 7만 9,443명의 당뇨망막병증 환자자료를 분석한 결과 환자나이는 60대가 34%(2만 7,071명)로 가장 많았고, 50대 33%(2만 5,955명), 70대 이상 16%(1만 2,572명) 순으로 나타났습니다. 67%가 50~60대란 의미입니다.

● **신장질환**

당뇨성 신장질환은 '당뇨병성 신증'이라고 합니다. 말기 신부전으로 투석을 받고 있거나 신장이식을 받은 환자에게서 신부전을 유발한 원인 질환을 조사하면 60%가 당뇨를 가지고 있다고 합니다. 실제 2017년 기준 국내 말기신부전의 원인 통계를 살펴보더라도 당뇨병성 신장질환이 49%, 고혈압 21%, 사구체신염이 8%를 차지하는 것으로 나타날 만큼 당뇨와 신부전은 큰 관련이 있습니다.

당뇨로 인한 합병증의 위험성을 효과적으로 설명하는 화법

당뇨로 인한 합병증은 매우 다양하고 병명도 어렵기 때문에 이를 간단하게 고객에게 설명하는 요령이 필요합니다. 그래서 당뇨 발생 후 합병증 발병에 대해 시기적으로 정리하여 다음과 같이 설명하면 효과적일 것입니다.

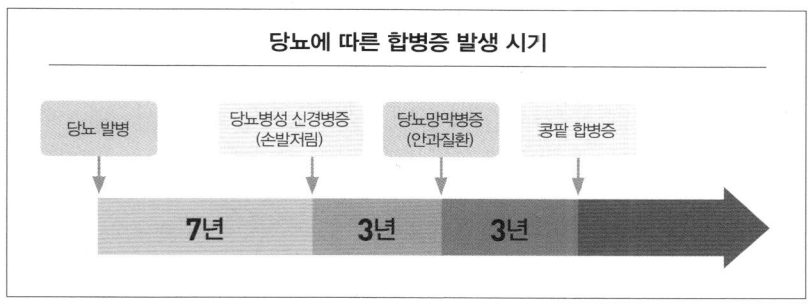

[강남세브란스병원 내분비당뇨센터]

"당뇨는 유병 기간이 길어질수록 합병증 발생 위험이 급속히 높아지는데요, 발병 7년 후에는 당뇨병성 신경병증(손발저림 등)이, 10년 후에는 당뇨망막병증과 같은 안과질환이, 12~15년이 지나면 콩팥에 합병증이 생기게 됩니다. 또한, 이외에도 외상을 제외한 다리 절단의 가장 큰 원인이 바로 당뇨병성 족부병변이구요, 망막병증은 황반변성, 녹내장과 함께 3대 실명질환일 정도로 당뇨병으로 인해 다양한 합병증이 발생할 수 있어서 반드시 대비가 필요한 질병입니다."

이렇게 상담하세요

고객 현황

50세 남성, 중견기업 이사, 부모님이 당뇨병이 있는 중산층

🧑 고객님. 요즘 건강하시지요? 특별히 아프신 데는 없으시고요?

그럼요. 건강하기는 한데 앞으로는 그렇지 않겠죠?

🧑 하하하~ 나이가 들면 누구나 크고 작은 병을 가질 수 밖에 없으니까 건강관리를 어떻게 잘 하느냐가 중요할 것 같아요. 혹시 형제자매나 부모님 중 당뇨를 가진 분이 있으신지요?

있어요. 저희 아버지가 50대에 당뇨로 고생하셨죠

🧑 그렇군요… 제가 요즘 당뇨에 대해 많은 자료를 보면서 새롭게 알고, 느끼게 된 점이 있는데요, 가장 중요한 것이 당뇨는 가족력에 큰 영향을 받는 질병이라는 것과 나이가 들면 당뇨 발병률이 급속히 증가한다는 것, 그리고 당뇨의 진정한 무서움은 합병증에 있다는 것이었어요. 고객님도 아버님이 당뇨병을 가지고 계셨으니 느끼셨을 듯 한데요…

아버지가 다리에 염증이 심하셔서… 어머니가 오랫동안 정말 고생 많이 하셨어요.

🧑 당뇨병은 갑자기 사망하는 병이 아니어서 사람들이 가볍게 여기는 경우가 많은데, 실제는 굉장히 무서운 병인 것 같습니다. 이런 당뇨병 환자가 우리나라에 약 500만 명, 30세 이상 인구의 14.4% 정도나 된다고 하니 결코 적은 숫자가 아닌 것 같아요.

고객님 아버님도 당뇨가 있다고 하셨는데요, 서울대학교 의대 발표에 따르면 부모 중 한 분이 당뇨인 경우 자녀가 당뇨병에 걸릴 확률은 10%~30%이고, 두 분이 모두 당뇨인 경우에는 40%일 정도로 가족

력에 큰 영향을 받는 질병이라고 합니다.

음… 그런가요? 저도 아버님이 당뇨를 앓으셔서 막연하게 걱정은 하고 있긴 했습니다만…

당뇨는 나이가 들수록 더 위험한데요, 남자의 경우 40대는 10% 정도가 유병자지만, 50대에는 20%, 60대에는 28%가, 70대는 무려 30% 정도가 당뇨를 가지고 있다고 합니다.

당뇨 자체는 잘 관리하면 된다고 하지만 정작 당뇨의 무서움은 합병증에 있다고 합니다. 당뇨에는 5대 합병증이 있는데요, 뇌혈관과 심혈관 질환, 그리고 신장질환, 실명, 족부병변이 대표적인 합병증이라고 합니다. 들어보셨지요?

합병증으로 고생하는 어른들이 많다는 정도만 알고 있어요.

당뇨병은 그 자체로도 위험하지만 합병증에 따른 관리 부담은 더욱 큰 위험이 되고 있습니다. 결국 이런 합병증은 고액의 수술비와 치료, 간병비를 필요로 하게 되는데요, 건강하실 때 미리 준비하셔야 실제로 큰 도움이 되실 거예요. 특히 가족력을 가진 가족들은 더욱 철저한 보장이 필요함은 물론이고요.

그럼 저 같은 경우에는 어떤 보험이 좋을까요?

고객님의 경우에는 당뇨에 대한 가족력이 있으시고 나이도 50대이시니 CI종신보험을 권해드리고 싶어요. 이 보험의 특징은 중대한 질병 등에 걸렸을 때 사망보험금을 미리 받을 수 있다는 점에서 아주 큰 장점을 가지고 있습니다. 그리고 특약을 활용해서 다양한 건강보장도 받을 수 있어 좋습니다.

그렇군요… 제가 생각을 해 보겠습니다.

당뇨병은 인지가 늦은 대표적인 질병이기 때문에 건강하실 때 빨리 가입하시는 것이 필요합니다.

그림으로 풀어보는 CI 보험 실전 활용 포인트

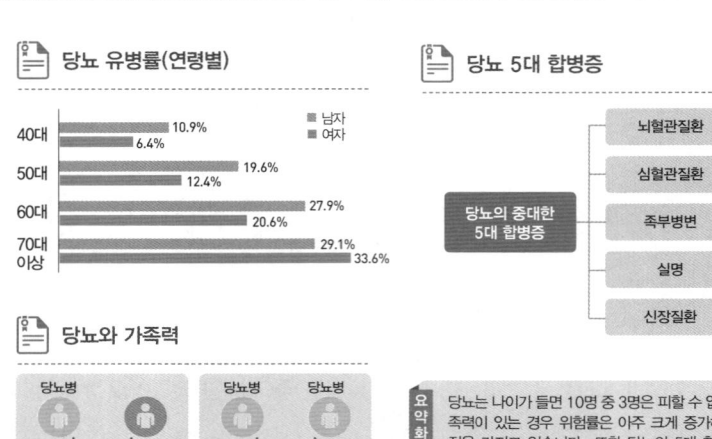

먼저 나이가 들면 얼마나 당뇨를 가지게 되는지 유병률에 관해 이야기합니다. 특히 여성은 70대 이후 남성보다 당뇨가 많아짐을 포인트로 설명하고, 남성은 50대부터 급속히 발병한다는 점을 강조합니다.

그 다음으로 고객의 형제자매, 부모님 중 당뇨를 가진 분이 있는지 가족력을 체크합니다. 가족력이 있다면 위험률이 크게 증가하므로 이에 대비하도록 안내합니다.

마지막 순서로 당뇨와 CI보험은 밀접한 관계가 있고 당뇨 가족력이 있는 분들은 특히 CI보험을 활용할 필요성이 크다는 점을 설명하는데, 이를 위해서는 당뇨의 5대 대표적인 합병증인 뇌.심.족.실.신을 설명하면서 이들 질병은 결국 CI 상태까지 이르게 될 가능성이 높다는 점을 설명합니다.

여기에 앞에서 배운 3대 사망원인인 암, 심장질환, 뇌혈관질환으로 인한 사망률이 미래에는 더 높아진다는 점을 곁들여 설명하면 더욱 효과가 있을 것입니다.

11 CI Insurance

고혈압을 주제로 한 니즈환기 방법

가족 중에 고혈압을 가진 분이 있으십니까?

고혈압을 주제로 한 상담이 중요한 이유는?

우리나라 고혈압 환자는 752만 명이고 미 인지자를 포함하면 무려 1,100만 명이 고혈압을 가지고 있다고 알려져 있어 한국인이 가장 많이 앓고 있는 위험한 질병이라고 할 수 있습니다.

CI 보험 제안을 위해 고혈압을 주제로 상담을 진행해 나갈 때는 다음의 세 가지에 초점을 맞추면 효과적입니다.

첫째, 30세 이상 성인 중 고혈압 유병률은 무려 30%에 이르고 있고, 70세 이상이 되면 둘 중 한 명(51%)이 고혈압 환자라는 사실. 그리고 매년 고혈압 환자가 빠르게 늘어나고 있으므로 이에 대한 준비를 해야 한다는 것입니다.

둘째, 고혈압은 가족력이 큰 영향을 미치는 대표적 질병이고, 특히 형제자매가 고혈압일 경우 고객이 고혈압일 확률이 57%나 된다는 것이고,

셋째, 고혈압이 유발하는 합병증은 매우 치명적이어서 이에 대한 준비를 반드시 해야 한다는 것을 강조하는 것입니다.

이 세 가지 포인트를 고객에게 얼마나 설득력 있게 전달하느냐가 성공의 핵심이 될 것입니다.

고혈압이란 어떤 병인가요?

고혈압을 주제로 상담하기 위해서는 고혈압에 대해 필요한 사전지식을 확인해 둘 필요가 있습니다.

혈관 속을 흐르는 혈액의 압력을 혈압이라고 하는데, 우리 심장은 수축과 이완을 반복하면서 혈액을 몸 전체에 보냅니다. 혈압은 팔의 동맥에서 측정한 동맥압력을 의미하는데, 좌심실이 수축할 때 혈압은 높아지고 이완할 때 낮아지면서 파동을 만들게 됩니다. 좌심실 수축 시 가장 높아진 순간의 압력을 수축기 혈압이라 하고 이완 시 가장 낮아진 혈압을 이완기 혈압(또는 확장기 혈압)이라고 합니다.

고혈압이란 의학적으로 수축기 혈압이 140mmHg(밀리미터 머큐리) 이상

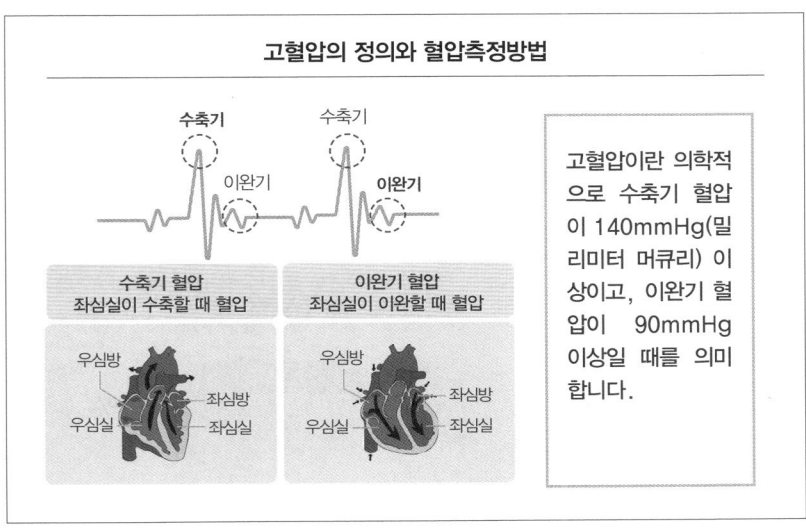

이고, 이완기 혈압이 90mmHg 이상일 때를 말합니다. 잘 알고 있겠지만, 고혈압은 관상동맥질환과 뇌졸중, 신부전 등 대부분 중대질병의 원인이 되고 있어 고혈압 자체보다는 합병증이 더 무서운 질병입니다.

고혈압에 대해 정의를 내렸다면 다음으로 고혈압 위험이 얼마나 큰 것인지를 고객에게 알려 주어야 하겠습니다.

70세 이상이 되면 두 명중 한 명은 고혈압 유병자가 됩니다.

건강보험심사평가원의 자료를 보면, 고혈압 환자 수는 2016년 752만 명 정도인데, 이 중에서 70세 이상 노인의 고혈압 환자수가 무려 248만 명이나 됩니다. 2017년 말 우리나라의 70세 이상 인구가 486만 명이니까

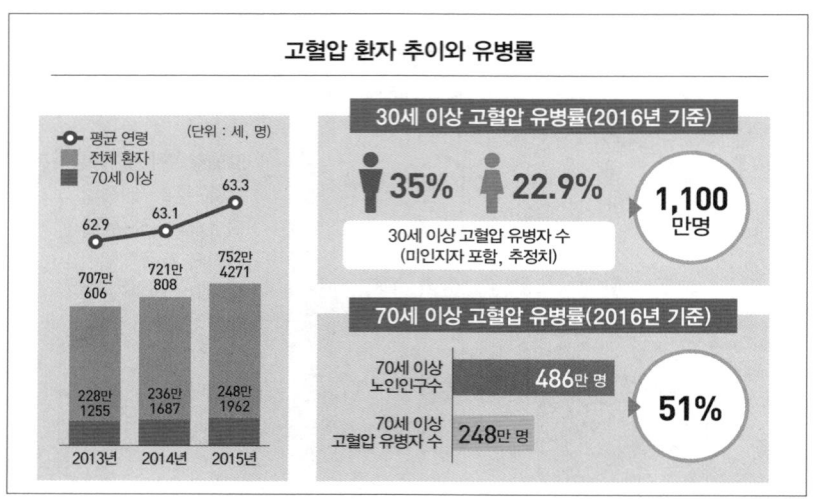

[2017년 건강보험심사평가원]   [2017 보건복지통계 2018 고혈압 보고서, 대한 당뇨병학회]

70세 이상이신 노인의 고혈압 유병률은 무려 51%에 이르고 있습니다. 또한, 건강보험 빅데이터 분석 결과 2017년 고혈압(I10~I15) 질환으로 실제 진료받은 인원은 약 604만 명으로 나타났습니다. 2012년부터 연평균 2.3%씩 증가한 것입니다.

대한고혈압학회가 최근 펴낸 「2018 고혈압 보고서」에 따르면 우리나라 성인 인구 중 1,100만 명 이상이 고혈압을 가진 것으로 추정되고 30세 이상 인구의 고혈압 유병률은 남자가 35%, 여자가 22.9%로 비만 다음으로 높을 정도로 익숙한 만성질환이라고 할 수 있습니다.

이 같은 고혈압과 관련된 통계를 종합해 보면 다음과 같은 메시지를 얻을 수 있습니다.

첫째, 30대에서도 고혈압이 늘어나는데, 이 나이대는 자신이 고혈압인 지 인지하지 못하는 실정이라는 것.

둘째, 우리나라 고혈압 환자 수는 매년 2% ~ 3%씩 증가하고 있고, 고혈압 환자의 평균 연령은 63세 전후라는 것.

셋째, 70세 이상이 되면 두 사람 중 한 명은 고혈압을 가지게 된다는 것 입니다.

> 고혈압 역시 가족력의 영향을 많이 받는 대표적인 질병입니다.

고혈압의 발생원인은 다양한데 그중에서도 가족력은 발병에 큰 영향을 미치는 원인 중 하나입니다. 특히 부모보다 형제자매간 가족력이 더 큰 영향을 미치는데, 부모 모두가 정상일 때 자녀가 고혈압일 확률은 4%에 불과하지만, 부모 모두가 고혈압인 경우는 29.3%가 고혈압 진단을 받고 있고 형제자매가 고혈압이면 57%가 고혈압이라고 합니다.

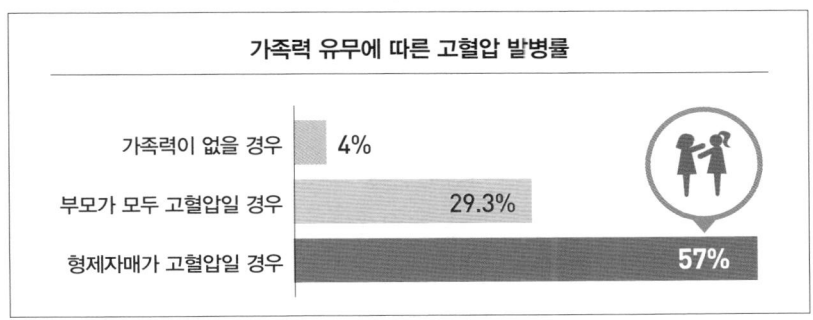

[질병관리본부 국민건강영양조사 결과보고서, 2015년 기준]

우리나라의 30세 이상 고혈압 유병률은 매우 높은데, 2016년 기준으로 남자 35%, 여자는 22.9%가 고혈압이라고 합니다. 또한 30세 이상 성인들의 30%정도가 고혈압을 가지고 있고, 70세 이상인 분들은 절반이 고혈압을 가지고 있음을 감안할 경우 대부분 고객은 가족력이 있을 것으로 추정됩니다.

고혈압은 원인을 알더라도 막는 것이 어렵습니다. 운동, 나트륨 섭취 줄이기 등의 생활 습관 변화를 통해 발병 확률을 약간 낮추거나 늦출 수 있을 뿐입니다.

고객의 입장에서 바라보면 고혈압 가족력을 가지고 있다는 사실이 상당히 부담이 될 수밖에 없습니다. 이 점을 포인트로 상담을 진행하면 효과가 있을 것입니다.

고혈압, 왜 침묵의 암살자인가?

의학계에서 고혈압을 침묵의 암살자라고 표현하는 이유는 고혈압 자체도 위험하지만 고혈압이 유발하는 심각한 합병증은 갑자기 사망에 이르게 할 수 있기 때문입니다.

여성의 경우 고혈압은 10대 사망원인 중 6위에 올라 있을 정도로 그 자체로도 매우 위험한 질병입니다. 여기에 고혈압이 유발하는 중대한 질병인 급성심근경색(심장질환)은 사망원인 2위이고, 뇌혈관질환(뇌졸중

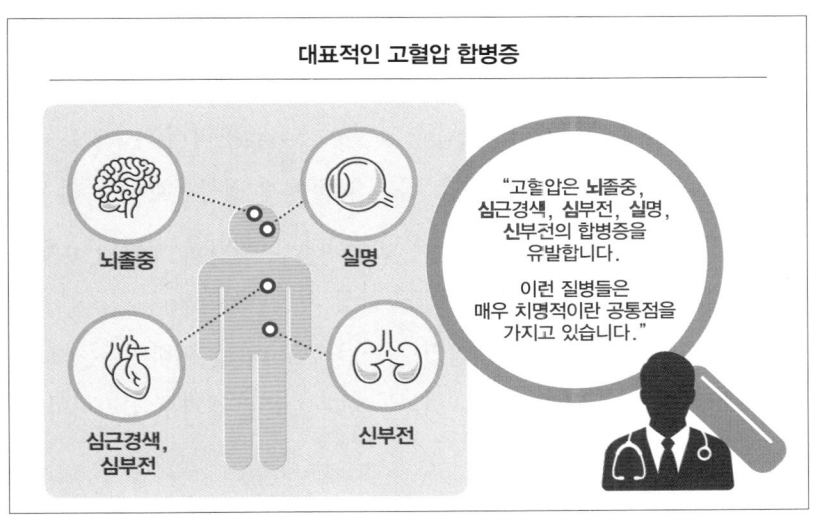

[국민고혈압사업단]

등)은 사망원인 3위에 해당합니다. 즉, 고혈압으로 인한 합병증은 아주 치명적이면서 사망의 주요 원인이 됩니다.

고혈압의 5대 합병증은 뇌졸중, 심근경색, 심부전, 실명, 신부전입니다. 이들 질병이 왜 고혈압 유병자에게 많이 발생할까요? 고혈압은 혈관의 압력이 높아지는 질병이므로 혈관과 밀접한 기관들의 혈관 손상이 심할수록 장기의 손상 정도가 심해지기 때문입니다.

이를 '표적장기 손상' 이라고 합니다. 뇌, 심장, 신장(콩팥), 눈 등이 주로 손상되는 장기이기 때문에 고혈압의 합병증으로 나타나는 것입니다.

● 뇌졸중

뇌졸중(중풍)은 고혈압의 합병증 중 한국인에게 가장 많이 발생하는 질환으로 뇌혈관이 터지거나(뇌출혈 등 출혈성 혈관질환) 막혀(뇌경색 등 허혈성 혈관질환)발생합니다. 고혈압을 가진 분들에게 정상인보다 무려 7배 더 많이 발생하는 것으로 나타나고 있습니다. 고혈압은 성별이나 연령에 상관없이 허혈성 뇌혈관질환과 출혈성 뇌혈관질환의 위험요인이고 이완기 혈압이 105mmHg 이상인 사람은 76mmHg 이하인 사람보다 뇌혈관질환의 발생 위험도가 10~12배 높다는 연구 결과도 있습니다.

● 심부전

고혈압을 방치하면 심장에 부담을 주어 심장벽을 두껍게 합니다. 그러면 심장이 커지게 되는데, 시간이 지나면서 심장이 더 이상 버티지 못하게 되면서 체내에 필요한 혈액량을 공급하지 못하는 상황으로 발전합니다. 이를 심부전이라고 하는데, 정상인보다 고혈압 환자에게 4배 더 발생하는 것으로 나타나고 있습니다.

● 심장질환

심장질환(관상동맥질환)은 정상인보다 고혈압 환자에게 3배 더 발생합니다. 심장 자체에 혈액을 공급해주는 관상동맥에 경화증이 진행되어 심장 근육에 혈류부족 상태가 생기면, 협심증, 심근경색 등이 발생하는데, 이때 나타나는 증상은 가슴부위에 나타나는 통증입니다. 혈류의 일시적인 장애로 인한 협심증 증상은 신체활동 시 가슴 중앙부에 약 2~3분 정도 지속하는 압박감 또는 쥐어짜는 듯한 느낌으로 나타나고, 심근경색증은 관상동맥이 완전히 막혀 심장근육이 썩는 경우로서 더 심한 통증이 오며 곧바로 사망할 수 있습니다.

● 신부전
고혈압이 장기간 계속되면 신장의 모세혈관이 높은 압력에 손상을 받아 결국 노폐물을 여과해 주는 기능을 잃어 버리고, 나중에는 신부전이 와서 빈혈, 부종 등의 증상이 나타나게 됩니다. 신부전은 정상인 콩팥에 문제가 생기면 만성신부전으로 발전하고, 더 악화하면 말기신부전으로 발전하여 결국 신장투석이나 신장이식을 받을 수 밖에 없게 됩니다.

● 실명
망막이란 사진기의 필름에 해당하는 얇은 신경조직으로 안구의 뒤쪽 내벽에 붙어 있습니다. 눈에 들어오는 빛이 각막과 수정체에서 굴절되어 망막에 상을 맺게 됩니다. 우리 신체에서 동맥, 세동맥, 모세혈관, 세정맥, 정맥 등 모든 종류의 혈관을 직접 관찰할 수 있는 유일한 조직이 망막입니다. 고혈압성 망막증이란 높은 압력을 망막의 모세혈관이 견디지 못하고 출혈을 일으켜 망막기능이 상실되어 시력이 떨어지고 결국은 실명하게 되는 무서운 합병증입니다.

이렇듯 고혈압은 우리 몸 전체에 부담을 주는 질병이고 관리하지 않으면 치명적인 합병증을 유발할 수밖에 없어 평생 관심을 가지고 관리해야 합니다.

이렇게 상담하세요

고객 현황

50세 남성, 대기업 부장, 부인과 3형제의 자녀. 형님이 고혈압을 가지고 있음

🧑 요즘 제가 고객분을 만나보면 열에 셋은 고혈압을 앓고 계시더라고요. 고객님은 혈압 어떠세요?

아… 저는 경계선에 있다고 합니다. 그전까지는 정상이었는데, 나이가 들어서 그런가 봐요.

🧑 제가 요즘 고혈압에 대해 다시 생각하게 된 계기가 있었는데요, 하나의 통계를 보게 되면서부터 였어요.

어떤 통계요?

🧑 70세가 넘는 어르신 중에서 고혈압을 가진 분이 무려 51%가 넘는다고 합니다. 노인이 되면 2명 중 한 명이 고혈압이라고 하는데요, 그렇다면 저희 부부도 둘 중 하나는 고혈압을 앓게 될 것이라는 생각이 들더군요. 혹시 고객님 부모님이나 형제자매분 중에 고혈압을 가진 분 있으신가요? 배우자분 가족들은 어떠신가요?

음… 제 아버님이 고혈압이 있으셨고, 아내는 동생이 고혈압이라고 한 것 같은데?

🧑 아~ 그러시군요… 제가 이런 질문을 드린 이유는 고혈압은 가족력이 큰 영향을 미치는 질병이기 때문입니다. 연구에 따르면 부모 모두가 고혈압인 경우는 29.3%가 고혈압을 가지고 있으며, 형제자매가 고혈압이면 57%가 고혈압이라고 합니다.

특히, 형제자매의 영향이 큰데요, 고혈압에 대해 너무 가볍게 생각하

시는 분들이 많아서 드리는 말씀인데, 부인과 부인의 형제 분은 꼭 이에 대비하실 필요가 있습니다. 제가 한번 만나 뵙고 효과적인 준비 방법을 알려드렸으면 하고요, 고객님은 혹시 고혈압의 5대 합병증에 대해 들어보신 적 있으세요?

글쎄요… 고혈압 하면 뇌졸중을 유발해서 위험하다는 이야기는 자주 들었던 것 같은데… 맞나요?

맞습니다. 고혈압 환자의 경우 뇌졸중 발병확률이 정상인보다 7배나 높습니다. 이 외에도 급성심근경색, 심부전, 신장질환, 실명이 5대 합병증에 들어가는데요, 고혈압이 있는 경우 정상인에 비해 3배에서 4배 이상 발병 확률이 높아집니다.

그 이유는 고혈압으로 인해 혈관이 두꺼워지고 압력을 받으면서 혈액 순환이 원활해지지 않아 혈관이 밀집된 주요 장기가 약화되기 때문에 발생합니다.

고객님과 부인의 경우 고혈압을 가진 가족들이 있으시니 더욱 미리 대비하시는 것이 좋겠군요.

그림으로 풀어보는 CI 보험 실전 활용 포인트

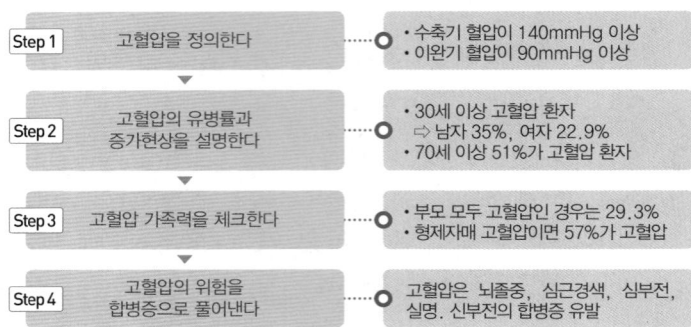

- 고혈압은 유병자 수가 가장 많으며, 70세 이상에서는 절반이 고혈압
- 고혈압은 뇌졸중, 심근경색, 심부전, 실명, 신부전의 합병증을 유발하여 중대한 질병으로 발전 ⇨ 따라서 CI보험으로 위험에 대한 대비가 필수

고혈압을 주제로 상담을 진행할 때 기억해야 할 것은 고객 대부분은 고혈압 가족력을 가지고 있을 가능성이 높다는 것입니다.

Step 1 상담을 시작할 때 고혈압이 무엇인지 정의를 간단하게 내려주고,

Step 2 얼마나 많은 사람이 가지고 있는지를 설명합니다.

Step 3 고혈압 가족력을 체크하면 되는데, "고객님, 형제자매와 4촌, 부모님과 삼촌 분들 중 혹시 고혈압을 가진 분이 있으신가요?"라고 질문합니다.

Step 4 고혈압이 '침묵의 암살자'라 불리는 이유는 합병증 때문이고, 고혈압의 5대 합병증이 뇌졸중, 심근경색, 심부전, 실명, 신부전임을 설명한 후 CI보험을 통해 이런 위험에 대비할 수 있도록 안내합니다.

> **tip**
> 꼭 기억해 두세요 : 3050 뇌 · 심 · 심 · 실 · 신
> 여기서 30은 30대 이상 성인 중 30%가 고혈압이란 의미이고, 50은 70세 노인 중 50%가 고혈압이란 의미이며, '뇌심심실신'은 고혈압의 5대 합병증의 앞 글자를 딴 것입니다.

12 CI Insurance

심장질환을 주제로 한 니즈환기 방법

자기 혈관 숫자를 알고 있나요?

심장질환을 주제로 상담할 때의 포인트는?

심장질환을 주제로 상담할 때는 어떤 점에 중점을 두어야 할까요?

심장질환은 넓게 보면 순환기 계통질환이라고 할 수 있습니다. 순환계란 피의 순환과 관련이 있어 심장질환을 설명하기 전에 피의 순환이 원활하지 않을 경우 발생하는 질환에 대해 먼저 설명하는 것이 좋습니다.

피의 순환과 관련하여 고혈압은 특히 심장질환을 유발하는 주요 원인이 된다는 사실을 설명하면서, 고객의 유병력 여부와 가족력을 파악하는 것이 포인트입니다.

다음으로 심장질환의 유형을 설명하면서 가장 두렵고도 무서운 심장질환인 급성심근경색을 설명합니다. 급성심근경석이 가장 두려운 이유는 전조 증상이 없이 갑자기 나타나고 1시간 이내 사망하는 경우가 많기 때문임을 설명하는 것도 중요합니다.

고객이 스트레스를 많이 받는다면 특히 이 질병을 조심해야 하고, 이에 대비해야 한다는 점을 알리는 것 역시 포인트가 되겠습니다. 또한, 심장질환은 발생률도 높고 사망률도 점차 높아지고 있는 대표적인 질병이기 때문에 필수적으로 적절한 규모의 보장플랜을 갖추고 있어야 한다는 점을 강조할 필요가 있습니다.

혈관의 숫자, 꼭 기억해야 할 건강의 핵심지식 입니다.

질병관리본부는 「자기 혈관 숫자 알기, 레드서클 캠페인」을 추진하고 있습니다. 자기 혈관 숫자를 정확히 안다는 것은 심뇌혈관질환을 예방하고 관리하는 방법이기 때문입니다.

그럼, 어떤 숫자를 기억해야 할까요?

먼저 "혈압 120"입니다. 수축기 혈압 120mmHg 미만, 이완기 혈압 80mmHg 미만이 정상 혈압이란 의미입니다. 다음은 "혈당 100"입니다. 공복혈당 100mg/dL 미만이 정상 혈당 수치란 의미입니다. 마지막으로 "콜레스테롤 200"입니다. 총 콜레스테롤 200mg/dL 미만이 정상 수준입니다.

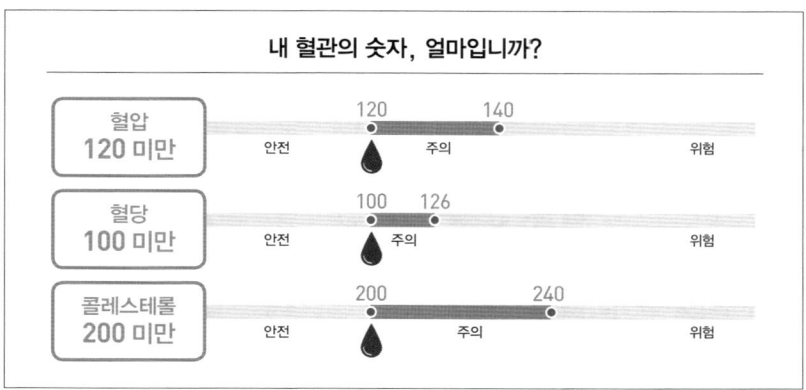

[질병관리본부 포스터]

이 세 가지가 정상 수치에서 벗어나면 고혈압, 당뇨, 고콜레스테롤 질환이 생기는 것입니다.

특히, 혈압과 관련된 질병 중 가장 치명적인 병이 급성심근경색입니다. 급성심근경색은 소리 없이 갑자기 다가와 바로 목숨을 앗아가기 때문입니다. 실제 우리나라의 사망원인을 살펴보면 1위가 암이고 2위가 심장질환입니다. 심장질환은 60대부터 급속히 발생하면서 증가하는데, 80세 이후에는 암과 거의 비슷한 사망률을 보일 만큼 나이가 들수록 더 걱정되는 병입니다.

우리나라 돌연사 원인 1위는 급성심근경색

우리 몸의 피는 정상적으로 잘 순환되어야 합니다. 그런데, 순환이 정상적이지 못하면 발생하는 순환기 계통질환의 대표적인 세 가지가 뇌혈관

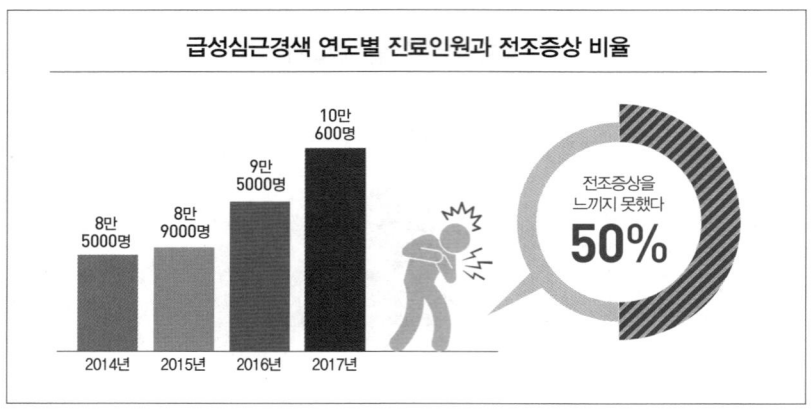

[건강보험심사평가원]

질환, 고혈압성질환, 심장질환입니다.

그중에서 허혈성 심장질환은 심장근육에 필요한 산소가 공급되지 않아 발생하며, 심장동맥(관상동맥)이 좁아지거나 막히는 것으로 협심증과 심근경색증으로 나타나는데, 협심증은 관상동맥의 폐쇄나 협착 혹은 경련으로 인해 심장근육으로의 혈류 공급에 장애가 생기는 경우를 말합니다. 전형적인 증상이 가슴에 통증을 느끼는 것인데, 휴식 또는 혈관을 넓히거나 혈류 공급의 장애를 해소하는 치료가 필요합니다.

심근경색증은 심장근육에 혈액을 공급하는 혈관이 혈전에 의해 막혀 심장근육이 상하는 질환입니다. 심장근육에 혈액이 30분 이상 공급되지 못하면 해당 부위의 근육세포가 죽게 되고, 심장근육 세포가 죽은 부위는 기능을 전혀 할 수 없으므로 심장의 펌프기능이 떨어져 심부전(심장기능 저하상태)으로 진행될 수 있습니다. 증상이 나타난 지 1시간 이내로 사망하기도 하는데, 우리가 급사 또는 심장 돌연사라고 표현하는 것이 바로 이런 현상입니다.

급성심근경색과 관련해 알아야 할 또 하나의 정보는 환자수가 늘어나고 있으며, 사망률도 높아지고 있다는 사실입니다. 또한 전조증상을 느끼지 못하는 경우가 절반에 이를 만큼 언제 찾아올지 모른다는 것도 꼭 강조해야 할 포인트입니다.

이렇게 상담하세요

고객 현황

48세 동갑내기 맞벌이 부부, 자녀 2명, 고소득 가정

- 두 분 가족 중에 고혈압을 가진 분들이 혹시 있으신가요?

    (부부 모두) 네 있어요

- 그렇군요. 우리나라 고혈압 유병자가 1,100만 명이 넘고, 치료를 받는 분은 600만 명이 넘는다고 합니다. 증가율도 높고요. 잘 아시겠지만 70세 이상 노인 분들은 절반 이상이 고혈압을 가지고 있다고 합니다. 고혈압은 가족력이 영향을 미치고 특히 형제력이 큰 영향을 미치는 질병이라고 합니다.

    음…. 정말 많기는 하죠

- 그렇습니다. 고객님, 고혈압하면 연상되는 병이 급성심근경색이라는 건 잘 아시지요? 이 병을 침묵의 암살자라고 하는 분들이 많은데, 이런 이야기 들어 보셨는지요?

들어는 보았는데 정확하게 어떤 의미인지는 몰라요

🧑 젊은 남자분들이 갑자기 급사하는 경우 대부분 급성심근경색으로 사망한다고 보시면 됩니다. 이 병의 무서운 점은 갑자기 발생하고 1시간 이내 사망하기 때문인데요, 50%의 환자가 사전에 인지하지 못했다고 해서 침묵의 암살자라고도 합니다.

잠자다가 갑자기 사망한 사례를 저는 종종 듣고 있는데 두 분은 어떠십니까?

제 주변에도 그런 경우가 있었어요.

🧑 저는 보장설계를 할 때 과거보다 위험률이 높아지고 있는 질병이 무엇인지를 꼭 살펴봅니다. 만약, 과거에 비해 발생률이 높고, 사망률이 더 높아진다면 빨리 준비하는 것이 고객님에게 훨씬 이득이기 때문입니다.

암과 심장질환 두 가지는 과거보다 사망률이 더 높아지는 대표적인 질병입니다. 그래서 저는 이 두 질환에 대비해 빨리 준비할수록 유리하다고 말씀드리고 있습니다.

그렇군요… 생각해 봐야 할 것 같습니다.

🧑 급성심근경색은 발생시점도 아주 중요한데요, 남자의 경우 40대에서 50대가 극히 위험하고, 여자분들은 60대와 70대에 집중되고 있습니다. 남자분들이 젊어서 발생하는 이유는 아마도 회사나 일 스트레스 때문이 아닐까 하는데요, 두 분은 맞벌이를 하고 계시니 부인도 회사 스트레스가 엄청날 것 같습니다.

두 분 모두 가족력이 있으시고, 과도한 업무나 스트레스를 받을 수 있는 직장 생활을 하는 맞벌이 부부이시니까 심장과 관련된 보장을 더 튼튼하게 하실 필요가 있습니다.

그림으로 풀어보는 CI 보험 실전 활용 포인트

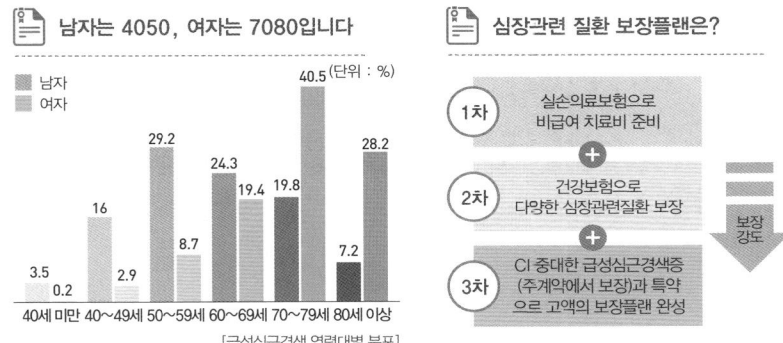

※담보 내용은 상품마다 다를 수 있으므로 약관을 참조하시기 바랍니다

급성심근경색은 인지하지 못하는 경우가 절반 이상이고, 발생하면 병원에 도착하기 전에 3분의 1이 사망할 정도로 위험한 '시간병'입니다. 또한 남자와 여자의 발병 시점이 크게 다른 대표적인 질병입니다. 40대와 50대는 남자가 압도적으로 높지만, 여자는 70대와 80대에 발생할 가능성이 높습니다. 60대는 남자와 여자가 모두 위험해질 수 있는 연령대입니다.

병원에서 급성심근경색을 진단할 때 심전도 검사와 심근효소 검사를 주로 합니다. 심전도는 급성심근경색증 진단에 매우 중요한 검사로, 가장 특징적인 소견은 ST절 상승소견입니다. 또 하나는 CK-MB를 포함한 심근효소가 발병 당시 새롭게 상승하는지를 보게 됩니다. 이 두가지 특징을 모두 보일 때 CI보험으로 보장 받을 수 있습니다. 한편, 관상동맥 우회술이나 대동맥인조혈관 치환수술, 심장판막 수술을 받을 경우에는 주계약의 중대한 수술에 포함되므로 이를 통해 보장받을 수 있습니다.

또한 치료비를 실질적으로 보상받기 위한 실손의료보험과 건강보험 그리고 CI보험을 활용한 1차, 2차, 3차 보장플랜을 구성하면 가장 든든한 보장플랜이 될 수 있습니다.

13 CI Insurance

의료비와 수술비를 주제로 한 니즈환기 방법

의료비와 수술비, 얼마나 준비하면 되나요?

의료비를 주제로 상담할 때의 포인트는?

의료비를 주제로 상담할 때의 포인트는 무엇일까요?

우리나라는 전 국민을 대상으로 한 의료보험체계가 비교적 잘 운영되고 있는 국가입니다. 일반 병·의원에 가는 정도의 의료비는 큰 부담이 없을 정도로 본인부담금이 적습니다. 거기에 실손의료보험까지 있다면 병원비 걱정은 크지 않을 것이라고 생각하는 분들이 많습니다.

그래서 먼저 국민건강보험이 어느 정도의 역할을 하는지를 보다 정확히 이해할 수 있도록 설명할 필요가 있습니다. 여기에 최근 바뀌고 있는 국민건강보험 적용범위를 함께 설명하면 금상첨화가 되겠지요.

이런 설명을 통해 신뢰를 얻은 후 우리나라는 국민건강보험에서 제외되는 의료비 부담이 상당히 크다는 점을 통계를 활용해 설명합니다.

여기에서는 통계적으로 나타나지는 않는 더 큰 의료비 부담으로 연로한 부모님에 대한 의료비와 간병비가 있다는 점을 강조할 필요가 있습니다. 이런 설명을 통해 준비되지 않은 부모가 얼마나 자녀에게 경제적 부담을 줄 수 있는지를 생각할 수 있게 합니다.

미리 준비되지 않으면 부모의 의료비 부담이 자녀에게 고스란히 이전된다는 점이 중요한 포인트가 됩니다. 결국 내가 준비되어 있지 않으면 자녀까지 의료비 부담으로 힘들어진다는 점을 알려주는 것이 핵심입니다.

건강보험제도는 우수한데, 왜 의료비가 부담스러운가요?

우리나라 건강보험은 세계적으로 우수한 제도라고 평가받고 있습니다. 그러나 아이러니하게도 우리나라 국민들의 의료비 부담은 여전히 높은 국가에 속하고 있습니다. 국제적으로 비교해 봐도 가계의 직접의료비 부담비율이 33.3%로 OECD 국가 중에서 멕시코와 그리스 다음으로 높게 나타나고 있습니다.

건강보험에서 많은 지원을 한다고 하지만 실제 중증질환을 앓고 있는 가족의 케이스를 살펴보면 거의 재난적 수준에 가까운 경제적 고통을 겪고 있다는 사실을 쉽게 확인할 수 있습니다. 특히, 저소득 계층은 의료비로 인해 더 낮은 단계의 빈곤층으로 전락하기도 합니다.

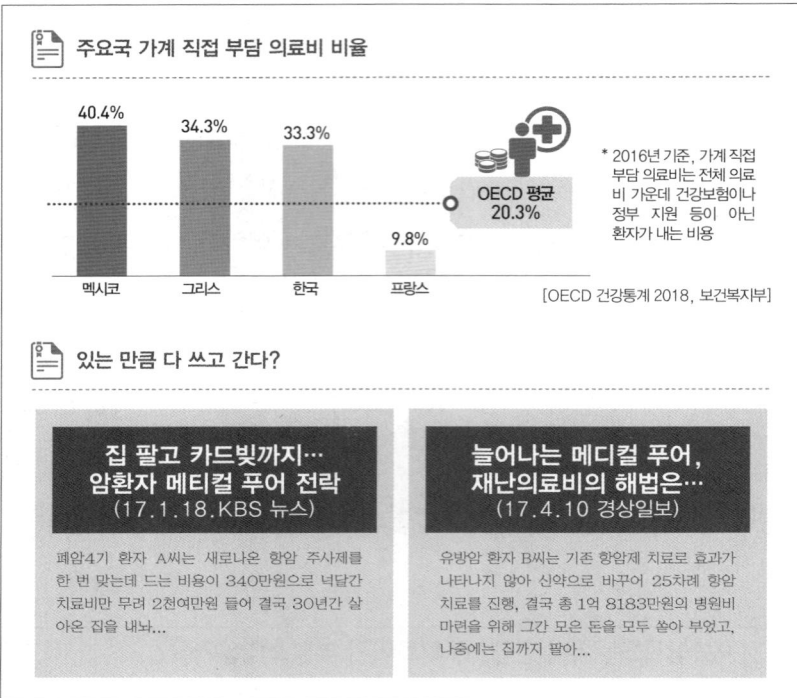

왜 그럴까요?

첫째, 의료비 지출은 다른 지출과 성격이 크게 다르기 때문입니다. 여행, 외식 등은 돈이 없으면 안 쓰면 되지만 아프면 빚을 내서라도 병원에 갈 수밖에 없습니다. 그래서 의료비의 진실은 "있는 만큼 다 쓰고 간다"가 맞다고 말하는 분들이 많습니다.

둘째, 의료비는 자녀에게 전가되는 특성이 있기 때문입니다. 아픈 부모가 입원하면 자녀는 빚을 내서라도 치료를 할 수밖에 없습니다.

셋째, 의료비는 장기적 성격을 가지기 때문입니다. 한번 지출하고 끝나는 것이 아니라 수년, 길게는 수십 년 동안 지속될 수도 있습니다.

의료비 지출 이외에도 간병비와 이로 인한 실직에 대한 부담은 또 다른 고민거리로 떠오르고 있는 실정입니다.

최근 국민건강보험에서는 보장성강화대책을 마련하여 건강보험 적용 대상을 늘릴 계획을 세우고 있지만 그럼에도 불구하고 2022년까지 건강보험적용 비율은 약 70% 정도에 머물 것이라고 합니다. 이렇게 해도 개인부담 정도가 OECD국가 평균인 20%에 미치지 못할 것으로 예상되는 것입니다. 따라서 우리는 의료비 부담에 대비해 충분한 준비를 개인적으로 꼭 해야 할 필요가 있는 것입니다.

보장성 강화 대책 추진내용과 일정

2017
- ☑ 치매의료비 부담 경감
- ☑ 아동입원 부담 완화
- ☑ 난임 건강보험 적용

- ☑ 65세 이상 틀니 부담 경감
- ☑ 간호·간병 통합서비스 확산 방안 필요

- ☑ 복부 초음파 건강보험 적용

2018
- ☑ 본인부담상한제 개선
- ☑ 선택진료 폐지
- ☑ 신포괄수가 적용 의료기관 확대
- ☑ 재난적 의료비 지원제도 시행

- ☑ 65세 이상 치과 임플란트 부담 경감
- ☑ 부인과 초음파 건강보험 적용
- ☑ 2·3인실 건강보험 적용

2019-2022
- ☑ 일부 1인실 건강보험 적용
- ☑ 의학적 비급여 건강보험 적용
- ☑ 간호·간병 통합서비스 확대
- ☑ 신포괄 대상기관 확대

[국민건강보험]

수술비를 주제로 상담할 때의 포인트는?

대부분의 건강보장 보험상품에서는 수술비를 보장합니다. 수술비 보장을 목적으로 가입하는 보험은 크게 세 가지 유형으로 나눌 수 있는데, 첫 번째로 실비보상 성격의 실손의료보험을 들 수 있습니다. 수술비 본인부담 부분의 90% 또는 80%를 보장받을 수 있는 상품입니다.

두 번째는 건강(종합)보험이 있습니다. 정액의 수술비와 진단비를 지급하는 보험으로 해당 질병 발생 시와 수술 시 가입된 금액을 정액으로 지급받을 수 있는 상품입니다.

세 번째, CI보험 또한 중대한 수술에 대한 수술비를 보장하고, 의료보장 특약을 통해 다양한 수술비를 보장합니다.

최근 영업현장에서 가장 경쟁이 치열한 부분으로 건강보장 상품을 꼽고 있습니다. 건강보장보험은 손해보험과 생명보험회사 모두가 취급하다 보니 회사별로 상품의 장점을 포인트로 하여 열띤 홍보를 하고 있는 것이 현실입니다.

그렇다면 수술비를 주제로 CI보험의 필요성을 설명하려면 어떻게 해야 할까요?

일반적으로 보장을 분석할 때는 보장의 대상 및 범위가 얼마나 넓은 지와 보장의 크기가 얼마나 되는 지로 나누어 살펴봐야 합니다. CI보험은 일반 건강보험처럼 보장의 범위를 넓히는 것이 목표가 아니라 보장의 크기를, 그리고 치명적 상황에 대비한 수술비를 정액으로 보장하는 것이 목표인 상품입니다. 이를 정확히 알려주는 것이 포인트입니다.

건당 수술비가 가장 고가(高價)인 수술은 심장수술

건당 수술비가 가장 고가인 수술은 어떤 수술일까요? 국민건강보험공단이 2017년도 건강보험 및 의료급여 진료비 지급 상세자료를 분석한 「2017년 33개 주요 수술 통계연보」에 따르면 수술 건당 진료비가 높은 항목은 심장수술, 관상동맥우회술 등으로 나타났습니다.

심장수술은 2,832만 원, 관상동맥우회수술 2,738만 원, 뇌기저부수술

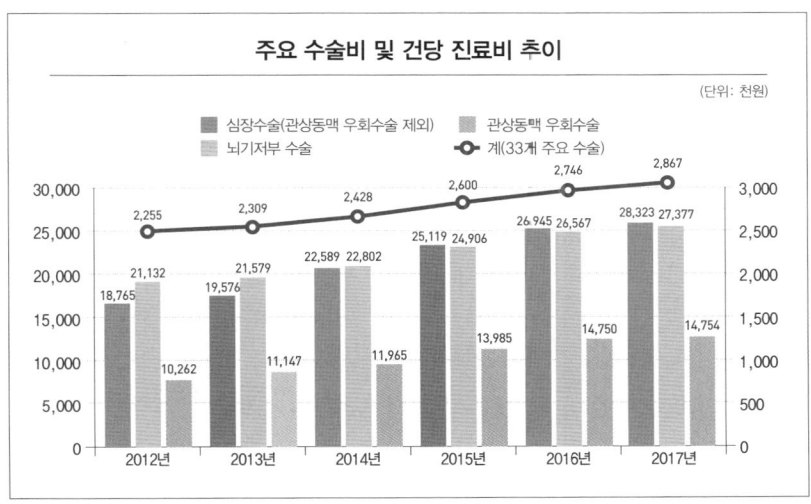

[2017 주요수술 통계연보, 국민건강보험공단]

1,475만 원의 순인데, 이들 수술은 심혈관 및 뇌혈관 수술로 고도의 기술이 필요한 수술이라는 공통점을 가지고 있습니다. 반대로 건당 진료비가 낮은 수술은 치핵수술 92만 원, 백내장수술 97만 원, 편도절제수술 106만 원으로 조사되었습니다.

> **CI 중대한 수술보장은 수술비가 가장 비싼 수술을 보장합니다.**

수술비가 가장 비싼 수술은 관상동맥우회술을 제외한 심장수술로 건당 수술비가 2,832만 원이나 되고, 심장판막수술이 대표적입니다.

관상동맥우회술은 좁아진 관상동맥을 대체할 수 있는 혈관을 연결하여 심장에 혈류를 공급하는 우회로를 만들어주는 수술입니다. 우리 몸에는 흉부와 복부에 대동맥이 있습니다. 몸 속의 대동맥이 확장되면 터지게 되는데, 흉부대동맥류는 치료하지 않았을 경우 5년 이내에 약 80% 정도가 사망하는 것으로 알려져 있습니다. 복부대동맥류의 유병률은 50세부터 급격히 증가하며, 60세 이상에서는 약 5%가 복부대동맥류를 가지고 있는 것으로 보고되고 있습니다. 대동맥인조혈관 치환수술이란 인조 혈관을 삽입하여 대체하는 수술입니다.

5대 장기(간장, 신장, 심장, 췌장, 폐장) 이식수술비는 실제로 1억 원 이상의 비용이 드는 경우가 다반사라고 합니다. 다만 상당부분을 건강보험에서 지원하고 있습니다. 개인이 부담해야 하는 비용 기준으로 신장 이식의 경우 1,500만 원 정도, 간 이식은 5,000만 원, 심장 이식은 3,500

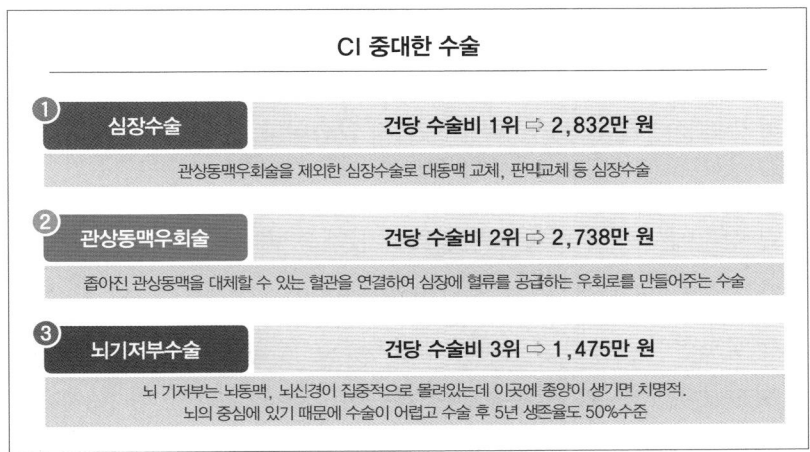

['2017 주요수술 통계연보, 국민건강보험공단]

만 원 정도 든다고 합니다.

CI보험의 중대한 수술은 관상동맥우회술, 대동맥인조혈관 치환수술, 심장판막수술, 5대 장기이식수술에 따른 고액의 수술비를 주계약으로 보장하고 있다는 점에서 큰 특징을 가지고 있습니다. 그 외의 일반적인 수술비 보장은 특약을 활용하여 보장받을 수 있습니다.

준비되지 않은 노후는 자녀를 가난하게 만든다는 불편한 진실

국민의 의료비 100%를 국민건강보험으로 해결하면 좋으리라 생각할 수 있지만 이는 실제로 불가능한 이상입니다. 새로운 의료기술과 약품이 생기면 국민건강보험에서 이를 심사하고 건강보험 급여대상으로 결정해야 적용을 할 수 있기 때문이고, 또한 환자 스스로가 비급여 치료를 원하는 경우도 많아 한계가 있을 수밖에 없습니다. 여기에 비급여 의료행위나 치료재료는 의료기관이나 의료기기 업체가 임의로 가격을 정하기 때문에 정부의 가격규제를 받지 않습니다.

이런 상황에서 비급여 항목과 의료비가 계속 증가해 국민부담이 늘고 있다는 점이 큰 문제점으로 부각되고 있습니다. 건강보험공단 분석 결과 건강보험이 적용된 급여 의료행위 항목은 2001년 4,122개에서 2015년 8,306개로 2.2배 늘어난 반면 비급여 항목은 같은 기간 36개에서 769개로 무려 20.4배나 증가했습니다.

한편, 최근 5년 이내에 부모의 의료비로 1,000만 원 이상 지출한 경험이 있고 생존 부모의 연령이 65세 이상인 자녀를 대상으로 한 설문조사

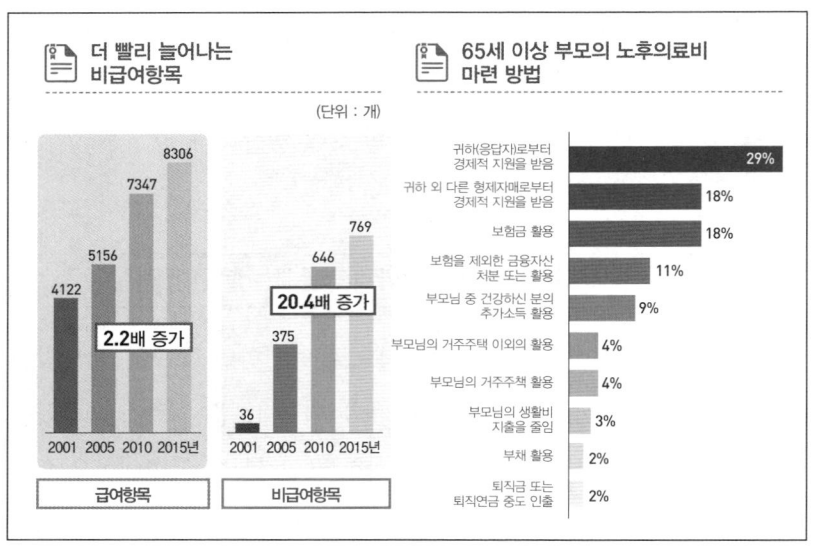

[국민건강보험공단]   [고령자 의료소비 실태 및 인식조사 보고서, 2018 삼성생명은퇴연구소]

를 보면, 자녀의 지원(47%)을 받은 경우가 압도적으로 많았습니다.

설문에 참여한 자녀 대부분(95%)이 부모 의료비 부담 경험 때문에 '노후 의료비 준비가 필요하다'고 느끼지만 실제로 준비하고 있다는 답변은 절반(48%)에 불과한 것으로 나타났습니다. 준비되지 않은 노후는 자녀를 가난하게 만든다는 것이 사실로 드러나고 있습니다.

이렇게 상담하세요

고객 현황

45세 부부. 양가 부모님 모두 생존. 평범한 중산층

> 요즘 지하철에서 정정한 어르신들을 뵈면 예전에 비해 수명이 많이 길어졌다는 것을 느끼게 되는 것 같아요. 고객님 부모님들도 모두 건강하시지요?

> 건강하시기는 한데… 다들 한두 군데 아픈 곳은 있으신 것 같아요.

> 대부분 그러시죠… 65세가 넘어가면 노인 분들의 90%가 한 개 이상의 만성질환을 가지고 있다는 통계가 있어요. 대부분이 질환을 가진다는 의미인데요, 혹시 부모님은 노후준비를 잘해 놓으셨는지요?

> (부인) 우리 집 부모님들은 괜찮은데 시댁은 우리가 많이 도와드려야 해요.

> 그럼 병원비 등도 도와드리고 계시는가요?

> 네 매년 조금씩 들어요. 아직 크게 들지는 않았지만…

🙍 우리나라 의료기술은 정말 대단한 것 같아요. 아무리 아파도 병원에 갔다 오면 다시 기운을 차리시니까요. 그렇지만 노인 분에게 완치가 있겠습니까? 잠시 멈추게 하는 거죠. 우리나라 병원은 완치는 못하지만 안 죽게 하는 데는 도가 텄다고 농담하는 분들도 있더라고요.

하하하~ 그런 거 같아요.

🙍 앞으로 부모님께서 아프시면 두 분이 병원비를 계속 부담하셔야 하는데 시간이 지날수록 병원비 부담은 더 커지게 됩니다. 완치는 되지 않고 계속 수백만 원의 병원비와 간병비를 지출해야 하는 상황이 지속되면 자녀의 노후는 어떻게 될까 큰 걱정입니다.

그래요… 그건 그렇겠네요.

🙍 일본에서도 간병파산이 사회문제가 되고 있다고 하는데 우리나라도 곧 그럴 것 같습니다. 노후준비는 아직 안 돼 있는 자녀가 중장년이 되었는데 부모님은 아직 살아계시고 앞으로 많은 간병비가 들어간다면 모아 놓은 자녀 재산은 어떻게 될까 걱정입니다. 의료비는 돈이 없어도 써야 하는 지출이니까 더욱더 그렇습니다.

그럴 것 같아요. 아휴… 걱정이네요.

🙍 앞으로 15년이 고객님께 정말 중요할 것 같습니다. 여러 곳에 쓸 일이 많으시겠지만 두 분이 자녀에게 부담이 되지 않고 오히려 도움을 줄 방법을 마련하셨으면 합니다. 두 분은 앞으로 40년 이상 사시게 될 거에요. 매월 조금씩 준비하는 방법이 최선일 것 같습니다.

그림으로 풀어보는 CI 보험 실전 활용 포인트

준비되지 않은 의료비, 결국 자녀 부담으로

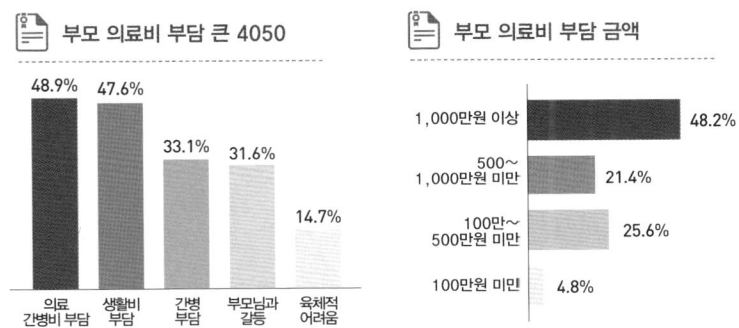

[생명보험사회공헌위원회 중년층 부모의 의료비 부담 실태조사 2017]

수명이 길어지면서 자녀가 40~50대에 들어서더라도 부모님은 아직 살아계실 가능성이 매우 높은 시대가 되어 중장년 세대의 부모님 부양문제에 대한 관심이 높아지고 있습니다. 생명보험사회공헌위원회가 부모를 부양하거나 경제적으로 지원한 경험이 있는 전국 40·50대 남녀 1,000명을 대상으로 한 '부모 의료비 부담에 관한 실태조사'에 따르면 '부모 부양에 부담을 느낀다.'고 답한 비중이 48.1%에 달했습니다. 가장 큰 부담으로 꼽은 것은 의료·간병비 부담(48.9%)이었고, 생활비 부담이 47.6%로 뒤를 이었습니다.

교육비 지출도 적지 않은데, 병든 부모를 부양해야 하는 40·50대는 자신들의 노후 준비까지 삼중고에 시달리고 있음이 다시 확인되었습니다.

'향후 감당하기 어려운 부모 의료비가 발생할 경우 얼마까지 부담하겠느냐?'는 질문에는 '빚을 내서라도 전부 마련하겠다'는 대답이 32.8%로, '생계에 영향을 미치지 않을 정도까지 내겠다'(34.5%)와 비슷했다고 합니다. 그러나 막상 이런 일이 닥치면 한계없이 지출할 수밖에 없습니다.

매월 적은 돈으로 자녀에게 부담을 주지 않도록 준비하면서, 조금이라도 자녀에게 유산을 물려줄 수 있다면 얼마나 좋을까요? CI보험이 이런 희망을 해결해 줄 수 있습니다.

뇌혈관질환을 주제로 한 니즈환기 방법

사망원인 3위인 뇌혈관질환이 정말 더 무서운 이유는?

> **뇌혈관질환을 주제로 상담할 때의 포인트는?**

뇌혈관질환을 주제로 상담할 때는 어떤 점에 중점을 두는 것이 좋을까요? 인터넷 등을 검색하면 뇌혈관질환 관련 보장에 대한 수 많은 글이나 자료를 볼 수 있는데, 그 글들의 대부분은 보장의 범위에 관해 설명하고 있습니다. 아쉬운 것은 보장의 범위에만 초점을 맞추고 있지 치명성에 대해서는 크게 언급하지 않는 것 같습니다. 보험회사나 전문가들의 주요 관심사가 보장 범위가 넓다 혹은 좁다의 관점에서 벗어나질 못하고 있는 것으로 추정해 볼 수 있는 대목이기도 합니다.

실제로 뇌혈관질환이란 병명은 질병분류코드 I60~I69에 해당하는 질병 모두를 의미하며, 크게 뇌출혈과 뇌경색, 기타 뇌혈관질환 등으로 분류되는데, 발생 확률은 뇌경색이 높지만, 치명적인 것은 뇌출혈입니다.

지금까지 살면서 집 화장실 변기가 휴지나 다른 이물질에 막혀 고생해 본 경험들이 있을 겁니다. 변기가 막히면 약품을 붓기도 하고, 고무로 만든 막대로 펌프질을 하기도 합니다.

한 번 막힌 변기는 다음에도 막힐 수 있지만 또 막히면 또 뚫으면 된다고 가볍게 생각합니다. 수고스럽고 번잡하긴 해도 스스로 해결할 수 있는 문제이기 때문에 그렇게 심각한 걱정거리는 아니라고 여기는 것이 보통입니다.

그런데 만약에 변기가 터져버리면 어떻게 될까요? 화장실을 사용하지 못하는 불편함이나 냄새는 물론이고 변기교체를 비롯해서 하수도 배관, 심지어는 화장실 공사를 해야 될 지도 모르는 대형사고(?)입니다. 또한 기술자 없이는 스스로 무엇 하나 할 수 있는 것이 없습니다. 화장실 변기가 터진다는 상상만 해도 끔찍하기만 합니다.

만약 여러분이 미리 대비를 할 수 있다면 변기가 막히는 것을 준비하시겠습니까? 아니면 발생확률은 낮아도 변기가 터지는 것을 대비하시겠습니까? 비유가 변기라서 좀 그렇습니다마는 굳이 비유를 하자면, 뇌경색은 변기가 막히는 것과 같고 뇌출혈은 변기가 터져버리는 상황이라고 말할 수 있습니다.

상대적으로 발생확률이 높은 뇌경색을 보장하는 보험과 발생확률은 낮지만 치명적인 뇌출혈을 보장하는 보험은 어느 상품이 더 좋다 나쁘다를 비교할 수 있는 대상이 아니라 상호보완적인 관계를 가지고 있는 것입니다.

그래서 CI보험의 뇌혈관질환 관련 보장을 설명할 때는 확률과 치명성에 대해 정확하게 설명하는 것이 중요합니다. 뇌혈관 관련 질환의 가장 큰 고통은 가족이 그 고통을 장기간 함께 겪을 수밖에 없다는 것입니다. 다른 질환에 비해 후유증이 매우 크고, 오래 가기 때문입니다.

후유증이 크고 오래 갈 경우 두가지 어려움이 발생할 수 있습니다. 당사자의 경제활동 중단으로 인해 발생하는 경제적 어려움과 간병을 위해 가족이 간병실직을 하게 됨으로써 가족 전체가 정신적, 경제적 어려움을 겪게 된다는 점입니다.

CI보험은 발병시 치명적인 위험이 될 수 있는 뇌출혈을 보장대상에 포함하고 있어 뇌출혈로 인한 치명적인 경제적 위험을 대비하는데 좋은 역할을 할 수 있는 상품입니다.

뇌졸중이 진짜 무서운 이유

뇌졸중(뇌혈관질환)이 무서운 이유는 우리나라 3대 사망원인이기도 하지만 후유증이 무섭기 때문입니다. 뇌졸중 환자의 3분의 1은 1개월 내 사망하고, 3분의 1은 약간의 장애를 가지며, 나머지 3분의 1은 영구적 장애로 평생 후유증에 시달리게 됩니다.

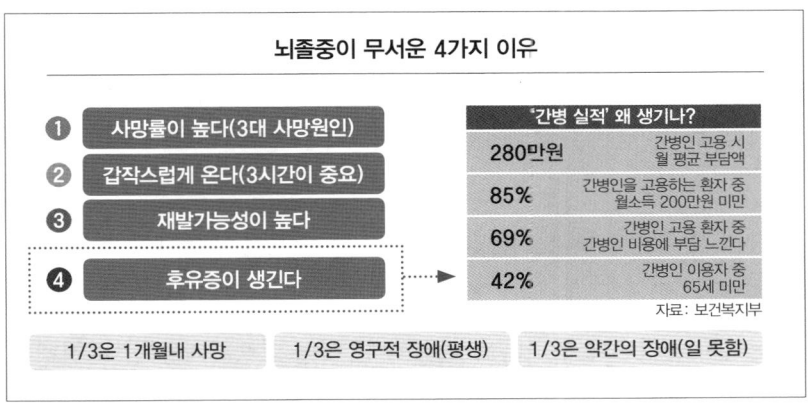

[2016 주요수술 통계연보, 국민건강보험공단]

문제는 후유증이 생긴 환자를 돌보기 위해서는 가족 중 누군가가 병간호를 해야 한다는 것입니다. 간병인을 둘 수 있다고 생각하지만 다음의 사례처럼 부부가 비극으로 몰린 것은 결국 간병으로 인한 경제적 문제 때문이었습니다.

 2017년 2월 서울의 낡은 다세대 주택 1층 셋방에서 59세의 남편과 55세의 아내가 침대에서 나란히 생을 마감하였습니다. 혼자 거동을 못 하는 아내를 병간호해 온 남편이 암에 걸려 더 이상 아내를 돌볼 수 없게 되자 목숨을 끊은 것입니다. 5년 전 뇌출혈로 쓰러진 아내의 대소변을 받아가며 극진히 간호를 해왔는데, 남편마저 대장암 말기 판정을 받았고, 아내의 긴 투병으로 돈을 다 써버린 터라 항암 치료는 꿈도 꿀 수 없는 상황이 된 것입니다. 덤프트럭 사업을 해온 남편은 아내의 간병으로 일을 그만두었고, 트럭 등 재산을 모두 간병비로 지출한 상태였습니다.

간병인을 쓸 경우 월평균 280만 원의 비용이 드는데, 간병인 이용가정의 85%가 월 소득 200만 원 이하라고 합니다. 이런 현실적 이유로 가족이 간병을 위해 직장을 그만두는 '간병실직'이 발생하게 되는 것입니다.

월 평균 280만원에 달하는 간병비를 감당할 정도의 충분한 소득이 없다면 간병비 부담 때문에 어쩔 수 없이 일을 그만 둘 수밖에 없는 상황이 됩니다.

그 다음 단계는 소득없는 간병으로 인해 생활고가 발생하여 이를 비관해 '동반 자살' 또는 환자를 해하는 '간병 살인'이라는 극단적인 선택으로 이어지는 경우도 생겨나고 있습니다. 이미 고령화가 상당히 진행된 일본에서는 연간 40~50건의 '간병 살인'이 발생한다고 합니다.

뇌졸중의 무서움은 신경학적 결손의 발생

뇌졸중은 뇌혈관 장애로 인한 질환의 총칭이며, 일반적으로 갑자기 뇌혈관에 순환 장애가 일어나 의식이 없어지고 신체가 마비되는 뇌혈관질환을 의미합니다.

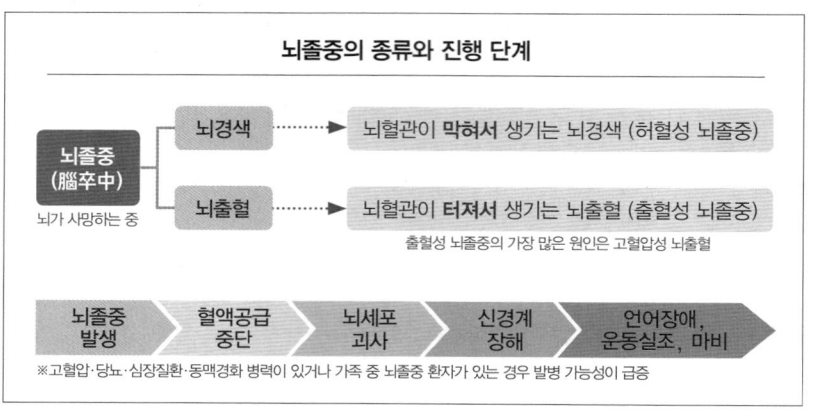

최근 들어 뇌경색 환자가 늘고 있지만 정말 심각한 것은 뇌출혈입니다. 국민건강보험공단이 발표한 2015년 뇌졸중 진료현황에 따르면 1인당 연평균 진료비는 뇌출혈(622만 원)이 뇌경색(253만원)보다 2.45배 많았고, 평균 입·내원 일수도 뇌출혈(37.7일)이 뇌경색(19.7일)보다 1.9배 많았습니다. 또한 뇌출혈 환자의 사망률은 20%이지만 뇌경색 환자의 사망률은 6% 정도입니다.

국내에서 뇌출혈의 원인으로 가장 많은 것이 고혈압성 뇌출혈입니다. 뇌출혈의 약 75%는 고혈압이 원인이라고 합니다. 고혈압·당뇨·심장질환·동맥경화증 등이 있는 경우, 혹은 이전에 뇌졸중의 경험이 있거나 가족 중 뇌졸중 환자가 있는 경우 뇌졸중의 발생 확률이 높아지는 것으로 보고되고 있습니다.

한 대학병원의 조사에 따르면 남자 고혈압 환자가 뇌출혈(출혈성 뇌졸중)에 걸릴 확률은 정상인의 15배, 여자 고혈압 환자가 뇌출혈에 걸릴 확률은 약 10배 이상이라고 합니다. 또한 뇌경색에 걸릴 확률은 남자와 여자에서 각각 약 5배, 8배가 높다고 합니다.

당뇨도 뇌졸중에 큰 영향을 미치는 선행질병인데, 당뇨병 환자가 뇌경색에 걸릴 확률은 정상인의 약 6배, 여자는 정상인의 약 4배였다고 합니다. (서울중앙병원-하버드 의대 뇌졸중 공동심포지엄)

이렇게 상담하세요

고객 현황

45세 남자 직장인. 자녀는 아들 1명. 주택 소유 및 소득 중상 수준

🧑‍💼 우리나라 3대 사망원인인 암, 심근경색, 뇌졸중 가운데 가족이 가장 오랜기간 고통을 겪는 질환이 혹시 뭔지 아세요?

음…. 암 아닌가요?

🧑‍💼 물론 암도 고통을 겪는 대표적인 질환이기는 한데요, 암보다 더 오랜기간 가족까지 힘들게 만드는 질환은 뇌졸중입니다. 그 중에서도 뇌출혈이 가장 심각하다고 하는데, 왜 그런지는 아시지요?

글쎄요… 왜 그렇죠?

🧑‍💼 뇌졸중은 뇌혈관이 막혀 피가 돌지 않거나 뇌혈관이 터져 혈액 공급이 중단되면서 뇌세포가 죽는 질환인데요, 이렇게 되면 생명이 위험하지만 그 후유증도 심각합니다. 대표적인 후유증이 언어장애나 마비 등인데요, 문제는 그 정도가 심해지면 반드시 간병인이 필요해진다는 것입니다. 그래서 60대 이후 가족 모두를 파산으로 이끄는 병이 뇌졸중이 될 수도 있습니다.

그렇군요. 그런데 뇌출혈은 많지 않다고 하던데… 그런가요?

🧑‍💼 실제로 뇌경색과 뇌출혈을 비교하면 뇌경색이 더 많습니다. 그러나 치명적인 것은 뇌출혈입니다. 1인당 연평균 진료비만 봐도 뇌출혈이 2.5배 많고, 평균 입·내원 일수도 뇌출혈이 약 2배 많습니다. 또한 뇌출혈 환자의 사망률은 20%이지만 뇌경색 환자의 사망률은 6%에 불과합니다.

그렇군요… 저도 보험을 가지고 있기는 한데 거기까지는 잘 몰랐습니다.

저는 개인적으로 뇌졸중이 정말 무서운 질병이라고 생각합니다. 특히 뇌출혈은 필수적으로 후유증을 동반하고 정도가 심하면 후유증이 생긴 환자를 돌보기 위해 가족 중 누군가가 병간호를 해야 하기 때문입니다. 암은 완치 가능성이 있고, 완치하면 다시 일상으로 복귀할 수 있지만, 뇌출혈에는 완치라는 개념이 없거든요

그림으로 풀어보는 CI 보험 실전 활용 포인트

넓은 보장과 집중 보장의 조화가 필요한 뇌혈관질환 보장플랜

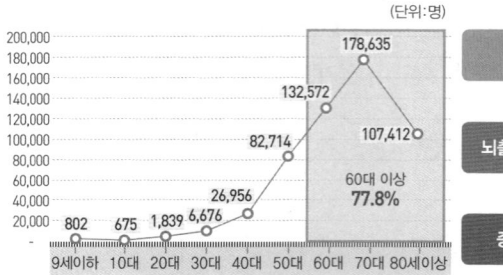

뇌졸중 진료인원

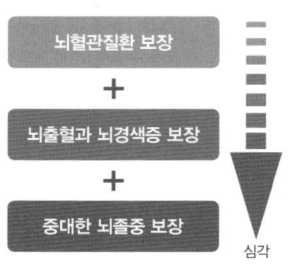

[국민건강보험공단, 2015년 뇌졸중 진료 현황]

뇌졸중의 진료인원통계를 보면 40대 중반에서 시작해 60~70대에 가장 많이 발생하고 있습니다. 이때는 이미 은퇴한 후가 되어 치료비, 후유장애에 따른 간병비를 부담하는 것이 매우 어렵습니다. 따라서 경제활동을 하는 30대~50대에 확실한 준비가 필요합니다.

뇌혈관질환이라고 하더라도 치명성의 관점에서 본다면 뇌출혈이 더 위험하고 그 후유증도 매우 크다고 할 수 있습니다. 가벼운 후유증은 손발을 떠는 정도, 어눌한 말, 운동장애 정도지만 심각해지면 다른 사람의 도움 없이는 생활하기가 어려워지기 때문입니다.

뇌출혈과 뇌경색으로 인해 영구적인 신경학적 결손상태가 발생할 경우를 대비한 것이 중대한 뇌졸중 보장이라고 할 수 있습니다.

CI보험은 주계약으로 중대한 뇌졸중에 대한 보장을 제공하고 있고, 뇌출혈 및 뇌경색증으로 진단되면 진단금을 지급하는 CI추가보장특약(뇌)과 건강치료특약(질병보장특약)을 함께 제공하고 있습니다. 이 둘의 기능을 효율적으로 결합하고 실손의료보험을 활용하여 치료비 부담을 줄이는 보장 플랜을 만드시는 것이 가장 효과적입니다.

15 CI Insurance

심리적 측면에서 APPROACH하는 CI보험 판매방법

질병이 발생하면 가장 두려운 것은?

고객에게 어떻게 미래를 상상하게 할 것인가?

사람의 뇌에는 좌뇌와 우뇌가 있고 그 역할이 서로 다릅니다. 좌뇌는 숫자와 논리, 비판 등을 담당하고 우뇌는 감정, 사랑, 예술, 꿈을 담당하는데, 지갑에서 돈을 꺼내 구매를 결정하는 곳은 우뇌라고 합니다.

보험은 기본적으로 가족에게 경제적 어려움을 짊어지지 않게 하기 위해 가입하는 것이고 그 중심에는 가족에 대한 사랑이 있습니다. 보험 가입의 필요성을 고객이 느낄 수 있도록 하기 위해서는 고객의 머릿속에 FP님이 이야기하는 내용이 그림으로 그려질 수 있어야 합니다. 마치 사진처럼 말이죠.

이를 위해서는 니즈 환기를 할 때 다음과 같은 요소를 염두에 두어야 합니다.

첫째, FP님의 말을 신뢰할 수 있도록 만드는 사전 Relationship 구축
둘째, 고객이 쉽게 공감할 수 있는 사례와 스토리 전달
셋째, 객관적 통계와 사례가 자신에게도 일어날 수 있다는 공감
넷째, 다른 지출을 줄이고 기꺼이 보험료를 낼 수 있도록 가입 시 혜택 상상

통계와 구체적 사실을 통해 개연성을 전달하고 공감을 얻기 위해서는 이런 요소들을 생각하면서 몸짓 언어(말과 행동이 결합한 메시지 전달)를 통해 감정 전달을 하는 것이 중요합니다.

질병과 관련해 상담할 때는 나이별, 소득별로 두려움이 다를 수 있다는 것과 그 이유, 그리고 이에 대한 준비를 어떻게 하느냐를 중심으로 진행하는 것이 필요합니다.

삶에서 가장 두려운 질병은?

사람들이 가장 두려워하는 질병 1위는 암, 2위가 치매, 3위가 뇌졸중인 반면에 우리나라의 3대 사망원인은 암, 뇌혈관 질환, 심장질환입니다. 사망률 순으로 두려워 해야 할 것 같지만 실제 질문해 보면 다른 결과가 나타나고 있습니다.

또한, 소득과 나이에 따라서도 두려워하는 질병이 다르게 나타나고 있습니다. 소득이 낮은 그룹은 암과 치매에 대한 두려움이 거의 비슷하게

나타나는 반면, 소득이 높은 그룹은 압도적으로 암을 두려워합니다. 이는 소득이 많고 자산이 많은 계층은 죽음을 두려워하는 반면, 소득과 자산이 적은 계층은 질병으로 인해 발생하게 될 경제적 어려움을 더 두려워하고 있다고 볼 수 있습니다. 한편, 60세가 넘은 어르신 그룹에서는 치매가 암보다 더 두려운 질병이라고 답하였습니다.

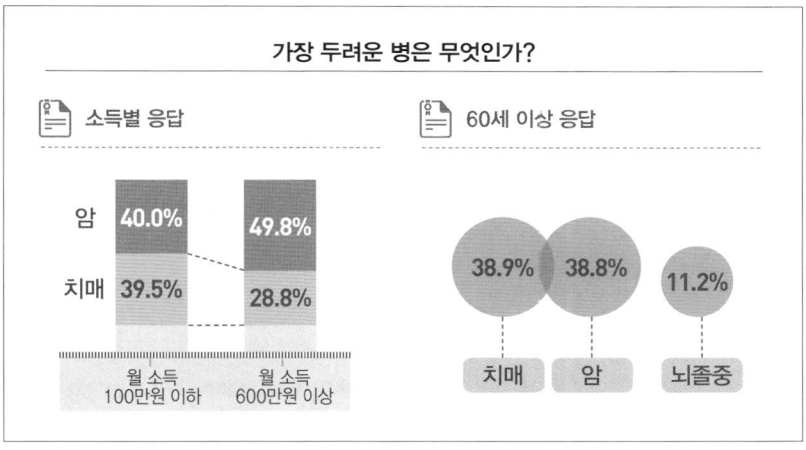

[조선일보, 미디어리서치 공동 '치매 인식도 설문 조사결과 2014']

이런 통계를 염두에 두고 고객에게 "어떤 병에 걸리는 것이 가장 두려우신가요?"라고 질문해 보기 바랍니다. 만약, 암이 가장 무섭다고 한다면 빨리 사망하는 두려움이 더 큰 고객으로 판단할 수 있고, 치매가 무섭다고 답한다면 경제적 어려움에 대한 부담이 큰 고객이라고 생각하여 이를 포인트로 상담을 진행하면 효과적일 것입니다.

| 중대한 질병은 환자 자신만의 문제에 그치지 않습니다.

암이나 치매, 뇌졸중 등과 같은 심각한 질환이 발생할 경우 그 파장은 즉시 가족 전체로 퍼지게 됩니다. 가장 큰 부담은 역시 의료비이고, 다음으로 합병증이나 생활의 불편함, 가족과 환자의 삶의 질 저하, 간병에 대한 부담이 따라옵니다.

암 환자 가족의 경우 82%가 극심한 스트레스로 인해 우울하다고 조사되었고, 치매 환자의 가족도 24시간 간병에 따른 신체적 고통과 정신적 스트레스, 언제 끝날지 모를 간병비 부담에 따른 경제적 고통을 호소하고 있습니다. 더욱이 치매를 간병하는 가족의 78%는 간병으로 인해 일을 그만두고 있다고 합니다.

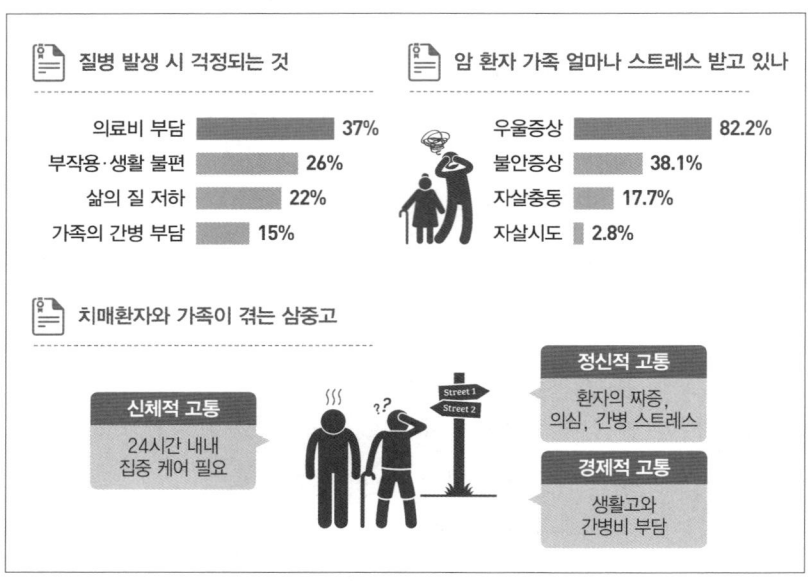

[건강보험심사평가원, 국가암관리사업본부, 치매 인식도 설문 조사 2014(조선일보, 미디어리서치)]

고객도 평소에 이와 관련된 뉴스나 통계들을 계속 접하고 있습니다. 그런데도 이에 대비하지 않는 이유는 당장 걸릴 것 같지는 않다고 생각하기 때문입니다. 실제로 미래에 자신도 이런 병에 걸릴 것이란 생각을 하고 있는가를 조사한 결과를 보면, '가끔 한다.'가 63.1%로 가장 많았으며 '하지 않는다.'가 21.9%, '매일 또는 자주 한다.'는 15.0%였습니다. 즉 생각은 하지만 가끔 하다가 중단하기 때문에 준비 또한 생각은 있지만 당장 하지 않는 것입니다.

중대질병 발병시 직접적인 의료비도 중요하지만 이로 인한 정신적, 신체적 고통을 덜어줄 수 있는 추가적인 장치를 마련하는 것이 필수인 시대가 되었다는 점을 강조하고 알리는 것이 전문가의 자세일 것입니다.

이렇게 상담하세요

고객 현황

39세 여성, 자녀 2명. 남편은 자영업자, 중산층이고 노후 준비가 충분하지는 않으며, 양가 부모님은 모두 생존

- 고객님은 혹시 어떤 질병이 가장 두려우세요?

  저요? 저는 치매가 가장 두려워요.

- 그러시군요… 어떻게 그런 생각을 하게 되셨나요? 사망원인 1위는 암인데요.

  저희 시어머니가 치매를 앓고 계시거든요. 제가 옆에서 지켜보는데요,

치매는 자신을 잃어가는 병인 것 같아요. '저런 삶이 의미가 있을까?'라는 생각까지 해봐요.

아~ 스트레스도 심하시겠네요. 우리나라 사람들이 가장 두려워하는 질병 세 가지는 1위가 암이고 다음이 치매, 그 다음이 뇌졸중이라고 합니다. 60세 이상을 대상으로 조사하면 치매가 1위로 나타난다고 해요. 고객님은 아직 젊으신데, 치매가 왜 가장 두려우세요?

일단 자신도 문제지만 가족이 고생할 것 같아서요

그렇습니다. 실제 조사결과도 의료비 부담은 물론이고 가족 또한 삶의 질 저하와 같은 고통이 함께 오기 때문에 그렇다고 합니다. 가족 중 한 사람이 중대한 질병에 걸리면 나머지 가족은 세 단계의 삶을 겪게 된다는 이야기 들어보셨나요?

어떤 단계를 겪게 되는데요?

처음에는 정신적 충격을 받고 환자가 무사하기를 바라는 희망의 단계를 겪게 된다고 해요. 두 번째는 다행히 치료되더라도 재발이나 전이 등이 발생하면서 경제적으로 어려워지고 장기간병 상황에 놓이게 된다고 합니다. 마지막으로 일상화된 간병 스트레스가 누적되면서 우울증이 발생하는 단계까지 간다고 합니다.

그렇군요… 그럴 수 있을 것 같아요…

그래서 가족 모두가 건강한 생활을 유지하려면 장기간병 부담을 나누어야만 합니다. 그렇게 하려면 돈이 들게 되죠. 대부분 돈이 없어 가족이 간병을 맡게 되면서 환자와 가족 모두의 삶이 망가지게 되거든요. 고객님께 제안 드리는 CI보험이 이때 고객님과 가족의 생활을 지켜줄 거예요.

그림으로 풀어보는 CI 보험 실전 활용 포인트

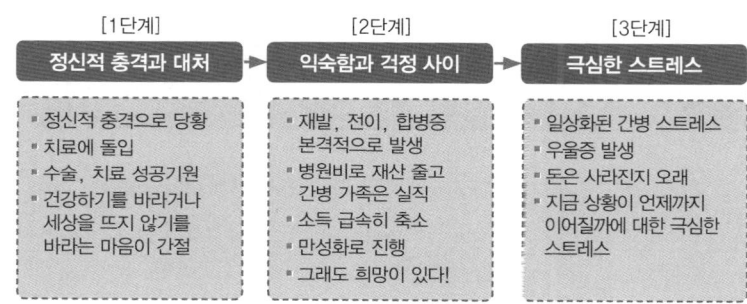

가족 중 누군가가 암이나 뇌졸중, 치매 등 중대한 질병에 걸리게 되면 환자의 가족들은 거의 유사한 단계를 거치게 된다고 합니다.

[1단계]는 "정신적 충격과 대처" 단계입니다. 예상치 못한 병이 발생하면 환자와 가족은 모두 정신적 충격을 받고 당황합니다. 급하게 치료에 돌입하고 수술, 치료의 성공을 기원하면서 '살아계시기만 해도 좋겠어요!'라고 생각하는 단계입니다.

[2단계]는 "익숙함과 걱정 사이" 단계입니다. 급한 상황이 해결된다고 해서 병이 완전히 사라진 것은 아닙니다. 재발, 전이, 합병증이 본격적으로 발생하게 됩니다. 계속된 병원비 지출로 재산이 줄어들고, 간병 가족의 실직으로 소득은 급속히 축소되며 병은 만성화로 진행됩니다. 가족들은 '아직 희망이 있다!'고 생각하면서 버티게 됩니다.

[3단계]는 "극심한 스트레스" 단계입니다. 간병 가족은 아침에 일어나면 환자부터 챙기고 밤에도 편하게 잠을 자지 못합니다. 일상화된 간병 스트레스가 누적되면서 우울증이 발생합니다. 돈은 이미 사라진 지 오래이며, 지금 상황이 언제까지 이어질까에 대한 극심한 스트레스로 인해 가족의 삶도 점차 파괴됩니다.

이런 스트레스에서 벗어나기 위해서는 누군가와 부담을 나누어야 합니다. 다른 이에게 간병을 맡기기 위해서는 돈이 필요하죠. CI보험의 보험금이 단순히 돈 이상의 의미가 있음을 이때 알게 된다는 것이 아쉽기만 합니다.

암을 주제로 한 니즈환기 방법

16 암에 대해 얼마나 알고 계십니까?

> 암을 주제로 상담하는 것이 중요한 이유는?

우리나라의 사망원인 1위는 암으로 인한 사망입니다. 남자, 여자를 불문하고 암이 압도적인 1위입니다. 그래서 암에 걸리면 '죽는구나'라고 생각하기 쉽습니다. 그러나 암에는 여러 종류가 있고, 특징도 다르고, 최근에는 의학기술의 발달로 암 생존율은 점차 높아져 가고 있습니다. 따라서 암에 대해 정확하게 이해하는 것이 무엇보다 중요합니다.

고객도 암의 무서움을 잘 알고 있을 것입니다. 암을 주제로 상담을 시작하는 것이 효과적인 이유는 모든 사람들에게 가장 관심있는 질병이기 때문입니다.

그럼에도 불구하고 암에 대해 정확하게 이해하는 분이 생각보다 많지 않습니다.

암이 무엇인지? 왜 발생하는지? 어떻게 진행되고 어떤 결과로 이어지는지 등등 암에 대해 정확하게 이해하지 못하거나 잘못 이해한 부분도 많습니다. 암을 주제로 상담을 시작할 때의 포인트는 다음과 같습니다.

첫째, 암의 정의와 암이 가진 독특한 특징을 이해시키는 것입니다.
둘째, 암이 얼마나 무서운 병인지를 느끼게 하는 것입니다.
셋째, 암 보장의 필요성과 보험금을 지급하는 암의 종류에 대해 알려주
   는 것입니다.

이 세 가지 주제의 내용을 잘 전달하는 상담이 진행된다면 고객으로 부터 충분히 신뢰받는 보험전문가로 인식될 것입니다.

여섯 고개 - 다음은 무슨 질병일까요?

- Q1) 연간 23만 명에게 발생하는 병
- Q2) 남자에게 더 많이 발생하는 병(연간 12만 명)
- Q3) 기대수명까지 살 경우 이 병에 걸릴 확률은 36.2%
- Q4) OECD 평균에 비해 발생률은 낮은 수준
- Q5) 사망자의 27.6%가 이 병으로 사망(7만 9천명)
- Q6) 사망원인 가운데 압도적 1위

[2016년 국가암등록통계(2018년 발표) & 2017년 사망원인통계, 통계청]

앞 표의 여섯 고개 질문의 정답은 암(악성신생물)입니다. 간략하게 요약된 내용이지만 언급된 몇 가지 통계자료만 보더라도 암이 우리 인생에 얼마나 많은 영향을 주는 질병인지 쉽게 알 수 있습니다.

먼저 연간 발병자 수인데, 2016년 1년 동안 암 발생자는 229,180명입니다. 인구 10만 명당 286.8명에게서 발생하였습니다. 암종별로는 위암이 가장 많고, 그 다음으로 대장암, 갑상선암, 폐암, 유방암, 간암, 전립선암 순으로 많이 발생합니다.

우리나라 국민들이 기대수명까지 생존할 경우, 암에 걸릴 확률은 36.2%이며, 성별로는 남자 38.3%, 여자 33.3%가 암에 걸리게 됩니다.

암으로 인한 사망자는 연간 7만 9천 명이며, 전체 사망자의 27.6%가 암으로 사망해서 암으로 인한 사망률은 모든 사망원인 중 압도적 1위를 차지하고 있습니다.

> **tip** 암 확진 후 현재 치료 중이거나 완치된 암유병자 수(1999년부터 2016년까지 암을 진단받은 사람 중 2017년 1월 1일 생존이 확인된 사람)는 약 174만 명으로 우리나라 국민 전체의 3.4%입니다.

암은 악성종양입니다.

종양과 암을 혼동하는 경우가 많은데, 이 둘은 차이가 있습니다.

세포 조직이 과도하게 성장하여 모인 것을 혹이라 하는데, 의학적으로 이것을 '종양'이라고 합니다. 종양에는 두 가지 유형이 있습니다. 마치 피부에 생기는 사마귀처럼 어느 정도까지 크면 세포의 증식이 멈춰서 더는 커지지 않는 종양을 '양성 종양'이라고 하는데, 대부분의 종양은 여기에 해당합니다. 이런 종양은 대부분 질병코드 D로 분류됩니다. 그런데 세포가 증식 활동을 멈추지 않아 계속 커지는 종양도 있습니다. 이렇게 계속 자라서 결국에는 생명까지 위협하는 종양을 '악성 종양'이라고 합니다. 이것이 우리가 흔히 말하는 '암'입니다.

국가암정보센터에서는 사람의 몸을 구성하고 있는 세포가 다양한 이유로 세포의 유전자에 변화가 일어나 비정상적으로 세포가 변하여 불완전하게 성숙하고, 과다하게 증식하는 것을 암(cancer)으로 정의하고 있습니다.

악성 종양을 이루는 세포들은 잘못된 성장으로 자신의 원래 기능도 망

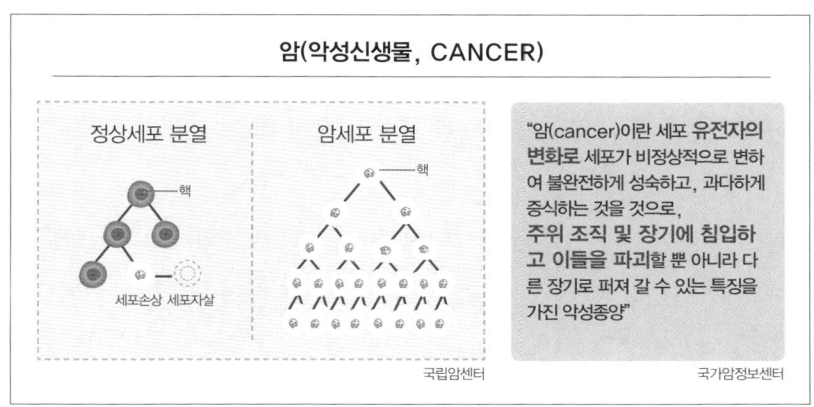

각하고 주변 조직으로 파고들어 주변의 정상세포를 파괴하고 시간이 지나면 혈관으로 침범하여 혈액을 타고 다른 장기로 이동하여 다른 장기에 자리 잡아 증식을 계속하는 특징을 가지고 있습니다. 즉, 주위 조직에 침윤하여 파괴적으로 증식하는 특징을 가지고 있는 것입니다. 이런 암세포로 인해 유발되는 질환을 통칭해서 암 질환이라고 합니다.

암인 듯하면서도 암이 아니라는 것

보험금을 지급받기 위해서는 해당 질병이 보장대상이 되는 질병이어야 합니다. 의사는 진단서에 질병코드를 반드시 기재하는데, 이 질병코드가 보장대상이 되는 질병이어야 보험금을 받을 수 있습니다. 질병코드는 그 만큼 중요합니다. 암도 마찬가지입니다.

일반적으로 보험에서는 한국표준질병·사인분류(KCD7) 지침서에 따라 신생물은 알파벳 C와 D코드로 분류하고 있습니다. 이중 C코드는 소위 '일반암'으로 분류되는 악성신생물(암)을 의미하며, D코드는 제자리암과 양성종양 및 행동양식 불명 및 미상의 신생물로 구분됩니다. 진단서에 어떤 코드로 진단을 받았는지를 판단하여 보험금을 지급하기 때문에 질병코드는 보험금을 지급받을 때 매우 중요한 기준이 됩니다.

C코드 중에서 C00~C75번으로 분류된 악성신생물(암)과 C81~C96(림프, 조혈 및 관련조직의 암)은 일반적인 암을 의미하며, C76~C80번으로 분류된 악성신생물(암)은 부위불명, 상세불명, 이차성악성신생물 등을

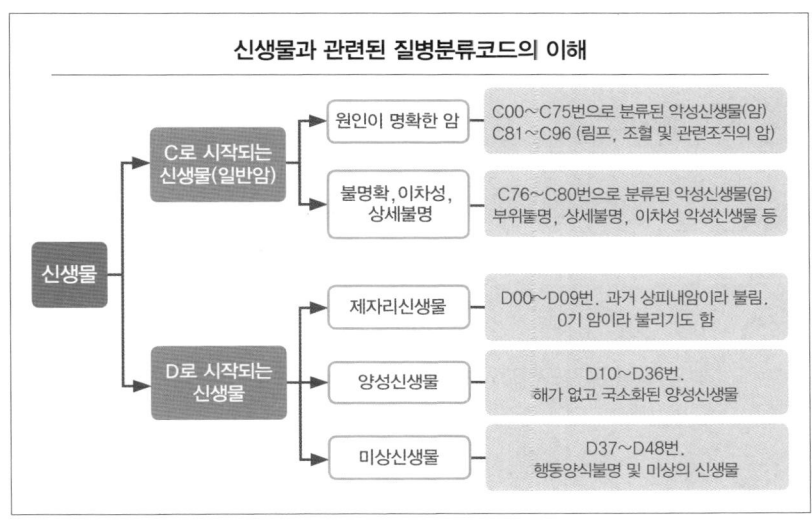

[KOICD(질병분류정보센터, 한국표준질병·사인분류 7차 개정 기준]

의미하는데, 이 경우에는 일차성 암이 확인되는 경우 최초 발생부위(원발부위)를 기준으로 암을 분류하고 해당보험금을 지급하는 경우가 있습니다.

D코드의 D00~D09번은 과거 상피내암이라 불린 제자리암인데, 의학자에 따라서는 0기 암이라 부르기도 합니다. 제자리암은 암 보장 금액의 일부를 지급하거나 보장에서 제외되므로 역시 알아두어야 합니다.(상품별 차이가 있습니다.) D10~D36번은 해가 없고 국소화된 양성신생물로 일반적으로 암이라고 부르지는 않습니다.

이렇게 상담하세요

고객 현황

45세 여자, 직장인, 자녀 2명, 맞벌이로 소득은 중상 이상.
주택을 보유하고 있으며 추가적인 저축 여력도 있음

🙎 제가 최근 암에 대한 자료를 많이 찾아보았는데요, 고객님께도 암에 대해 정확히 알려드리고 싶어요. 고객님, 혹시 우리나라에서 매년 암에 걸리는 분이 얼마나 되는지 아세요?

글쎄요… 잘 모르겠는데요?

🙎 연간 23만 명 정도가 새롭게 암에 걸린다고 합니다. 암에 걸려 치료를 받고 있거나 완치된 암 유병자 수도 170만 명이나 된다고 해요.

생각보다 많네요? (경계심을 보이며) 그래서 저도 암 보험 하나 가입하고 있긴 해요.

🙎 아주 잘하셨어요. 고객 분들을 만나면 암 보장 보험 하나 정도는 있으신 것 같아요. 문제는 그 보장 금액이 생각보다 너무 적다는 것이죠. 제가 이렇게 이야기하면 '또 보험에 가입하라고 하는가?'라고 생각할 수 있으시겠지만 저는 그런 의미로 말씀드리는 것이 아니고 꼭 보장을 잘 받으실 수 있도록 안내해 드리려고 하는 거예요

그러세요? 그럼 고맙죠~

🙎 제가 암 통계를 보면서 가장 가슴에 와 닿은 숫자는 36였어요.

36이 뭔가요?

🙎 우리가 평균수명까지 살 경우 암에 걸릴 확률이 36%가 넘는다는 것인데요, 저는 이 통계에 사실 충격을 받았어요.

그 정도나 되나요? 놀랍네요.

암은 우리나라 사망원인 중 압도적 1위입니다. 그만큼 사망률이 높은 질병인데 암을 두려워하면서도 정작 암에 대해 정확하게 아시는 분들은 거의 없어요. 그래서 고객님께서 꼭 알고 계셨으면 하는 것이 있습니다.

어떤 것인데요?

고객님께서 가입하신 암 보험에서 지급하는 암 보험금이 암의 종류에 따라 다르다는 것은 알고 계시지요?

그 이야기는 들은 것도 같아요. 대충… 소액암이라는 것이 있었던 것 같은데요…

잘 기억하고 계시군요~ 모든 질병은 표준질병분류코드가 있습니다. 의사 분들이 암을 진단할 때도 어떤 암인지 질병코드를 기재하는데요, 어떤 코드로 분류 되느냐에 따라 보험금을 받을 수도, 못 받거나 적게 받을 수도 있습니다.

그래요?

네~ 그렇습니다. 일반적으로 암이라고 하면 C로 시작하는 질병분류코드를 의미합니다. 그리고 암이라는 이름을 쓰지만 암 보장에서 제외되는 것으로 제자리암이란 것이 있는데요, 이는 질병분류코드 D로 시작하는 것이죠. 보험상품마다 다르지만 제자리암은 보장에서 제외되거나 보험금이 적게 지급되기도 합니다. 앞으로 고객님께서 병원에서 진단서를 받으실 일이 있으실 때 질병분류코드에 관심을 가지시면 큰 도움이 될 수 있습니다.

그렇군요~ 암 보험을 다시 한번 확인해 봐야겠어요.

그림으로 풀어보는 CI 보험 실전 활용 포인트

암, 매년 23만명이 새롭게 걸리고 약 8만명이 사망

1. 정의	일반 조직의 무제한적이고 비정상적인 성장, 또는 그 결과물
2. 특징	주위 조직 및 장기에 침입하고 파괴, 다른 장기로도 전이
3. 원인	술, 담배, 유전적요인, 바이러스, 음식, 중금속, 방사선 등 (단, 발병가능성을 높이는 위험인자일 뿐 직접적인 원인은 아님)
4. 발병	기대수명까지 살 경우 걸릴 확률은 36.2%(매년 23만 명 발생)
5. 사망	사망원인 압도적 1위, 27.6%(연간 7만 9천 명 사망)

[위키피디아, 국가암정보센터]

암이란 일반 세포조직의 무제한적이고 비정상적인 성장 또는 그 결과물로 전이와 침윤적 파괴가 특징인 질병으로 1년에 약 23만 명이 발병하고 약 8만 명이 사망할 정도로 치명적인 질병입니다.

우리가 평균수명까지만 산다고 가정하더라도 암에 걸릴 확률이 무려 36% 이상이란 사실을 아는 분은 별로 많지 않습니다. 이렇게 치명적인 암 발병에 대비해 많은 분들이 암을 보장하는 보험에 가입하고 있습니다. 암 보험에 가입할 때는 보험마다 보장하는 차이와 특징을 ① 보장이 되는 암 ② 보장에서 제외되는 암 ③ 보장은 되나 소액으로 보장되는 암 등의 3가지 기준에서 파악할 필요가 있습니다.

CI보험의 특징 중 하나가 암 보장인데, 약관에서 정한 요건에 해당될 경우 주계약으로 보장하므로 고액의 보험금을 받을 수 있어 경제적 부담을 덜 수 있습니다.

CI보험에서는 중대한 암을 보장한다고 정의하면서 보장에서 제외되는 암을 별도로 표시하고 있습니다.(예: 피부의 악성흑색종 중에서 침범도가 낮은 경우, 갑상선암, 대장점막내암, 초기 전립선암 등 10종의 보장 제외 대상을 표시)

따라서 보장에서 제외되는 암 이외의 모든 암을 중대한 암으로 보장을 제공하고 있습니다. 유방암도 중대한 암으로 보장된다는 의미입니다. 그래서 CI보험의 암보장 범위는 생각보다 넓다고 할 수 있습니다.

17 CI Insurance

여성고객에게 암을 주제로 CI보험의 필요성을 설명하는 방법

남자보다 여자가 암 보장을 먼저해야 하는 이유는?

> **여성고객과 암을 주제로 한 상담 시 주요 포인트는?**

일반적으로 암으로 인한 위험은 여자보다 남자가 높은 것이 사실입니다. 발병률도 남자가 높고, 암으로 인한 사망률도 남자가 더 높습니다.

그러나 여성이 알아야 할 중요한 정보가 있습니다.

바로 암의 발생 시점인데, 남자의 경우 50대부터 암이 급격히 발생하기 시작하는 반면에 여성은 그보다 훨씬 빠른 40대부터 시작됩니다. 따라서 암 보장을 강하고 튼튼하게 해야 하는 쪽은 남자이지만 미리 준비해야 하는 쪽은 여성입니다.

여성에게 암 발생이 40대부터 급격히 늘어나는 주요 이유는 갑상선암과 유방암 때문입니다.

이 두 가지 암은 그 자체로는 치명적이지 않다고 생각하기 쉽지만, 암이 발생하면 보험가입이 어려워지게 되므로 평생 부담을 짊어지고 갈 수밖에 없습니다.

CI보험의 장점은 여성에게 많은 유방암 등을 보장대상에 포함하고 있으며, 갑상선암의 경우에도 중대한 갑상선암에 대해서는 보장을 제공한다는 것입니다.

일반 암보험의 경우 유방암이나 갑상선암을 소액암으로 분류하여 보험금을 지급하지 않거나 적게 지급하는 경우가 많습니다. 이에 반해 CI보험은 일반적으로 유방암을 주계약에서 보장하고 있으며 중대하지 않은 갑상선암의 경우에는 암 보장 관련 특약을 제공하여 보장의 그물을 좀촘하게 만들어 준다는 점을 강조하여 설명할 필요가 있습니다.

여성과 남성은 암의 발생시점이 다릅니다.

많은 사람들이 암은 남성에게 치명적이라고 생각합니다. 통계적으로 보면 이는 맞는 생각이라고 할 수 있고 그래서 남자가 암 보험에 먼저 가입하는 경우가 많습니다.

하지만 실제로 암 보험은 여성이 먼저 가입해야 하는 것이 올바른 보장 설계입니다. 국가암정보센터의 자료를 살펴보면 여성의 경우 40대에 갑상선암과 유방암이 급격히 발생하고 있음을 알게 됩니다. 이에 비

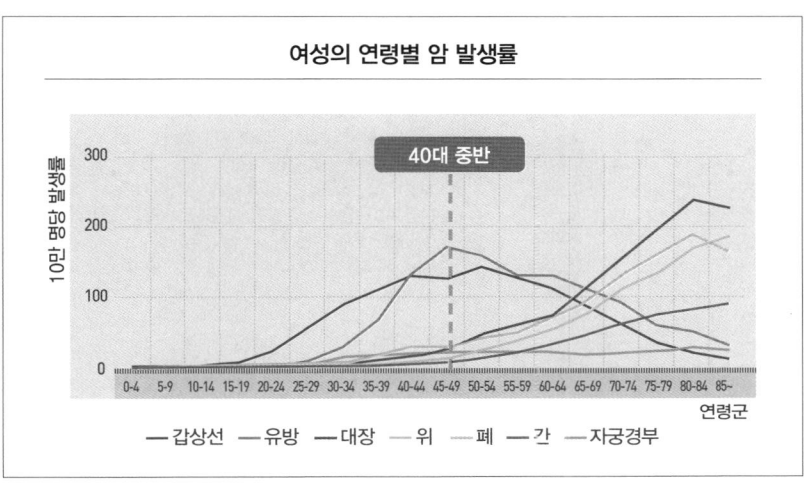

[주요 암 연령군별 발생률, 국가암정보센터 2015]

해 남성은 50대가 지나면서 암이 급격히 발생하고 발생률도 매우 높아집니다. 따라서 남성은 충분한 수준의 암 보장이 필요하고, 여성은 빠른 암 보장을 하는 것이 올바른 준비 방법임을 제대로 알리는 것이 중요합니다.

우리나라 여성에게 많이 발병하는 갑상선암과 유방암

갑상선암은 우리나라 여성 암 발병환자의 18.8%나 되는 암입니다.(2016년 중앙암등록본부 자료) 2005년부터는 유방암을 제치고 여성에게 가장 많이 발병되는 암이 되었고 현재도 유방암과 함께 가장 발병률이 높은 암입니다.

유방암

- 유방암은 여성에게 특화된 대표적인 여성암
- 2016년부터 여성 암 발생 1위
- 여자 21,747건(19.9%) VS 남자 92건(0.07%)
- 유방암은 0기 암의 경우 5년 생존율이 100%에 가까우나 4기의 경우 30% 미만

 갑상선암

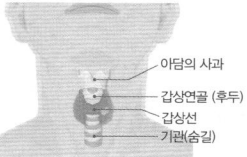

- 갑상선암은 여성에게 발생하는 암의 18.8%
- 유방암과 함께 1,2위를 다투고 있음
- 여자 20,513건(18.8%) VS 남자 5,538건(4.6%)
- 방치하면 암이 커져 주변조직을 침범하거나 전이를 일으켜 심한 경우 생명을 잃게 됨

[국가암 정보센터 2016]

특히 갑상선 질환은 남성보다 여성의 발병률이 5배~10배 가량 높으며 갑상선암 또한 여성이 남성에 비해 4배 이상 높습니다. 전체 암 발병률을 보아도 여성은 갑상선 암이 거의 20%에 해당할 정도로 높은 반면, 남성은 4.6%에 불과합니다.

 갑상선은 나비 모양의 기관으로 갑상연골 아래쪽과 기도의 앞쪽에 위치해 있으며 갑상선 호르몬을 생산하고 저장했다가 필요한 기관에 보내는 역할을 합니다. 유두암이 갑상선암의 95%를 차지합니다. 갑상선에 혹이 생긴 것을 갑상선 결절이라 하는데, 이 갑상선 결절의 5~10% 정도가 갑상선암으로 진단되고 있습니다. 갑상선암은 주변 조직을 침범하여 림프절 전이와 원격 전이를 일으킬 수 있어 방치하면 생명을 잃을 수도 있습니다.

2018년에 발표된 중앙암등록본부 자료에 의하면 2016년에 우리나라에서는 229,180건의 암이 발생했는데, 그 중 유방암이 21,839건 이었습니다. 발생 건수로 보면 여성의 암 중 1위를 차지했습니다. 한편, 암의 종류에 따라 발생하는 시점이 다른데요, 남자의 경우 44세까지는 갑상선암이, 45세-69세까지는 위암이, 70세 이후에는 폐암이 가장 많이 발생하였으며, 여자의 경우 39세까지는 갑상선암이, 40세-69세까지는 유방암이, 69세 이후에는 대장암이 가장 많이 발생하고 있습니다.
(2016년 암등록통계 참고자료, 보건복지부)

이렇게 상담하세요

고객 현황

45세 여성. 전업주부이며 자녀 2명. 중산층

> 최근 제 주변에 유방암을 가진 분들이 부쩍 늘어난 것 같아요. 고객님 주변은 어떠신가요?

그런 것 같아요. 제 친구 중 한명도 유방암이라고 하더라고요.

> 그렇군요… 암의 무서움에 대해서는 다들 잘 알고 계시지만 여성분들이 꼭 알아야 할 것이 있어요

그게 뭔가요?

> 남성이 암으로 사망할 확률이 여성보다 높아 남성 중심으로 암 보장을 하고 있는데요, 발생시점으로 본다면 40대 중반에 여성의 암 발생률이 엄청나게 높아진다는 사실은 잘 모르시는 것 같아요. 여성에게 급격히 발병하는 암이 어떤 암인지 혹시 알고 계시나요?

아뇨 잘 모르겠는데요?

🙎 유방암과 갑상선암입니다. 이 두 암의 발병률이 40대 중반에 아주 크게 높아집니다. 또한 여성암의 1위, 2위이기도 하구요, 두 암이 전체 여성암의 약 40%를 차지할 정도로 높아요.

와~ 그렇게나 높은가요?

🙎 사람들은 갑상선암과 유방암은 그리 심각한 암이 아니라고 하는데, 실제 환자분들은 그렇게 생각하지 않습니다. 유방암도 4기가 되면 생존율이 30% 정도로 현저히 떨어질 정도로 위험하고, 갑상선암은 방치하는 경우가 많은데 전이가 빠른 암입니다. 설사 치료가 되더라도 계속 부담이 될 수밖에 없어요.

그렇군요…

🙎 또 하나 생각하셔야 할 것은 암이 발병하면 더 이상 보장 보험 가입이 어려워지게 됩니다. 그렇게 되면 향후 의료비에 대한 대비가 어려워질 수밖에 없어요.

고객님 나이가 40대 중반이시잖아요? 지금 건강하실 때 암에 대한 보장을 든든하게 하시는 것이 가성비가 가장 좋습니다.

그림으로 풀어보는 CI 보험 실전 활용 포인트

여성을 위한 맞춤 암 보장플랜을 구성하는 방법

Q1 여성에게 가장 많이 발병하는 암은 무엇인가요?
→ 유방암(19.9%), 갑상선암(18.8%)으로 두 가지 암이 약 40%를 차지하고 있습니다.

Q2 여성은 언제 암 보장을 받아야 하나요?
→ 갑상선암과 유방암 발생률이 가장 높을 때가 40대 중반입니다. 따라서 40대 중반을 넘기 전에 충분한 보장을 준비하여야 합니다.

Q3 여성은 어떻게 보장플랜을 만들면 좋을까요?
→ CI보험은 중대한 암(유방암과 중대한 갑상선암을 주계약으로 보장)을 보장하고, 추가 보장특약을 활용해 소액치료비암과 갑상선암을 보장하도록 구성하면 좋습니다.

[상품별로 차이가 있을 수 있으므로 상품 약관을 확인하시기 바랍니다.]

Q1 암을 주제로 여성고객과 상담할 때 우선적으로 여성에게 가장 많이 발생하는 암이 무엇인지를 알려줄 필요가 있습니다.
유방암과 갑상선암은 전체 여성 암의 약 40%를 차지하는 발병률 1위, 2위 암입니다.

Q2 다음으로 이 두 암의 발생시점을 알려줍니다.
유방암과 갑상선암의 발병이 40대 중반에 급속히 증가함을 설명합니다. 따라서 여성은 서둘러서 암 보장을 충실히 하는 것이 필요합니다.

Q3 CI보험을 활용해도 좋은데요, CI보험의 장점은 중대한 암(유방암과 중대한 갑상선암을 주계약으로 보장)을 주계약으로 보장하고, 추가보장 특약을 활용해 소액치료비암과 갑상선암을 보장하도록 구성할 수 있습니다.
특히 유방암을 주계약으로 보장받을 수 있어 더욱 든든한 보장이 가능합니다.

남성고객에게 암을 주제로 CI보험의 필요성을 설명하는 방법

남자에게 암이란?

남성고객과 암을 주제로 한 상담의 중요성과 상담 포인트는?

남성이 평생 마음속으로 가장 두려워하는 병이 있다면 그것은 바로 암일 것입니다. 이 세상에는 수 많은 사망 원인이 존재하기 때문에 많은 사람들이 각기 다른 모습으로 사망하지만 30% 이상의 남성이 단 하나의 같은 원인으로 사망합니다. 바로 암이죠.

특히 남성에게 암이 중요하고 큰 의미가 있는 이유는 무엇일까요? 무엇보다도 암은 한 번 발생하면 그 여파가 매우 치명적이기 때문일 것입니다. 또 하나, 가정 경제를 책임지는 남성의 경우 암이 발생하면 정상적인 경제활동을 하는 것이 어려워지게 됩니다. 치료를 위해서 또는 치료 후 건강관리를 위해 일을 그만두는 경우가 너무도 많습니다.

어쩌면 남성에게는 암을 치료하기 위해 필요한 치료비보다 더 큰 부담은 돈을 벌 수 없다는 점일 것입니다. 따라서 남성은 암을 중심으로 한 보장을 여성보다 더욱 강력하고 확실하게 만들어야만 합니다. 이를 통해 암 발생에 따른 치료비 부담의 완화는 물론이고, 경제활동 중단에 따른 가족의 생계를 일정부분 책임질 수 있어야 합니다.

남성에게 CI보험은 이 두 가지 목표를 달성하기 위해 반드시 필요한 상품이라고 할 수 있습니다.

남자의 10대 암을 아십니까?

암 보장을 효과적으로 하기 위해서는 어떤 암이 발생확률이 높은지, 어떤 암이 치명적인지를 살펴보는 것이 필요할 것입니다.

매년 12만 명 이상(2016년 기준 120,068명)의 남자에게 새롭게 암이 발생하고 있습니다. 발병률이 높은 암으로는 위암, 폐암, 대장암, 간암, 전립선암을 꼽을 수 있고 이 다섯 가지 암이 전체 암 발병의 65.4%를 차지하고 있습니다.

그럼, 사망률이 높은 치명적인 암은 어떤 것일까요? 2017년에 암으로 사망한 남성은 총 48,866명으로 전체 사망자의 31.7%나 되었는데, 사망률이 가장 높은 암종은 폐암(전체 암사망자의 27.1%인 13,265명)이었으며, 다음으로 간암(16.3%), 위암(10.6%), 대장암(10.3%) 췌장암(7.3%)순이었습니다.

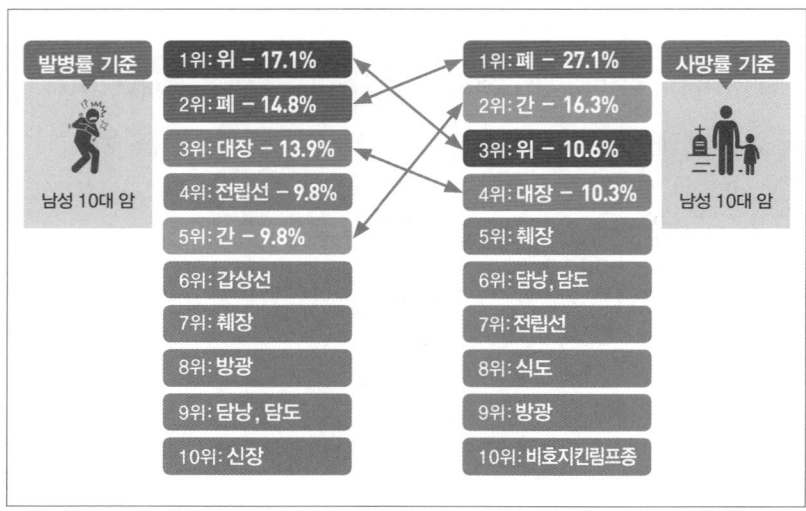

[발생률 :국가암 정보센터 2016, 사망률:2017사망원인통계 통계청]

따라서 암 발병률도 높고 사망률도 높은, 즉, 발병률과 사망률 모두 4~5위 안에 있는 위암, 폐암, 대장암, 간암은 남자에게 정말 위험하다고 할 수 있습니다. 특이한 점은 췌장암은 발병률은 낮지만 사망률이 매우 높아서 발병하면 사망할 확률이 가장 높은 암이라는 사실입니다.

남자는 50대 초반 이전에 보장을 최대한 준비해야 합니다.

남녀의 연령별 암 발생현황을 비교해 보면, 남성의 경우 44세까지는 갑상선암이 가장 많이 발생하지만 그 발생률은 여성보다 현저히 낮습니다. 여성의 경우 35세~64세 사이 암 발병 1위, 2위가 유방암과 갑상선암이지만 남성은 위암과 대장암이 가장 많습니다.

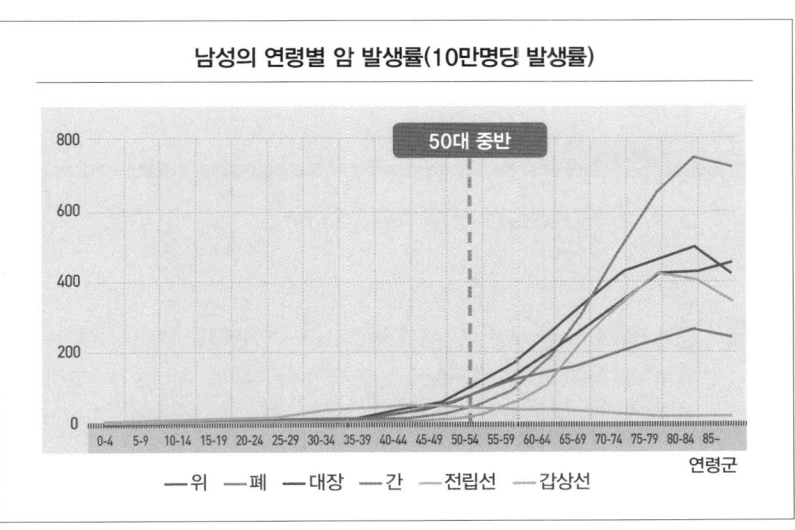

[주요암 연령군별 발생률, 국가암정보센터 2015]

특히 중장년기인 45세~69세까지는 위암이 가장 많이 발생하고, 70세 이후에는 폐암이 가장 많이 발생한 반면에, 여성의 경우 39세까지는 갑상선암이, 40세~64세까지는 유방암이, 65세 이후에는 대장암이 가장 많이 발생하고 있습니다.

여성과 달리 남성에게 많이 발생하는 암은 상대적으로 사망률이 매우 높은 암이어서 심각성이 더 크다고 할 수 있습니다.

그러므로 남성에게 있어 암 보장을 보완하고 점검할 수 있는 실질적인 마지막 기간은 50대로 봐야 할 것입니다. 이 나이 대의 남성은 반드시 자신의 암 보장을 확인해 보는 것이 반드시 필요합니다.

이렇게 상담하세요

고객 현황

50세 남성. 중소기업 임원. 자녀 3명. 중상류층

> 🧑 통계청에서 매년 사망원인 통계를 발표하고 있는데요, 제가 그 통계를 살펴보니 남자의 사망원인으로 압도적인 1위가 암이더라고요. 고객님도 잘 알고 계시리라 생각하는데요…

저도 암이라는 이야기는 들은 것 같군요

> 🧑 혹시 몇 퍼센트나 되는지 기억나세요?

그것까지는 기억이 안나네요

> 🧑 남성 사망자 중 32%가 암으로 사망한다고 합니다. 더구나 최근에는 과거에 비해 암으로 사망할 확률이 더 높아지고 있습니다. 특히, 남성이 암으로 사망할 확률이 여성보다 높아 남성 중심으로 암 보장을 강하게 해야 합니다. 혹시 남성에게 많이 발생하는 암을 알고 계신지요?

아뇨 잘 모르겠는데요?

> 🧑 여성의 경우에는 유방암과 갑상선암이 발병률 1위, 2위인데요, 이런 암은 아주 치명적인 암이라고 하지는 않습니다. 하지만 남성의 경우에는 전혀 그렇지 않습니다. 남성에게 가장 많이 발생하는 암은 위암, 폐암, 대장암, 간암 순서인데, 가장 많이 사망하는 암도 폐암, 간암, 위암, 대장암입니다. 따라서 남성이라면 이 네 가지 암에 대한 보장은 반드시 준비해야 하는 것이죠. 고객님께서도 암 보험은 당연히 있으시지요?

그럼요. 하나 있죠

정말 잘 하셨습니다. 남성의 경우에는 50대 중반을 넘으면서 암 발생이 급증합니다. 지금부터가 중요한 것이죠. 특히 암으로 인한 사망률이 점점 높아지는 추세임을 감안한다면 건강하신 지금 암 보장을 더욱 든든하게 하시는 것이 미래에 큰 도움이 되실 것 같습니다.

그림으로 풀어보는 CI 보험 실전 활용 포인트

남성을 위한 맞춤 암 보장플랜을 구성하는 방법

Q1 남성의 사망원인 1위는 무엇일까요? → 남성 사망자의 31.7%가 암으로 사망하고 있습니다.

Q2 남성에게 치명적인 암은 무엇일까요? → 발생률이 높은 암은 위암, 폐암, 대장암, 간암 순이며, 사망률이 높은 암도 폐암, 간암, 위암, 대장암순입니다.

Q3 남성은 어떻게 암 보장플랜을 만들면 좋을까요? → CI보험은 중대한 암(4대 암) 모두를 주계약으로 보장하여, 고액의 치료비 부담 뿐 아니라 이로 인한 소득 상실의 부담까지 든든하게 준비할 수 있습니다.

[상품별로 차이가 있을 수 있으므로 상품 약관을 확인하시기 바랍니다.]

암은 남성에게 있어서 아주 큰 의미를 가진 질병입니다.

Q1 남성의 경우 사망자의 31.7%가 암으로 사망하고 있어 여성에 비해 사망률이 1.6배나 높습니다. 그 만큼 남성에게 치명적입니다. 다만, 남성에게 치명적인 암은 여성과 조금 다릅니다.

Q2 유방암과 갑상선암은 전체 여성 암의 40%를 차지할 정도로 높아서 발병률로 1위, 2위이지만 이 두 암은 생존률도 높고 완치률도 높습니다. 남성에게 발생률이 높은 네 가지 암은 위암, 폐암, 대장암, 간암 순이며, 사망률이 높은 네 가지 암도 폐암, 간암, 위암, 대장암 순입니다. 이들 4가지 암은 발병률과 사망률이 모두 높은 암들입니다. 또한 남성은 50대가 지나면서 암 발생률이 급속히 증가하는 특징을 보이고 있습니다. 남성에게 있어서 암은 치료비도 부담이지만 더 이상 일을 하기 어려워지는 것이 더 큰 부담입니다.

Q3 CI보험은 중대한 암(4대 암)을 주계약으로 보장하고 있으며, 사망원인을 불문하고 고액의 사망보험금을 지급하며, 보험료의 적립기능도 강합니다. 남성에게 암은 고액의 치료비 부담 뿐 아니라 이로 인한 소득 상실의 부담까지 짊어져야 하는 질병이기에 여성에 비해 더욱 든든하게 준비해야 합니다.

19 CI Insurance

암 치료비를 주제로 한 상담 방법

암을 치료하는데 의료비는 얼마나 필요할까요?

암 치료비를 주제로 한 상담의 중요성은?

암에 걸리면 환자 자신은 물론이고 가족들도 함께 힘들어 지는 것이 현실입니다. 사망원인 1위가 암인 만큼 죽음에 대한 두려움이 가장 클 것으로 예상할 수 있지만 실제 설문조사를 해 보면 가장 큰 두려움은 경제적 부담인 것으로 나타나고 있습니다.

암 치료비를 주제로 상담을 하는 것이 중요한 이유는 바로 이 때문입니다.

치료비를 주제로 상담할 때는 "암 치료비가 매우 많이 들게 되므로 암 보장을 충실히 하세요"라고 상담하기 보다는 암에 걸리면 어떤 생각이 들고, 어떻게 행동할 것인지에 대해 고객과 함께 생각해 보는 것부터 시작하는 것이 효과적입니다. 그리고 나서 암의 종류별로 얼마나 많은 치료비가 필요한지, 그리고 실제 암 환자와 가족들은 어떻게 치료비를 준비하고 있는지를 설명합니다.

마지막으로 암 생존율이 높아지는 것은 다행이지만 이로 인한 직접 치료비 외에 소득상실에 따른 경제적 부담은 더욱 커지고 있다는 점을 강조합니다. 즉, 과거에는 직접 치료비를 중요시 했다면, 최근에는 암 생존율이 높아지면서 치료 이후에 대한 준비에 더 많은 관심을 가져야 한다는 점을 강조할 필요가 생긴 것입니다.

상담을 할 때 고객이 '아! 나도 그럴 수 있겠구나!'라는 공감이 이루어질 수 있도록 감정적 요소와 경제적 부담을 함께 느낄 수 있도록 하는 것이 핵심입니다.

만약 암에 걸린다면 무엇을 어떻게 해야 하나?

연간 약 23만 명의 암 환자가 발생하고, 174만 명의 암 유병력자가 있습니다. 2018년 기준으로 보면 약 180만명 정도로 추산됩니다. 이 중에서 65세 이상 암 유병자는 약 70만명 정도이므로, 65세 이상 인구의 10% 정도가 암을 가지고 있다고 할 수 있습니다.

주변에서도 가족 가운데 암을 앓고 있는 지인들을 쉽게 만나 볼 수 있을 정도로 암은 이미 우리 생활 속에 자리잡고 있습니다. 이들 암 환자들이 겪고 있는 가장 큰 어려움은 무엇일까요? 이에 대한 설문조사 결과를 보면 심리적, 정서적 고통은 의외로 2위(25%)로 나타났고 독보적인 1위는 경제적 어려움(42%)이라고 답하고 있습니다.

왜 그럴까요?

실제 암 환자는 절박한 마음을 가지고 보조적이고 보완적인 치료를 상당히 많이 한다고 합니다. 또한 지방에 계신 분들은 서울의 유명 암 전문 병원에서 치료를 받는 경우가 많은데, 교통비와 숙박비 부담에다가 함께하는 가족의 비용까지 지불해야 합니다. 보조식품을 섭취하거나 때로는 시골로 내려가 자연적 치유까지 생각합니다.

또 하나의 경제적 부담은 비급여 항암제가 너무 많다는 것입니다. 많은 부분을 국민건강보험에서 책임지지만 비급여가 되는 부분들도 많아 실제 경제적 부담은 적지 않은 것이 현실입니다.

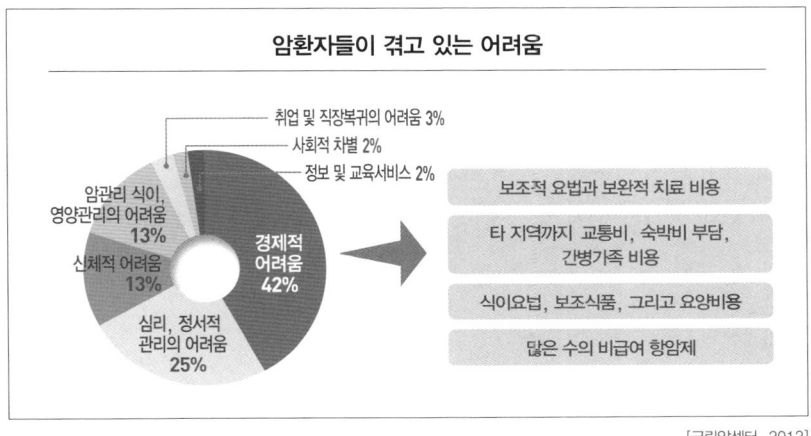

[국립암센터, 2012]

암 치료비가 1억 원이 넘는 시대? 암 치료비의 진실은?

과연 우리는 돈이 없으면 치료를 포기하게 될까요? 2010년 국립암센터 자료를 기초로 국정감사 자료가 발표되었는데, 병원비 때문에 치료를 포기한 경험이 있는 환자는 13.7%였고, 86.3%는 그래도 치료를 포기하지는 않았다고 합니다.

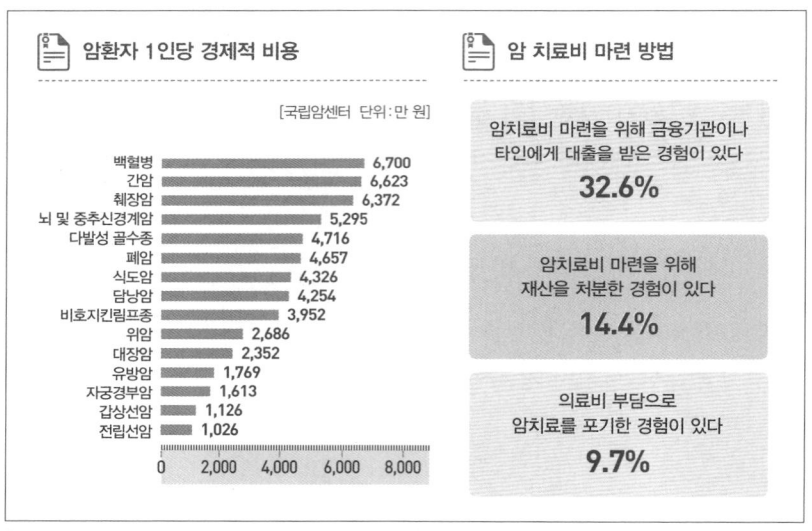

[국가암 등록통계 2010]   [국립암센터, 『2013년 국가암환자 의료비 지원 사업 만족도 조사』, 2014]

암은 종류별로 치료비가 천차만별입니다. 가장 돈이 많이 드는 암은 6천만 원이 넘고, 이른바 소액암도 1천만 원을 넘고 있습니다. 이 정도 금액은 가진 돈으로 해결할 수 있다고 생각할 수 있지만 현실은 그렇지 않은 듯합니다.

암 치료비 마련을 위해 대출을 받은 분들이 열 명 중 세 명이 넘고 재산을 처분한 분들도 15% 정도나 됩니다. 치료비는 일반적인 지출과는 달리 돈이 없어도 줄일 수가 없습니다. 돈이 없다고 치료받지 말자고 주장할 가족도 없을 것입니다. 어떻게 해서든 치료를 위해 있는 돈, 없는 돈(대출)을 다 쓰게 되기 마련이고, 세상을 떠나기 전까지 할 수 있는 방법이란 방법은 다 동원하게 되는 것이죠.

생존율이 높아지는 것은 감사하지만 문제는 또 다른 위기 발생

우리나라 암 생존율은 국제적으로도 높은 편입니다. 생존율의 증가는 통계를 살펴보면 확실하게 알 수 있습니다.

1993년에서 95년 사이의 5년 상대 생존율은 41.2%에 불과했지만 가장 최근인 2012년에서 2016년 사이 5년 상대 생존율은 무려 70.6%까지 증가했습니다. 특히 여성이 더 높게 증가했는데, 이는 상대적으로 사망률이 낮은 갑상선암이 포함되었기 때문입니다. 갑상선암을 제외한 생존율을 살펴보면 남자는 60.2%, 여자는 69.2%로 나타났습니다.

이렇게 생존율이 높아진 것은 감사하지만 생존율이 높아진 만큼 소득 상실로 인한 경제적 위기의 발생 가능성도 커졌습니다. 암 진단 후 고용상태가 변했다고 응답한 분들이 거의 절반에 가까운 46.8%였습니다. 이 중에서 실제 일을 그만 둔 사례는 84%에 이르고 있습니다.

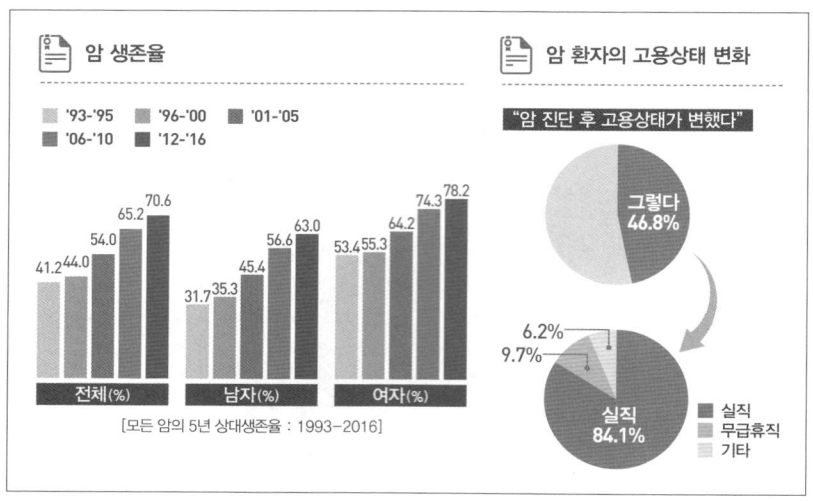

[국가암등록통계 2016]   [국립암센터, 2013년 국가암환자 의료비 지원 사업 만족도 조사, 2014]

암이 말기로 진행될수록 이런 상황은 더 심각해집니다. 더욱이 환자 자신뿐만 아니라 환자의 보호자도 일을 못 하게 될 가능성이 높아지는 것도 문제입니다.

국립암센터와 서울의대가 전국 12개 병원에서 시행한 481명의 말기암환자와 가족 381명을 대상으로 보호자의 고용형태에 대한 설문을 조사한 결과, 말기암환자 보호자 중 63.7%가 직업이 없는 것으로 나타났다고 합니다. 즉, 간병실직이 나타나는 것입니다.

당장의 현실적인 치료비보다 각종 비급여, 간병부담, 소득상실등으로 인한 다양한 경제적 부담이 더 치명적인 위험인 시대가 되었다는 점은 CI보장이 단순히 암을 치료해 가는 과정에서의 역할 그 이상으로 환자와 가족 모두에게 완치 후 제2의 삶을 마련해 주는 의미로 생각할 필요가 있습니다.

이렇게 상담하세요

고객 현황

46세 남자, 자녀 2명, 자영업(음식점) 사장님

> 식당에 손님들이 정말 많네요. 멋지게 성공하신 것 같습니다~

뭘요~ 그저 먹고 사는 정도죠.

> 사장님은 일 년에 몇 번이나 쉬세요?

거의 못 쉬죠. 추석과 설날 딱 이틀 쉽니다.

> 그러시군요~ 사장님들이 가장 힘들어 하는 것이 몸이 아파도, 병원에 갈 일이 있어도, 가게는 계속 열어야 되는 것이라고 하시던데… 사장님은 아플 때 어떻게 하세요?

저도 뭐~ 집사람에게 맡기고 병원 가고 그러죠.

> 감기나 가벼운 병은 그렇게 할 수 있지만 암과 같은 중대한 질병은 그렇게 하기가 너무 어렵다고 하더군요. 사장님께서는 건강하시니 다행이지만 실제 사업을 하시는 분들 중 암에 걸린 분은 상상하지 못하는 많은 일들을 겪는다고 합니다.

어떤 일을 겪는데요?

> 사장님도 잘 아시겠지만 요즘은 암에 걸려도 바로 사망하지는 않습니다. 5년 생존율이 거의 70%에 이르고 있으니까요. 암 진단을 받으면

대부분은 수술을 하고 치료를 하는데요, 이에 따른 치료비도 큰 부담이지만 더 큰 부담은 치료로 인해 정상적인 소득활동을 하지 못하게 되는 것이라고 합니다. 혹시라도 사장님 신변에 중대한 질병이 발생하면 식당은 어떻게 운영하실 생각이세요?

글쎄요…. 일단은 치료를 받고 그리고 몸이 먼저니까 정리하고 짐 싸서 공기 좋은 곳으로 가야 하지 않을까?

하하하 저도 그런 생각을 해 봤습니다. 다른 분들도 비슷한 생각이신데, 실제 암과 같은 병에 걸리면 사업이나 직장 생활을 하기 어려워집니다. 많은 분이 치료비만 있으면 된다고 생각하시지만 중대한 질병에 제대로 대비하기 위해서는 진단비가 충분히 준비되어야만 합니다.

그림으로 풀어보는 CI 보험 실전 활용 포인트

암 진단비가 반드시 필요한 이유

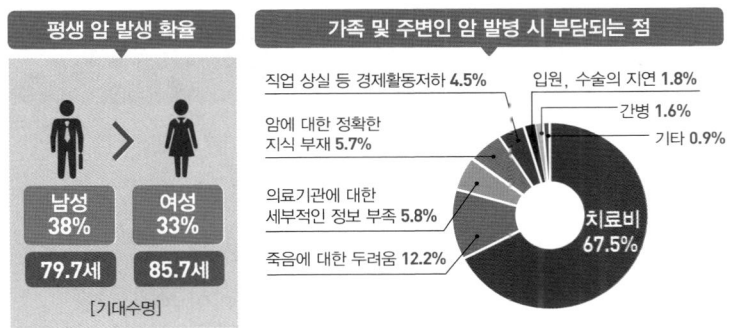

[국가암 등록사업 연례보고서 2018, 2017생명표, 사망원인통계, 통계청]   [2010년 국가암관리사업 조사 결과]

우리나라 국민들이 기대수명까지 생존할 경우, 암에 걸릴 확률은 36.2%이며, 성별로는 남성 38.3%, 여성 33.3%가 암에 걸리게 됩니다. 또한 암으로 사망할 확률도 전체 사망원인 중 압도적 1위입니다.(27.6%)

그러나 최근 눈부신 암 치료기술 발달로 암으로 인한 생존율이 높아져서 5년 상대 생존율이 70%에 달하고 있습니다. 이런 통계가 의미하는 것은 무엇일까요?

세 명 중 한 명은 암에 걸리고, 사망자 3명중 한 명은 암으로 사망하지만 암 생존율도 높아짐으로써 더 오랜 기간 암으로 인한 치료비와 관리비가 필요해 졌다는 것입니다. 그래서 가족 및 주변 분들도 암 발생시 가장 부담이 되는 것이 치료비 부담이라고 답하고 있고, 또한 암 환자 본인도 경제적 고통을 호소하고 있는데요, 치료비 부담뿐만 아니라 암으로 인해 경제활동을 하지 못하는 소득 중단의 어려움이 겹치기 때문입니다.

그래서 암과 같은 중대한 질병보장은 반드시 충분한 수준의 진단자금이 필요합니다. CI 보험의 강점 중 하나가 중대한 암에 대한 보장이 강하다는 것입니다. 한편, 암에 걸리지 않고 건강하게 노후를 맞이할 때도 함께 대비할 수 있다는 점도 장점입니다.

소액암을 주제로 한 상담 방법

소액암의 반란, 소액암이 무서운 이유는?

> **의외로 치명적일 수 있는 소액암을 주제로 한 상담시 포인트는?**

일반적으로 위암, 대장암, 폐암, 간암 등이 한국인의 생명을 위협하는 심각한 암종으로 여겨지고 있습니다. 암의 경우 5년 상대생존율을 통해 각 암종별로 치명성의 정도를 가늠해 볼 수 있습니다. 이 중 폐암이나 간암은 5년 상대생존율이 극히 낮아 한번 발병하면 오랫동안 생명을 유지하기가 힘든 것이 사실입니다.

그에 반해 소액암으로 분류되는 유방암이나 갑상선암, 전립선암 등은 그 치명성이 폐암이나 간암에 비해 훨씬 낮은 것으로 인식되어 있습니다. 그 근거 역시 5년 상대생존율인데, 갑상선암의 경우 100%에 이릅니다. 전립선암이나 유방암은 약 90%대로 이러한 암종이 발생하면 5년 안에 사망하는 환자수는 10명 중 1명 정도입니다.

하지만 소액암의 5년 상대생존율이 높지만 재발에 따른 5년 상대생존율은 상당히 낮다는 사실을 아는 분들은 많지 않습니다.

갑상선암의 재발생존율은 60% 내외 밖에는 되지 않습니다. 갑상선암의 재발에 따른 5년 상대생존율은 위암의 최초 발병 시 5년 상대생존율과 비슷하고, 전립선암이나 유방암의 재발에 따른 5년 상대생존율은 폐암이나 간암의 최초 발병 시 5년 상대생존율과 엇비슷합니다. 소액암도 재발할 경우 일반암만큼 치명적인 이유가 여기에 있습니다.

그렇다면 소액암은 재발률이 높을까요? 이 질문에 대한 답은 우려한대로 역시 '그렇습니다' 입니다. 이런 통계를 기초로 소액암도 무시할 수 없으며, 소액암이 발병한 이후에는 보험가입이 매우 어려워짐을 설명함으로써 미리 준비할 수 있도록 상담하는 것이 포인트입니다.

소액암의 반란 - 소액암의 재발률

소액암은 일반암이나 고액암과 달리 완치율이 높고 치료 후 5년 상대생존율이 높아 '착한 암'이라고 달리 부르기도 합니다. 만약 이런 질병에 걸린 분들에게 "착한 암에 걸렸네"라고 말한다면 상대방의 기분을 아주 상하게 할 것입니다. 세상에 착한 암이 어디 있겠습니까? 입장을 바꾸어 보면 전혀 그렇지 않고, 소액암은 결코 착한 암이 아닙니다.

암환자들의 가장 큰 두려움은 '재발'과 '전이'에 있습니다. 소액암이라

소액암의 재발률

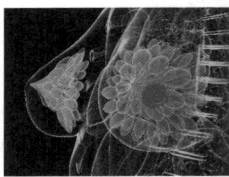
- 유방암 재발률 6~20%
  (수술 후 3~5년내)
- 5년 이상 경과 후
  유방암 재발률 25%

[한국유방암학회, 2016]

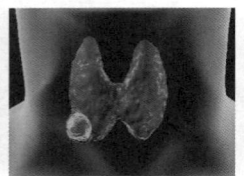
- 갑상선암 재발률
  평균 5~10%

[강남세브란스병원 갑상선내분비외과, 2016]

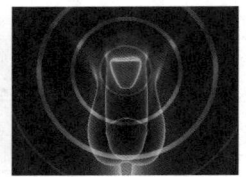
- 전립선암 약 25% 재발,
  이 중 1/3은 말기암으로
  진행

[중앙 암등록본부, 2013]

할지라도 치료 후 '재발'과 '전이'까지 없어지는 것은 아닙니다.

일반적으로 예후가 좋다는 소액암 중 유방암과 갑상선암, 그리고 전립선암의 재발률에 관해 전문의료기관의 자료를 근거로 설명하는 것이 필요합니다. 한국유방암학회가 발표한 바에 따르면 국내 유방암환자의 재발률은 6~20% 가량이 되고 이는 수술 후 3~5년내에 발생합니다. 하지만 5년 이상이 되면 재발률은 약 25%로 상승합니다.

국내 암발병률 1위인 갑상선암의 경우 5년 상대생존율이 100%에 이를 정도로 치료율이 좋습니다. 이것은 그만큼 갑상선암 발병 이후에도 오랫동안 생존할 수 있다는 의미이지만 오랜 생존기간 속에 재발의 가능성은 항상 상존하고 있다고 의학계는 보고 있습니다. 통계상 알려진 갑상선암의 재발률은 5~10% 입니다. 또한 갑상선암과 관련하여 한 가지 더 강조할 점은 림프절 등으로의 전이가 쉬워 일반암 발생 가능성까지 고려해야 한다는 것입니다.

최근 한국 남성 10대 암 가운데 빠르게 순위가 높아지고 있는 전립선암은 과거와 달리 5년 상대생존율이 매우 높아졌습니다. 하지만 우리나라의 전립선암 환자 중에는 고위험군이 상대적으로 많은 것으로 알려져 있습니다. 전립선암 환자 중 25%가 재발하며 이 중 1/3은 말기암으로 진행이 됩니다. 전립선암 역시 또 하나 강조할 점은 '전이'에 대한 위험입니다. 일반적으로 전립선암은 척추, 골반, 팔다리 등 뼈로의 전이가 많습니다.

소액암에 대한 CI보험의 목표와 혜택

대표적인 소액암인 갑상선암, 전립선암, 유방암 등의 5년 상대생존율은 위암, 폐암, 간암, 췌장암 등의 일반암과 비교해 볼 때 매우 높다는 특징이 있습니다. 최초 발병 시 치료 후 5년 상대생존율은 약 90%를 상회합니다. 심지어 갑상선암의 경우 치료 후 5년 상대생존율은 100%에 이르러 갑상선암으로 5년 내에 사망하는 사람이 거의 없을 정도입니다.

그러나 재발 시에는 5년 상대생존율이 전혀 다른 양상을 보입니다. 이 부분이 소액암의 치명성을 강조하는 핵심설명 포인트입니다. 국가 암 정보센터의 자료를 종합해보면 갑상선암의 경우 재발 시 5년 상대생존율이 69.1%로 크게 낮아집니다. 또한 유방암이나 전립선암은 각각

32.2%, 36.4%로 5년 상대생존율이 현격히 낮아지는 것으로 나타났습니다.

소액암을 일반암과 비교할 경우 최초 발병 시 5년 상대생존율이 비교적 높지만 재발 시의 5년 상대생존율은 일반암의 최초 발병 시 5년 상대생존율과 크게 다르지 않다는 점을 설명해야 합니다. 참고로 2018년에 발표된 「2016년 국가암등록사업 연례보고서」에 따르면 간암의 5년 상대생존율은 34.3%로 나타났다는 점을 근거로 상호비교를 해주면 이해를 빠르게 할 수 있습니다.

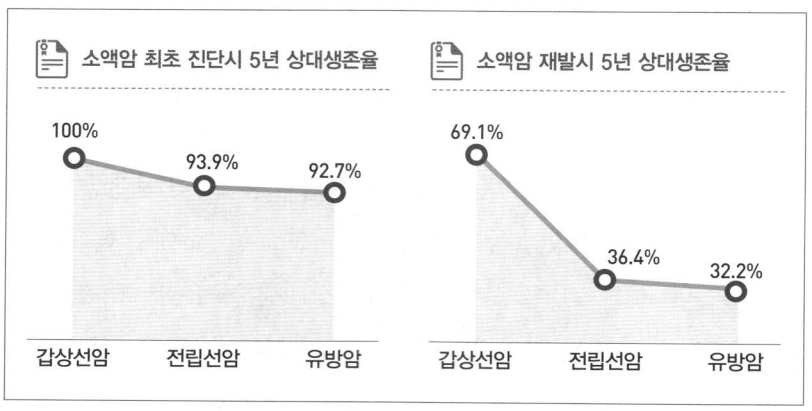

[국가암등록사업 연례보고서 2016]

소액암의 치명성을 강조해야 하는 부분은 이처럼 재발시의 5년 상대생존율에 관한 수치입니다. 소액암을 치료하고 난 이후 오랜 기간 생존하면서 항상 재발의 가능성을 염두해야 하는데 이런 재발의 가능성을 체크하기 위해 정기적인 검진은 필수적입니다.

이렇게 상담하세요

고객 현황

35세 여성, 직장인, 기혼, 자녀 1명
20대 후반에 지인을 통해 암보험 가입, 암보장의 증액을 제안하는 상담

> 고객님께서 가입하신 암보험은 소액암에 대해서 얼마의 금액이 보장되나요?

글쎄요. 잘 기억이 나지 않는데, 그런데 소액암이 뭐죠?

> 네. 보통 위암이나 대장암, 간암 등을 일반암이라고 하고 여성들이 많이 걸리는 암 중에 갑상선암이나 유방암, 특히 남성의 경우는 전립선암 등을 소액암이라고 해요. 소액암은 일반암에 비해서 치료율이 높은 암으로 알려져 있습니다. 이런 소액암의 보장금액을 잘 모르신다는 것이죠?

네.

> 그러시군요. 보통 소액암은 일반암 보장금액의 10~20% 정도 됩니다. 그럼 일반암 보장금액은 기억하고 있으세요?

네. 대략 3천만 원 정도 될 걸요.

> 네. 그렇다면 고객님의 일반암 보장금액이 3천만 원 정도 되니까 소액암은 적게는 300만 원에서 많게는 600만 원 정도 되겠네요. 이런 경우에 소액암 보장금액이 너무 적지 않을까요?

조금 전에 치료율이 좋은 암이 소액암이라면서요? 그러면 수술하고 치료를 해도 돈이 많이 들지 않을까 하는데요.

> 네. 제가 소액암은 치료율이 좋다고 말씀을 드렸죠. 그런데 소액암의 보장금액을 지금보다 크게 높여야 하는 이유가 있어서 그렇습니다. 많은 분들이 소액암을 착한 암이라고 생각하세요. 치료가 잘 되고 오래 사니까 폐암이나 간암처럼 치명적이지 않다고 생각합니다. 그런데 소

액암도 경우에 따라서는 치명적일 수가 있어요. 왜냐하면 평균수명이 길어져서 그렇습니다. 평균수명이 길어진 것과 소액암이 치명적인 것은 무슨 상관이 있을까요?

글쎄요.

🙎 소액암은 최초에 발병하고 수술치료를 받으면 완치에 가까울 정도로 치료가 잘된다고 해요. 치료가 잘 된 거니까 오래 살게 되는 것이죠. 그런데 오래 살게 되면서 재발의 위험성이 그 만큼 더 커지게 됩니다. 사실 일찍 사망하면 재발위험이 작아지기 마련이죠. 재발을 안하는 경우도 있지만 재발하면 다른 일반암 못지 않게 고약해지는 질병이 소액암입니다.

그런가요? 으음…재발하면 치료가 어려워진다는 말씀을 하시는 거죠?

🙎 네. 맞습니다. 소액암의 경우 재발할 경우 5년 상대생존율이 급격히 떨어집니다. 이런 암들이 재발할 경우 5년 상대생존율이 30%대로 하락하는 것으로 나타났습니다. 갑상선암은 60%대로 비교적 나은 편이었지만 나머지 소액암들은 재발 시 5년 상대생존율이 매우 낮게 나타났습니다.

여기에 '전이'의 위험도 매우 크죠. 유방암 환자분들은 거의 난소제거 수술을 받으시는데요, 그만큼 전이 위험이 높기 때문이라고 합니다. 고객님의 암보장에는 전이암이나 이차암 등과 같이 재진단을 받을 경우에 지급되는 보장금액이 있나요?

글쎄요. 그건 없는 듯한데…

🙎 네. 아마 그럴 겁니다. 오래전에 가입하셨던 분들은 이에 대한 보장이 없을 수 있어요. 고객님께서는 가입하셨던 암보험의 보장내용과 보장금액을 확인해 보는 것이 좋을 것 같습니다.

필요하다면 지금이라도 더 늦기 전에 보장금액을 늘리셔야 합니다. 게다가 재진단암 보장이 있는지 없는지도 제가 확인해 드리겠습니다.

그림으로 풀어보는 CI 보험 실전 활용 포인트

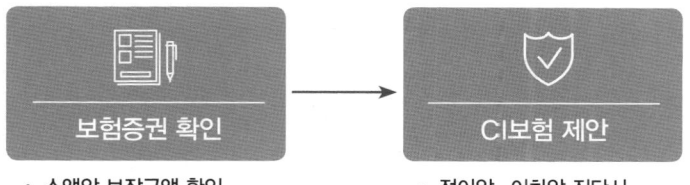

> 소액암 보장금액의 증액 필요성은 남녀, 연령고하를 막론하고 누구에게나 있으며 소액암의 전이에 따른 전이암이나 이차암 등에 대비한 CI 보장은 더 필요할 것입니다.

많은 사람들이 보험상품을 최소한 1개 이상은 가입하고 있습니다. 그리고 가입한 보험의 보장내용 안에는 암보장 관련 내용이 있을 가능성도 높습니다. 소액암의 치명성이라는 주제를 가지고 고객과 상담시 기고객군이 1차 대상입니다. 보험증권의 내용을 확인하고 보험증권에 기재된 소액암의 보장금액을 매개로 니즈환기를 합니다.

소액암의 치명성을 설명하기 위해 소액암이 '착한 암'이 아니라는 점을 환기시켜야 합니다. 소액암 역시 재발의 위험과 전이의 위험이 있다는 점 때문입니다. 관련 통계내용을 확인시키는 방법으로 소액암도 다른 암종처럼 재발과 전이의 가능성을 항상 갖고 있다는 점을 상기시키고, 특히 평균수명이 길어지면서 재발의 가능성은 더욱 커지고 있다는 점을 강조하는 것이 좋습니다.

또한 소액암의 치명성을 강조하기 위해 소액암의 재발 시 5년 상대생존율 수치를 강조합니다. 소액암 재발 시 5년 상대생존율은 매우 낮으며 간암이나 폐암 등의 '최초 발병 시 5년 상대생존율' 수치와 거의 유사함을 상호 비교함으로써 '소액암의 재발은 매우 좋지 않은 상황' 이라는 점을 설명합니다.

따라서 소액암 보장금액도 충분해야 함을 강조합니다.

두 번 받는 암보장의 필요성을 설명하는 방법

암과 다른 질병과의 차이는 재발과 전이에 있습니다.

> 암의 진정한 두려움은 재발과 전이, 2차암에 있습니다.

2016년 국내 5개 주요 병원(국립암센터, 삼성서울병원, 서울대병원, 서울성모병원, 제일병원)에서는 재발성 난소암 환자를 대상으로 연구를 진행했다고 합니다.

연구 결과, 재발성 난소암 환자들은 '재발'을 '죽음'보다 더 두려워하고 있는 것으로 나타났다고 합니다. '재발이 꽤 또는 매우 걱정된다'는 환자는 72.7%로, 죽음(42.6%)보다 1.5배 이상 많았으며, 전이(67.8%)가 뒤를 이을 정도였습니다. 환자들은 재발의 횟수와 상관없이 재발 자체에 대한 두려움을 훨씬 크게 느끼고 있는 것입니다.

누군가 암에 걸렸다고 하면 '안타깝다'는 표현을 쉽게 사용하지만 실제 암이 발병한 환자의 입장에서는 완전히 다른 느낌이라고 합니다. 암 생존자가 처한 이런 상황은 칼이 머리 위에서 언제 떨어질지 모르는 '다모클레스의 칼[주1]'로 비유되기도 합니다.

왜냐하면 암 치료로 인한 인지기능 장애, 성기능 저하, 불임, 만성피로, 외모 변화 등의 후유증과 경제적 부담, 직장복귀 등의 현실적인 일들도 헤쳐 나가야 하는 문제들로 고려해야 하기 때문입니다.

암이 완치되었고 더 이상 병원을 찾지 않는다고 해서 암환자의 치료가 모두 끝난 것이 아님을 설명하는 것이 포인트입니다.

암 생존율이 높다고? - 암 5년 생존율 70%의 비밀

2012~2016년 암 발병자의 5년 상대생존율(이하 생존율)은 70.6%로, 3명 중 2명 이상은 5년 이상 생존할 것으로 추정되었습니다. 남녀별 5년 생존율은 여성(78.2%)이 남성(63.0%)보다 높았는데, 이는 생존율이 높은 갑상선암, 유방암이 남성보다 여성에게 더 많기 때문으로 추정됩니다.

일반적으로 암이 발병하고 5년 동안 특별한 증상이 없으면 "완치"판정을 받습니다. 그런데, 다른 병은 5년 생존율을 따지지 않는데 암만 유독 5년, 10년 생존율을 따진다는 사실에 대해 의문을 가지지 않을 수 없습니다.

주1) 다모클레스의 칼 - 기원전 4세기 디오니시오스가 다모클레스를 연회에 초대하여 한 올의 말총에 매달린 칼 아래에 앉혔다. 권좌가 '언제 떨어져 내릴지 모르는 칼 밑에 있는 것처럼 항상 위기와 불안 속에 유지되고 있다'는 것을 가르쳐 주기 위해서 였다. 이 일화는 로마의 명연설가 키케로에 의해 인용되어 유명해졌고, 위기 일발의 상황을 강조할 때 '다모클레스의 칼(Sword of Damocles)'이라는 말을 속담처럼 사용하기 시작했다.

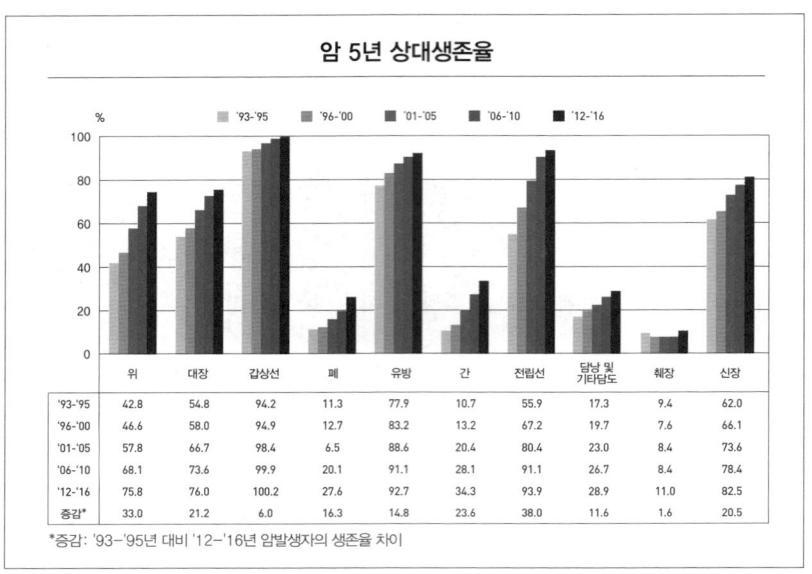

[2016 국가암등록통계]

5년이 지나면 정말 암은 완치가 되는 것일까요?

위암이 완치되었다는 A씨는 12년이 지난 어느 날 암이 재발해서 세상을 떠났습니다. 이 분은 5년, 10년 암 생존율 통계에서는 생존자로 판단됩니다. 여기서 통계 해석의 오류가 발생하여 암이 발병하여 치료를 받고 5년 동안 큰 문제가 없다면 완치라고 생각하게 만들기 쉽습니다.

안타깝게도 현재의 의학기술은 암 세포가 어떤 특성을 가지는지 알 길이 없습니다. 생존율도 의미가 다를 수 있습니다. 만약 암이 생기고 3년 후 발견되었고, 완치 판정을 받았는데 6년 후 사망했다면 5년 이상 살았으므로 완치라고 판단합니다. 한편, 암 발생 5년 후 진단받고 4년 후 사망했다면 완치에 실패한 것이죠. 둘 다 9년을 살았지만 전자는 완치라고 하고, 후자는 사망이라고 합니다.

연간 23만 명의 암 발생자가 새로 생겨나고 8만 명이 암으로 사망합니다. 단순하게 생각하면 암에 걸리면 40%가 사망한다고 추정할 수 있습니다.

암은 종류별로 생존율이 크게 차이를 보이는데, 갑상선암, 전립선암, 유방암은 생존율이 높은 암으로 거의 90%이상입니다. 이에 비해 췌장암, 담낭암, 간암은 생존율이 지극히 낮아서 발병하면 사망에 이르게 될 가능성이 매우 높습니다.

암의 특징은 재발하고 전이된다는 것입니다.

암이 무섭다고 하는 이유는 재발하고 전이될 가능성이 높은 질병이기 때문입니다.

'전이'란 암세포가 원발장기를 떠나 다른 장기로 가는 것을 말합니다. 암이 신체의 다른 부분으로 퍼지는 것은 크게 원발암에서 암조직이 성장하여 직접적으로 주위 장기를 침윤하는 것과 멀리 있는 다른 장기로 혈관이나 림프관을 따라 원격전이를 하는 것으로 나눠 볼 수 있습니다.

예를 들어 폐암의 경우, 암세포는 원발장기인 폐에서 생긴 것이나 직접

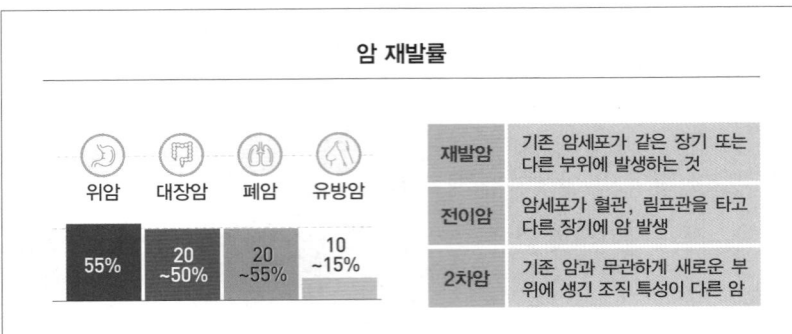

[국가암정보센터, 통계로 보는 암]

적으로 흉막까지 침윤할 수 있으며 혈관과 림프관을 따라 뇌와 간, 뼈 등의 다른 장기로 퍼질 수도 있습니다. 국립암센터가 암 환자 1만 4천 명을 대상으로 7년간 추적 조사한 결과에 따르면 암에 걸렸던 사람이 다른 암에 걸릴 확률은 일반인에 비해 2.3배 높은 것으로 나타났습니다.

1차 암의 사망률이 낮은 갑상선암, 전립선암, 유방암이라고 하더라도 안심할 수는 없습니다. 이런 암들이 재발하면 생존율이 급속히 하락하는데, 각각 69%, 36%, 32%로 급락하게 됩니다. 일반적으로 재발이 많이 되는 암은 위암, 대장암, 폐암, 유방암 등입니다.

놓치기 쉬운 2차암

암이 완치되었다고 하더라도 검진을 통해 정기적으로 관찰을 하게 되는데, 이때 놓치기 쉬운 암이 2차암입니다.

2차암은 기존 암과 무관하게 새로운 부위에 조직특성이 다른 암이 생긴 것을 말합니다. 1차암의 생존율이 높아지면서 사망시점까지 시간이 길어져 2차암 발병가능성이 크게 높아지게 되었습니다. 미국의 경우 18.4%의 환자가 1차암 경험을 가진 환자라는 통계도 있습니다.

암의 종류에 따라 2차암 발생연관성은 크게 다른데, 국내 연구를 살펴보면, 대장암 환자는 일반인에 비해 전립선암에 걸릴 확률이 2.3배나 높고 55세 이하 환자에선 20배나 높았으며, 유방암 환자의 경우 자궁내막암이 5.7배나 높게 나타났습니다. 또한 50세 이상 위암 환자가 대장암에 걸릴 가능성은 일반인의 3.5배, 대장암 환자가 위암에 걸릴 확률은 약 2배였다고 합니다.

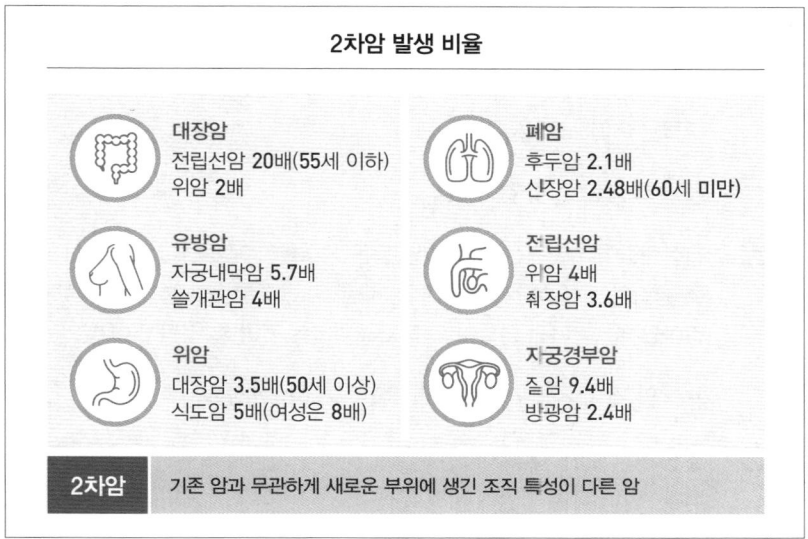

[서울성모병원, 분당서울대병원 등, 일반인의 해당 암 발생률과의 비교 수치]]

2차암이 생기는 정확한 원인은 아직 밝혀진 것이 많지 않습니다. 다만, 기존에 암을 가진 분들이 더 많이 발생하고 있다는 통계가 있을 뿐입니다. 따라서 암을 완치하신 분에게도 반드시 충분한 암 보장은 유지되어야 합니다.

이렇게 상담하세요

고객 현황

50세 남자. 중소기업 임원. 자녀 1명

> 🧑 이사님께서는 아주 건강하신 것 같은데요, 향후 어떤 질병이 가장 두려우세요? 저는 암입니다만…

저도 그렇죠

> 🧑 제 주변만 살펴봐도 그런 것 같아요. 저와 친하게 지내고 있는 동창 10명 가운데 세 명이 본인 또는 배우자가 암에 걸렸습니다. 이사님 지인 분들은 어떠세요?

음… 몇 명 그런 것 같아요.

> 🧑 갑상선암이나 전립선암, 유방암 등은 생존률이 매우 높아 사람들이 별로 심각하게 생각하지 않는데요, 실제 당사자 분들의 생각은 다른 것 같아요. 암을 가진 분들이 가장 두려워하는 것이 혹시 뭔지 아세요?

음… 알 것 같은데요? 재발 뭐… 그런 거 아닐까요?

> 🧑 맞습니다. 실제 암 환자들은 재발과 전이를 가장 두려워하고 있다고 합니다. 암이 다른 질병에 비해 무섭다고 하는 이유는 사망률이 높을 뿐

아니라 재발하고 전이될 가능성이 높은 질병이기 때문입니다. 암에 걸리면 재발과 전이가 무섭다는 것은 대부분 알고 계시는데요, 여기에 2차암 발병률까지 높아진다는 사실은 잘 모르시는 분들이 많습니다. 2차암이란 말 들어보셨는지요?

전이와 다른 건가요?

2차암은 기존 암과 무관하게 새로운 부위에 생긴 다른 암을 말합니다. 1차암의 생존율이 높아져 사망시점까지 시간이 길어지면서 2차암 발병 가능성이 크게 높아지게 되었습니다. 국내 연구를 살펴보면, 대장암 환자는 일반인에 비해 전립선암에 걸릴 확률이 2.3배나 높고 55세 이하 환자에선 20배나 높았으며, 유방암 환자의 경우 자궁내막암은 5.7배나 높게 나타났습니다.

50세 이상 위암 환자가 대장암에 걸릴 가능성은 일반인의 3.5배, 대장암 환자가 위암에 걸릴 확률은 약 2배였다고 합니다. 원인을 명확하게 밝혀내지는 못했지만 2차암도 정말 무서운 것 같습니다.

그렇군요… 재발, 전이, 2차암이라…

그래서 저는 요즘 2차암에 대한 보장도 받을 수 있도록 설계하고 있는데요, 다행히 CI보험의 특약으로 전이, 재발, 2차암까지 보장을 받을 수 있습니다.

그림으로 풀어보는 CI 보험 실전 활용 포인트

암 진단비와함께 재발에도 대비해야 하는 시대가 되었습니다.

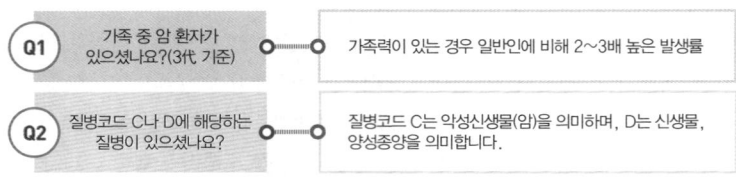

암 진단을 받고 완치를 했다고 하더라도 늘 재발이나 전이를 걱정할 수밖에 없는 것이 암이란 병의 특징입니다. 암이 다른 질병과 다르게 느껴지는 것은 재발과 전이, 2차 암 발생 등이 수시로 일어나기 때문입니다.

CI보험은 주 계약에서 암 보장을 제공하고 있을 뿐만 아니라 소액암의 치료비를 보장 받을수 있는 추가보장 특약을 함께 제공하고 있습니다. 여기에 더해서 재진단암에 대한 특약까지 함께 활용할 수 있습니다.

암을 가진 가족이 있으신 분들이나 질병코드 C나 D의 진단을 받았던 분들이라면 이와 같은 특약을 포함해 보장을 튼튼히 보강하는 것이 중요합니다.

재진단암 특약은 새로운 일반암, 전이암, 재발암, 잔여암까지도 모두 보장대상으로 포함합니다. 다만, 첫 번째 암의 진단이 확정된 후 2년이 경과한 후에 발생하는 암을 대상으로 합니다. 자세한 특약내용은 상품마다 다를 수 있으니 해당 상품의 약관을 반드시 확인해야 합니다.

CI보험의 원발암, 전이암, 재발암, 잔여암 보장혜택

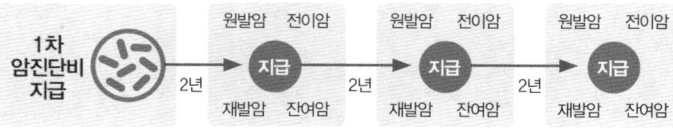

22 CI Insurance

3대 질병을 주제로 한 CI보험 판매 방법

3대 질병으로 인한 사망률, 앞으로 높아질까요? 낮아질까요?

> **3대 질병의 발생률과 사망률 변화가 중요한 이유는?**

3대 질병이란 사망률이 가장 높은 세 가지 질병을 의미합니다. 이 세 가지 질병으로 인한 사망자가 전체 사망자의 거의 절반에 이르기 때문에 3대 질병을 치명적인 질병이라고 부르기도 합니다.

이렇게 발생확률이 높고 발생하면 치명적인 결과를 초래하는 위험에 대비하는 것은 너무나 당연합니다. 보험은 확률과 치명성을 고려해서 가입해야 하는 상품이므로 미래의 발생확률 변화를 예측하는 것이 매우 중요하다고 할 수 있습니다.

이들 3대 질병을 활용하여 상담을 진행할 때에는 2가지 중요한 포인트를 기억해 두어야 합니다. 첫 번째는 3대 질병으로 인한 사망률이 앞으로 증가할 것인지 혹은 감소할 것인지를 판단하여 빨리 가입하는 것이

유리한 것인지를 따져보는 것입니다.

두 번째는 현재의 3대 질병의 치명성이 미래에도 그 위치를 유지할 것인가를 판단해 보는 것입니다. 만약, 새로운 질병이 나타나서 미래에 더 큰 위험을 가져다 준다면 이에 대한 대비를 고객에게 제안하는 것 또한 보험전문가의 사명일 것입니다.

사망률이 높은 순서를 기준으로 과거의 3대 질병은 암 → 뇌혈관질환 → 심장질환이었는데, 지금은 암 → 심장질환 → 뇌혈관질환으로 사망률의 순서가 달라졌습니다. 그렇다면 앞으로는 어떻게 변할까요? 고객과 상담할 때 주요 질병의 변화 추세와 미래의 변화를 설명할 수 있다면 고객에게 도움이 될 수 있는 보장설계가 가능할 것입니다.

남자의 절반 이상이 5대 사망원인으로 사망합니다.

미래에 발생확률이 높아질 질병이 무엇인지 알 수만 있다면 이들 질병에 대해 중점적으로 대비하고, 발생확률이 낮아질 질병에 대한 대비는 굳이 서두를 필요가 없을 것입니다. 문제는 통계를 통해 과거와 현재의 추세는 알 수 있지만, 미래는 정확히 알기 어렵다는 것입니다. 다만, 간접적으로나마 일본의 사례를 살펴봄으로써 미래를 예측해 볼 수는 있습니다. 잘 아시겠지만 일본은 우리나라보다 20년 앞서서 고령사회에 진입했습니다. 우리나라도 일본과 비슷한 추세를 보이고 있어 일본의 사례를 통해 미래 우리의 모습을 예측할 수 있을 것입니다.

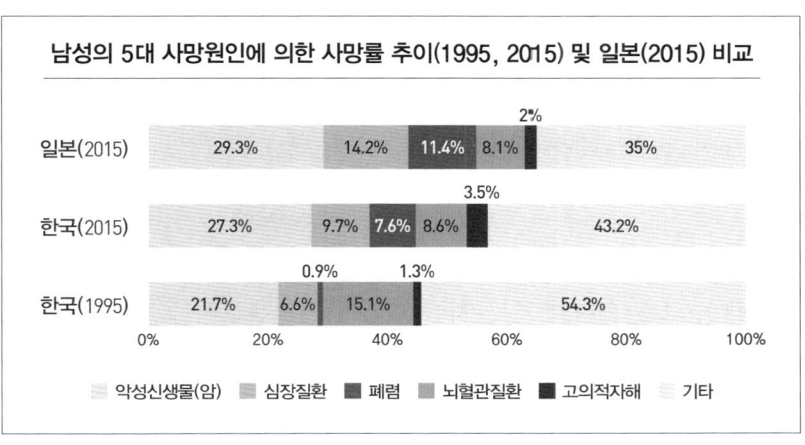

[생명표, 통계청 2015, 일본후생노동성 간이생명표 2015]

1995년 우리나라의 5대 사망원인은 암, 뇌혈관질환, 심장질환, 자살, 폐렴이었는데, 자살과 폐렴은 미미한 수준이며 3대 사망원인으로 인한 사망률이 44%에 이르고 있습니다.

20년이 지난 2015년에는 어떻게 변했을까요? 특징적인 것은 암과 심장질환으로 인한 사망률이 더욱 높아져 3대 질병의 순서가 '암 → 뇌 → 심'에서 '암 → 심 → 뇌'로 바뀌었다는 점입니다. 또 하나는 폐렴이 그 다음으로 급속히 증가하고 있음을 발견할 수 있습니다.

미래의 우리 모습이라고 할 수 있는 일본의 사례를 살펴보면 이런 추세가 더욱 강해지고 있다는 점도 알 수 있습니다. 일본의 경우 폐렴이 뇌혈관질환보다 더 높은 사망률을 보이고 있고, 폐렴을 포함한 네 가지 질병으로 인한 사망률이 무려 63%에 이르고 있습니다. 특히 암으로 인한 사망률은 남성의 경우 거의 30%에 가까울 정도로 높습니다. 사망률이 높다는 것은 그 만큼 보험을 통한 대비가 필요하고, 보험금을 받을 확률 또한 높다는 것을 의미하고 있습니다.

2018년 발표된 2017생명표 통계는 우리가 일본을 따라가고 있음을 증명해 주고 있습니다. 일본처럼 폐렴이 뇌혈관질환을 제치고 3위가 되었으며, 남성의 50% 이상이 4대 질환으로 사망할 것으로 분석되었습니다.

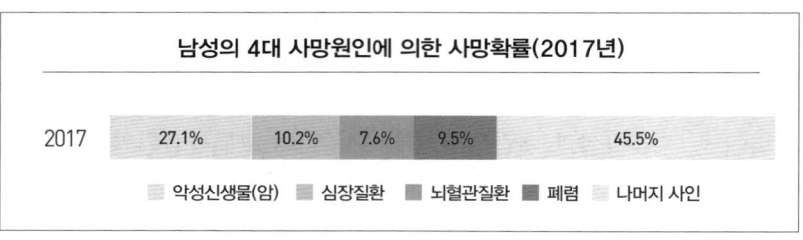

[2018년 발표 2017 생명표, 통계청]

여성, 3대 질병으로 인한 위험이 빠르게 증가하고 있습니다.

일반적으로 3대 질병을 보장하는 보험료는 여성이 훨씬 저렴합니다. 그 이유는 여성의 발생확률이 남성에 비해 낮기 때문입니다. 그런데 여성의 사망률에도 큰 변화가 발생하고 있습니다.

1995년 여성의 3대 사망원인은 뇌혈관질환 → 암 → 심장질환의 순서였습니다. 특히 뇌혈관질환의 비율이 압도적으로 높았습니다. 당시에는 기타 원인으로 인한 사망률이 60%를 넘었습니다. 20년 후인 2015년에는 암 → 심장질환 → 뇌혈관질환의 순서로 바뀌었습니다. 여기에 폐렴이 빠르게 상승하고 있습니다. 기타 원인으로 인한 사망률은 절반 정도로 줄었습니다.

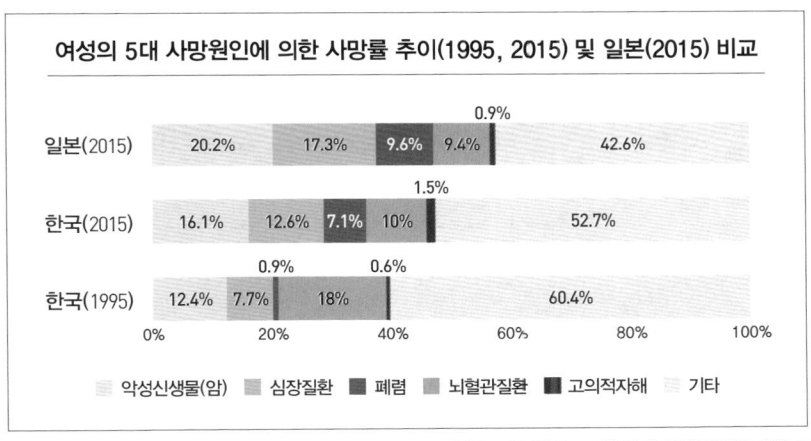

[생명표, 통계청 2015, 일본후생노동성 간이생명표 2015]

일본의 경우 3대 질병으로 인한 사망률이 우리나라에 비해 훨씬 높습니다. 특히 암과 심장질환, 폐렴 등의 사망률이 급속히 증가하고 있으며, 기타 원인으로 인한 사망률은 40% 초반으로 줄어들었습니다.

여성의 경우에도 암 → 심 → 폐 → 뇌 의 순서로 사망원인이 바뀌고 있음을 알 수 있고, 그 비율도 점점 늘어남을 알 수 있습니다. 따라서 여성도 남성과 동일하게 중대한 질병에 대한 보장을 더욱 튼튼하게 해야 할 필요성이 커지고 있습니다.

참고로 2018년 발표된 2017생명표 통계를 보면 여성의 경우도 남성과 같은 추세로 사망원인이 변하고 있음을 확인할 수 있습니다. 일본처럼 폐렴이 뇌혈관질환을 제치고 3위가 될 가능성이 매우 높아졌으며, 4대 질병으로 인한 사망확률도 점차 높아지고 있습니다.

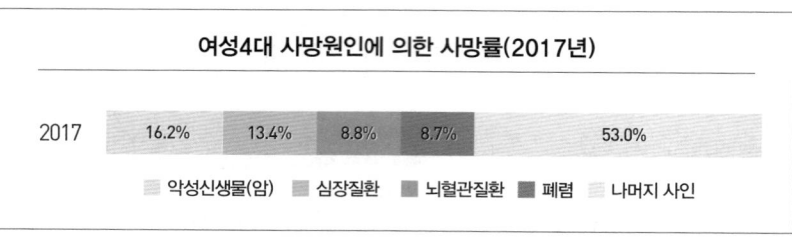

[2018년 발표 2017 생명표, 통계청]

이렇게 상담하세요

고객 현황

45세 남성, 대기업 차장.
(본 화법은 모든 고객에게 적용할 수 있습니다.)

🙂 고객님, 우리나라의 3대 사망원인이 무엇인지 알고 계시지요?

3대 사망원인 말인가요? 암은 알겠는데 다른 건 모르겠어요.

🙂 3대 사망원인의 첫 번째는 암이 맞습니다. 그 다음 심장질환과 뇌혈관질환을 3대 사망원인이라고 합니다. 이 세상에는 아주 다양한 사망원인들이 있는데요, 혹시 3대 사망원인으로 사망하는 확률이 얼마나 되는 지 알고 계세요?

글쎄요. 열에 세 명 정도? 그 정도 안 될까요?

2015년 통계를 살펴보니 남성의 45%가 3대 질병으로 사망한다고 합니다. 수 많은 사망원인 중 3대 질병이 거의 절반을 차지할 정도니 사람들이 왜 3대 질병에 대비하라고 하는지 이해가 갑니다. 고객님도 3대 질병에 대한 대비는 충분히 해 놓으셨지요?

충분한지는 모르겠지만 가입해 둔 건강보험에 말씀하신 질병보장이 있는 것 같아요.

정말 잘하셨습니다. 나중에 제가 어떤 보장에 얼마나 보험금이 지급되는지 봐 드릴게요. 그런데 고객님, 앞으로의 사망 원인은 어떻게 될까요? 3대 질병으로 인한 사망률이 높아질 것 같으세요? 아니면 의료기술의 발전으로 낮아질 것 같으세요?

음… 의료기술이 발달하고 있으니 지금보다 낮아지지 않을까요?

저도 그게 궁금하더라고요. 그래서 일본의 통계를 살펴보았습니다. 아시겠지만 일본은 우리나라보다 20년 빨리 고령사회에 진입하지 않았습니까? 일본의 통계로 우리의 미래를 미리 엿볼 수 있습니다.

통계를 보니 일본은 암, 심장질환, 뇌혈관질환, 폐렴으로 63%가 사망하는 것으로 나타나고 있습니다. 암과 심장질환으로 인한 사망률이 우리나라보다 훨씬 높고, 특징적인 것은 폐렴으로 인한 사망률이 급격히 높아지고 있다는 것입니다.

이런 중대한 질병은 의료기술이 발달해도 해결하기 어려운 질병이기 때문이 아닐까 생각됩니다.

그렇게 높은가요? 놀라운데요?

저도 놀랐습니다. 그래서 저는 고객님들을 만날 때마다 중대 질병에 대한 보장을 지금보다 더욱 확실하게 준비하셔야 한다고 말씀드리고 있습니다.

그림으로 풀어보는 CI 보험 실전 활용 포인트

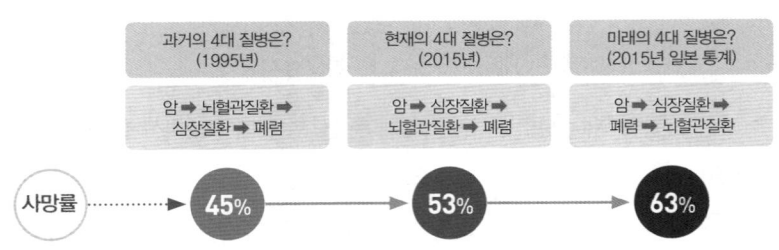

암, 심장질환, 뇌혈관질환, 폐렴 위험은 미래에 더욱 증가할 가능성이 높아지고 있어 이런 중대질병에 대한 보장은 더욱 확실해야 합니다.

먼저 고객과 3대 사망원인을 주제로 자연스럽게 대화를 시작해 보세요.

3대 사망원인이 암, 심장질환, 뇌혈관질환이라는 사실을 먼저 알려주고, 이 세가지 질병으로 인한 사망률이 얼마나 되는지 질문합니다.

그리고 나서 사망률이 어떻게 변화하고 있는지 변화에 초점을 맞추어 상담을 합니다.

여기에 폐렴을 하나 더 추가해야 하는데요, 이는 폐렴으로 인한 사망률도 크게 높아지고 있기 때문입니다. 위험률이 높아진다는 것은 그 만큼 보험금을 받을 확률이 높아진다는 것이고, 또한 고객 인생에 치명적인 위험이라는 것을 의미합니다.

CI보험은 이런 미래 변화에 가장 잘 대응할 수 있는 보험상품임을 이 통계를 통해 설명할 수 있습니다. CI보험에서 보험금을 선지급하는 중대한 질병이 바로 중대한 암, 중대한 급성심근경색증, 중대한 뇌졸중, 말기 폐질환 등이기 때문입니다.

> **[상담 시 필요한 통계]**
> 상담 시 미리 기억해야 할 수치가 있습니다. 4대 질병으로 인한 사망률의 변화인데요. 남자를 기준으로 설명합니다. (여성 고객의 경우에는 남, 녀 통계를 모두 알려주셔야 남편을 위한 보험 가입도 제안할 수 있습니다.)
>
> 1995년은 45%인 사망률이 2017년 55%로 크게 증가했고, 우리의 미래 모습을 볼 수 있는 일본의 경우 63%로 더욱 높은 사망률을 나타내고 있음을 꼭 외워두실 필요가 있습니다.

23
CI Insurance

노후에 맞이하게 될 질병을 주제로 한 상담방법

의료비 파산을
아십니까?

> 나이가 들면 누구에게나 발생하게 되는 질병을 주제로 상담할 때의 포인트는?

고객들도 자신이 나이가 들면 어떤 일이 일어날지 한 번쯤은 생각해 보았을 것입니다. 병이 생기고, 아파서 병원에 다니다가, 입원하고, 수술받은 후 병원에서 생을 마감할 가능성이 높다는 것을 대충은 알고 있습니다.

그러나 이런 상황을 안다고 해서 보험을 통해 준비해 놓지는 않습니다. 조사 결과를 보면 의료비를 보험으로 준비하는 규모는 1천만 원이 넘지 않는 것으로 나타나고 있습니다. 단순히 안다는 것과 그것을 실제 준비하기 위해 행동으로 옮기는 것은 큰 차이가 있습니다.

예상보다 큰 지출인 노후 의료비에 대비해 보험가입을 반드시 해야 함을 알리고 실행하도록 하기 위해서는 어떻게 상담을 해야 할까요?

우선, 나이가 들면 어떤 병으로 입원하고, 치료하고, 약을 먹는지에 대해 알려줄 필요가 있습니다. 그런데, 이런 질병들은 대부분 바로 사망하는 병들이 아닙니다. 완치는 되지 않으면서 계속 의료비가 지출되는 특징을 가지고 있습니다.

상담의 포인트는 부모세대의 계속되는 의료비 지출은 결국 '노후 의료비 파산'으로 이어지게 되고, 이는 자녀세대에 까지 영향을 미친다는 사실을 설명하는 것입니다.

일반적으로 노후세대의 의료비 지출 패턴은 다음과 같은 단계에 따라 그 어려움이 점점 확대된다는 특성을 가지고 있습니다.

1단계 : 병에 걸려 치료를 하는 단계로 가진 돈으로 지출하는 단계
2단계 : 치료가 되었다가 다시 재발, 후유증 발생에 따라 가진 돈이 부족해 지는 단계
3단계 : 간병단계로 간병비보다 소득이 낮으면 가족이 일을 그만두고 간병에 전념하면서 소득이 중단되는 단계
4단계 : 간병기간 중 수술등으로 인해 많은 돈이 지출되면서 자녀에게 부담이 전가되는 단계

준비되지 않은 의료비 지출로 인한 의료비 파산은 부모세대의 파산에

서 그치는 것이 아니라 자녀세대로 이전된다는 점이 핵심이라고 할 수 있습니다.

노인이 되면 가장 많이 입원하는 질병을 아십니까?

2000년 이후에 수술이 가장 급증한 질병 중 하나가 백내장 수술입니다. 수술 건수가 가장 많은 백내장 수술은 2012년에 42만 건에서 2017년에는 55만 건으로 크게 증가하였습니다. 당연히 입원 환자도 많아져서, 65세 이상 노인이 가장 많이 입원하는 질병은 노년 백내장(20만 6,060명), 치매(10만 2,585명), 상세 불명 병원체의 폐렴(9만 4,209명) 등의 순으로 나타났습니다.

이 통계가 주는 시사점은 나이가 들면 대부분 질병을 가지게 된다는 점입니다. 즉, 나이가 들면 피할 수 없는 것이 질병이고, 당장 사망에 이르지는 않지만 지속적인 치료가 필요하다는 것을 보여주고 있습니다.

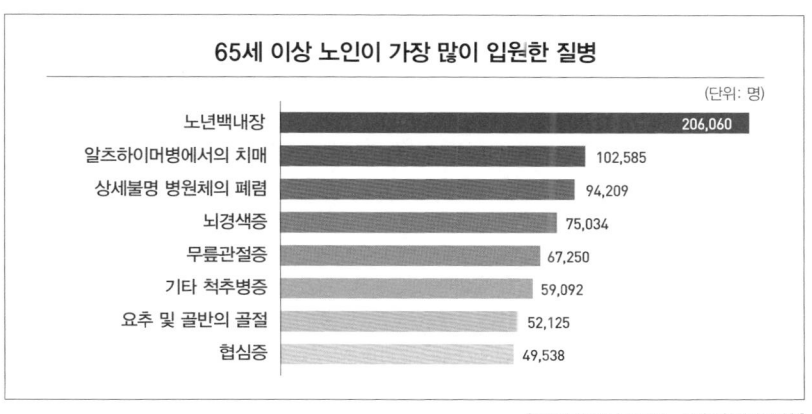

[2017 진료비 통계지표, 건강보험심사평가원]

또한 노인이 되면 하나의 질병이 아니라 여러 개의 질병을 앓게 되는데, 예를 들어 백내장 수술을 하신 분이 척추가 아파 수술을 하고, 골절로 입원을 하게 됩니다. 노년기 질병의 특징 중 하나가 바로 지속, 반복, 순환된다는 것입니다.

이에 따라 진료비도 급증할 수밖에 없는데, 2017년 65세 이상 연령대의 1인당 연간 진료비는 약 399만 원으로 전체 1인당 연간 진료비(137만 원)의 3배나 되고 있습니다. 13.4%인 노인이 전체 진료비의 40.9%를 사용하고 있는 것입니다.(2017년 기준)

| 노인이 되면 가장 많이 진료를 받는 질병을 아십니까?

외래진료란 병원에 입원하지 않고 통원치료를 하는 것입니다. 외래의 경우 본태성 고혈압(258만 명), 치은염 및 치주질환(237만 명), 급성 기관지염 (191만 명) 등의 순으로 진료를 많이 받았는데, 외래 진료가 많은 질병들 역시 공통점이 있습니다.

일단, 나이가 들면 생길 수밖에 없는 병들이라는 것입니다. 그리고 당장 사망하지 않는 병들로 아프고, 힘들기만 한 병들입니다. 그러면서 완치도 되지 않고 약은 계속 먹어야 하는 병들입니다.

그런데, 심각하지도 않은 이런 병들이 왜 주목을 받을까요? 그 이유 중 하나가 의료화 현상 때문입니다. 의료화 현상이란 병의 원인이 밝혀지고, 밝혀진 병은 치료할 수밖에 없게 되며, 이로 인한 치료비가 가정경제에 큰 부담으로 연결되는 현상을 말합니다.

진단기술이 발전하면 할수록 의료화 현상은 더 심해질 것입니다. 특히 만성질환은 완치라는 것이 없습니다. 관리를 잘하면 계속 유지되는 것이고, 관리를 못 하면 심각한 합병증으로 발전하는 것입니다.

노인 다빈도 질병(외래)

(단위 : 천명, 원)

순위	질병명	진료인원	1인당진료비	증감률(%)
1	본태성(원발성)고혈압	2,580	138,309	5.9
2	치은염 및 치주질환	2,373	80,934	15.7
3	급성기관지염	1,908	41,862	7.5
4	등통증	1,491	164,903	8.6
5	무릎관절증	1,471	212,510	8.4
6	2형 당뇨병	1,100	174,105	14.7
7	위염 및 십이지장염	1,088	46,958	4.7
8	치아 및 지지구조의 기타장애	1,016	1,278,461	26.3
9	위-식도역류병	984	60,278	8.5
10	기타 척추병증	982	220,864	11.8

주) 수진기준, 순위는 진료인원 순

['2017년 건강보험통계연보, 건강보험심사평가원]

가랑비에 옷 젖는 의료비

의료비 부담은 재난에 가까울 정도로 심각합니다. 이에 따라 정부는 재난적 의료비 지원사업을 실시하고 있는데, 의료비가 가구의 부담 능력을 넘어설 정도로 많이 발생했을 때 건강보험이 지원하지 않는 의료비

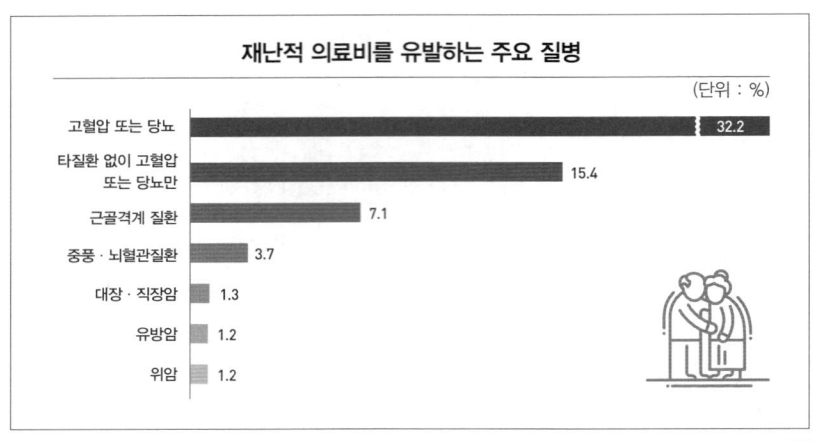

[2013, KDI 고령화를 준비하는 건강보험 정책 방향]

를 연간 최대 2천만 원까지 지원하는 제도로, 소득하위 50%(기준중위 소득 100%이하)세대를 대상으로 소득대비 20%를 초과하는 경우에 해당됩니다.

개인이 부담하는 의료비의 크기로 본다면 암과 뇌혈관 질환 등이 치료비가 가장 많이 필요한 질병인데, 이들 의료비의 특징은 목돈이 일시에 들어간다는 점입니다.

우리나라 국민에게 재난적 의료비 부담이 가장 큰 질병은 고혈압과 당뇨가 차지하는 비중이 절대적으로 높고 금액으로는 신부전증이고, 그 다음으로 기타 배병증, 관절증, 뇌경색증 순으로 나타나고 있습니다. 그래서 사람들은 급성중증질환으로 인해 재난적 의료비가 발생한다고 생각하기 쉬운데, 실제로 재난적 의료비의 원인이 되는 질병은 의외로 만성질환이라고 합니다.

만성질환은 나이가 들수록, 소득이 낮아질수록 더 흔한 병인데, 만성질환의 대표인 고혈압과 당뇨는 뇌, 심장, 신장질환 등의 합병증을 일으킵니다. 나이가 들면 만성질환을 앓게 되고, 만성질환은 합병증을 일으키고, 합병증으로 인해 의료비 부담을 점차 커지고, 그러다… 의료비 파산으로 연결되는 것입니다.

재난적 의료비를 유발하는 주요 질병은 큰 목돈이 필요한 질병이 아니라 매년 계속하여 반복적으로 의료비가 지출되는 만성질환이라는 사실에 유의해야 합니다.

이렇게 상담하세요

고객 현황

48세 남성, 논리적 성격을 가진 대기업 계열 연구소 연구원

 고객님 나이대의 고객들을 만나면 부모님의 치료비나 간병비를 부담하고 있는 분들이 많은데요, 혹시 고객님 친구분 중에도 그런 분들이 있으시죠?

친구뿐만 아니라 저도 그러고 있어요. 아직 큰 돈이 들지는 않지만 앞으로가 걱정이네요.

🙂 그러게 말입니다. 의료비에도 지출 패턴이 있다고 하는데, 혹시 들어보신적 있으세요?

지출 패턴요? 처음 듣는데요?

🙂 그러시군요. 의료비 지출 패턴을 단계별로 설명드릴께요. 먼저 병에 걸리고 치료를 받습니다. 이 때는 가진 돈을 사용할 수 있는 단계입니다. 다음으로 다시 재발, 전이가 일어납니다. 가진 돈이 부족해 지는 단계로 진입하는 것이죠. 그 다음은 완치되지 않고 간병이 시작됩니다. 이 때 간병비보다 소득이 낮으면 일을 그만두고 간병에 전념할 수 밖에 없습니다. 소득이 중단되는 단계로 가는 것이지요. 그리고 간병의 마지막 단계에 목돈이 들어갑니다. 이 단계에서는 고액의 치료, 간병비가 자녀에게 전가됩니다.

그 다음은 예상하시겠지만 의료비 파산으로 가는 것이죠.

맞아요. 제 주변에도 부모님 간병비 지원하느라 저축을 하지 못하는 분들이 꽤 있는 것 같아요. 휴~ 나는 그러지 말아야 하는데…

🙂 자녀나 배우자가 간병 고통에서 조금이나마 벗어나기 위해서는 역시 돈이 필요합니다. 물론 돈이 있어도 간병을 피할 수는 없지만 그래도 숨은 쉴 수 있다고들 합니다.

노후의료비가 얼마나 필요한지에 대한 생명보험사회공헌위원회의 조사가 있었는데, 1인당 8,100만원 정도가 든다고 합니다. 부부면 1억 6천만 원인데, 갑자기 이 돈을 마련하려면 어려울 수밖에 없습니다. 하지만 적은 돈으로 이를 준비할 수는 있는데요, CI보험이 해결해 줄 수 있을 것 같습니다.

그림으로 풀어보는 CI 보험 실전 활용 포인트

📄 만 65세 이후 총진료비 추산

📄 현재 가입한 민간보험으로 충당할 수 있는 노후 의료비

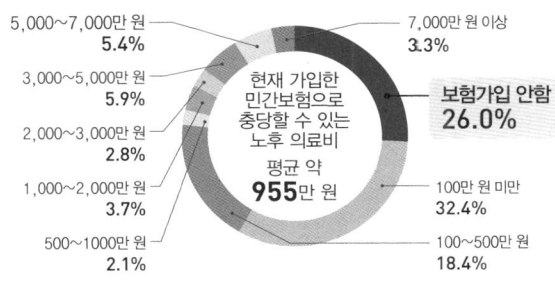

노인 의료비 1인당 8,100만 원 시대

생명보험사회공헌위원회가 건강보험심사평가원 '2016년 의료비통계지표'와 통계청 '2016년 생명표'를 토대로 우리나라 국민이 만 65세 이후 필요한 총의료비를 분석해 보니 1인당 평균 8,100만 원으로 나타났다고 합니다.

여성(9,094만 원)이 남성(7,030만 원)보다 많은 건 당연합니다. 그렇다면 실제 우리나라 국민들은 노후 의료비로 얼마를 예상하고 있을까요? 평균 2,538만 원 정도면 될 것으로 예상하고 있다고 합니다. 하지만 실제 민간보험으로 준비된 액수는 전체 평균으로 955만 원 수준이라고 합니다.

그림으로 풀어보는 CI 보험 실전 활용 포인트

'노후 의료비 파산'이란 말이 있는데, 정상적인 가정이라고 해서 의료비 파산 위험이 없는 것이 아닙니다. 의료비 때문에 파산하는 과정을 살펴보면,

병에 걸리고 치료하는 단계 → 치료가 되고 다시 재발, 전이 또는 후유증 발생 단계 → 완치되지 않고 간병 지속 단계 → 간병 기간 중 수술 등으로 인해 목돈이 필요하게 되고 이로 인해 자신이 가진 돈을 모두 지출하고, 소득도 중단된 상태에서 마지막으로 자녀에게 직접적인 경제적 부담이 전가되는 단계로 이어지게 됩니다.

부모가 아픈데 돈 없다고 치료하지 말자는 자녀는 없을 것입니다. 치료비는 절약할 수 있는 다른 소비지출과는 성격이 완전히 다릅니다. 준비되지 않은 노후는 자녀세대에까지 영향을 미치게 됩니다.

장기간병을 주제로 한 니즈환기 방법

어른들이 가장 두려워하는 질병 1위를 아십니까?

치매를 주제로 한 상담이 중요한 이유는?

우리나라의 사망원인 1위인 병이 암이기 때문에 사람들은 대체로 암을 가장 두려운 질병으로 꼽고 있습니다. 그런데, 노인 분들이 정말 두려워하는 병은 암이 아니라고 합니다. 바로 치매입니다.

치매가 왜 가장 두려운 질병이 되었을까요? 치매는 자기 자신을 잃어가는 병이기 때문이고, 장기간 간병을 받아야 하기에 경제적으로 적지 않은 부담은 물론, 가족들에게도 장기간 정신적, 경제적인 큰 고통을 주기 때문입니다.

치매가 왜 발생하는지에 대해서는 아직도 많은 연구가 필요하지만 평균수명이 긴 나라일수록 치매환자가 많다는 사실은 확실합니다. 치매는 인간의 수명이 길어지면서 피할 수 없는 질병이 되고 있습니다.

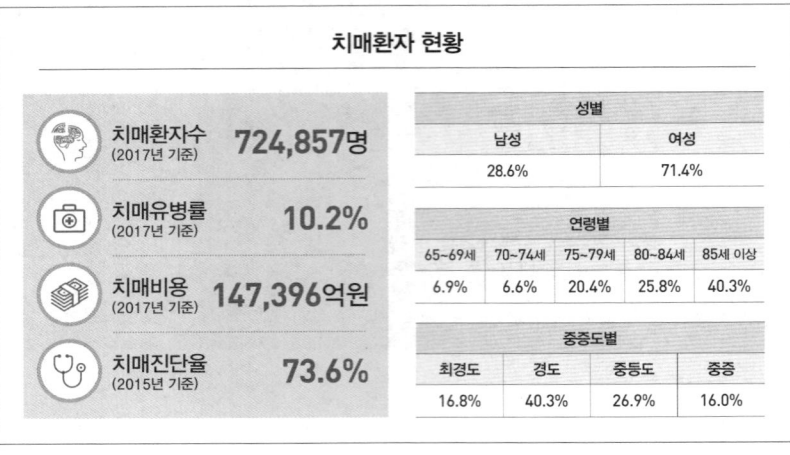

[중앙치매센터 2017년 연차보고서]

CI보험은 LTC 보장을 주계약으로 보장하고 있습니다. LTC 보장의 한 축이 중증치매상태 발생 시 보험금을 지급하는 것인데, 치매는 중장년층 고객 대부분이 관심과 두려움을 가지는 질병이기에 이를 주제로 상담을 진행하면 효과적일 것입니다.

치매를 주제로 한 상담시 알아야 할 네 가지 핵심사항은,
① 치매 환자가 급격히 늘어나고 있다는 것
② 나이가 많아질수록 치매의 위험이 더욱 높아진다는 것
③ 부부 두 사람 모두가 대상이 될 수 있다는 것
④ 치매 발생에 따른 요양치료비의 부담이 1년 평균 2천만 원이 넘고 있다는 것입니다.

치매 환자, 12분 마다 1명씩 발병, 여성이 세 배 이상 높습니다

2016년 우리나라 노인인구가 약 680만 명인데 치매 환자는 66만 명으로 노인인구 가운데 거의 9.8%가 치매 환자인 것으로 추정되고 있습니다. 치매로 가는 관문인 추정경도인지장애 환자는 150만명으로 노인 중 22.4%에 달하고 있습니다. 이분들은 더 나이가 들면 치매로 발전할 가능성이 높은 것이죠.

실제로도 치매 환자는 급속히 늘고 있어 2017년 기준으로 72만 명, 노인의 10.2%가 치매환자로 추정되고 있습니다. 고령은 치매의 가장 일관되고 강력한 위험인자로서 연령이 높아지던 치매 유병률도 급격하게 높아지게 됩니다. 65세 이상 노인에서 연령이 5세 증가할 때 마다 치매 유병률은 2배 정도 높아져서 65~69세의 유병률은 7% 정도인데 80~84세 노인들의 경우는 약 25% 정도의 치매 유병률을 보이고 있습니다.

한편, 여성 치매 환자가 남성에 비해 세 배 이상 높다는 것도 주목할 만한데, 이는 여성이 남성에 비해 평균 수명이 6년~7년 이상 길기 때문입니다. 29 : 71, 이 숫자는 남성과 여성의 치매환자 비율입니다.

따라서 남편은 향후 부인에게 닥쳐올 상황을 미리 이해하고 부인과 자녀들을 위한 배려를 미리 준비하여야 합니다.

노인 **늘어나고**, 부담 **늘어나고**, 경제활동인구 **줄어들고**

[늘어나고] 노인인구 비중이 급속히 늘어나 2050년이 되면 일본 다음으로 노인인구 비율이 높아질 것이 분명하고, 이에 따른 노인 의료비도 급속히 증가하게 될 것으로 예상됩니다. 실제 건강보험 전체 의료비 중 65세 이상 노인 진료비의 비중이 2010년 32.2%였지만, 2016년에는 38.7%, 2017년에는 40.9%로 늘어났습니다. 2030년에는 노인 의료비로 90조 원의 재정이 사용될 것으로 추정하고 있습니다.

[늘어나고] 치매 관련 비용은 더 빨리 늘어나고 있는데, 2015년 8.8조 원 정도였던 것이 2050년이 되면 100조 원을 넘을 전망입니다. 1인당 연간 치매관리 비용도 2010년 1,851만 원에서 2016년 2,054만 원으로 늘어나고 있는 추세입니다. 2016년 기준으로 치매 환자 1인당 관리 비용은 전체 가구소득의 46.1%를 차지할 만큼 엄청난 부담이 되고 있습니다.

[줄어들고] 한편, 건강보험료를 낼 경제활동인구는 급속히 감소할 것으로 예상됩니다. 한국은행의 '인구고령화가 장래 노동공급규모에 미칠 영향 추정' 보고서에 따르면 핵심생산가능인구의 규모는 2016년 기준 약 3,760만 명인 15~64세 인구가 2050년까지 2,590만 명으로 감소할 것으로 전망되고 있습니다. 향후 30년간 핵심생산가능인구가 1,170만 명(31%) 가량 감소한다는 의미입니다.

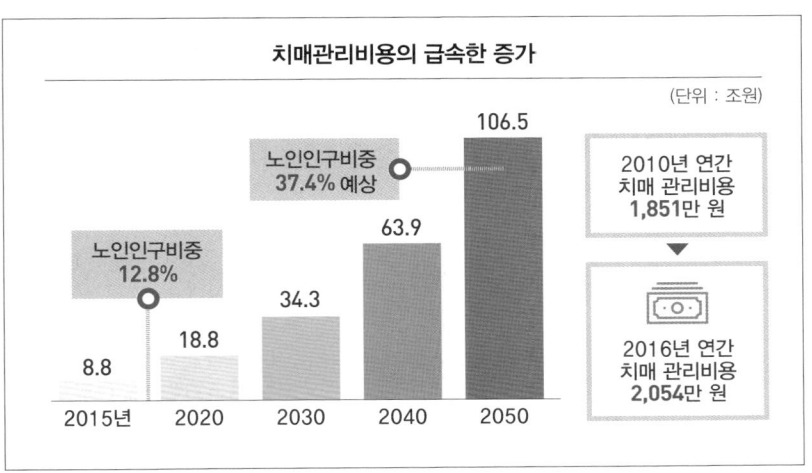

[중앙치매센터, 2017년 연차보고서, 국민건강보험공단 고령화 사회를 대비한 효율적 관리방안 2017]

치매, 나이가 들면 누구나 걸릴 수 있다는 두려움

고객과 치매를 주제로 대화를 해 보면 고객 마음 속에 아주 큰 두려움이 자리잡고 있음을 느끼게 됩니다. 그 이유는 무엇일까요?

먼저, 치매는 누구나 걸릴 수 있는 병이라고 생각하기 때문입니다. 부자나 고관대작에게도 예외는 없습니다. 실제로 2013년에 57만 명 정도였던 치매 환자가 2017년에는 72만 명이 되었고, 2050년에는 270만 명이나 될 것으로 예측되니 걱정은 당연한 듯합니다.

치매로 인해 발생되는 가장 큰 어려움은 역시 돈과 감정의 문제입니다. '오랜 병에 효자없다'는 말처럼 치매는 치료비 부담은 물론 간병부담으

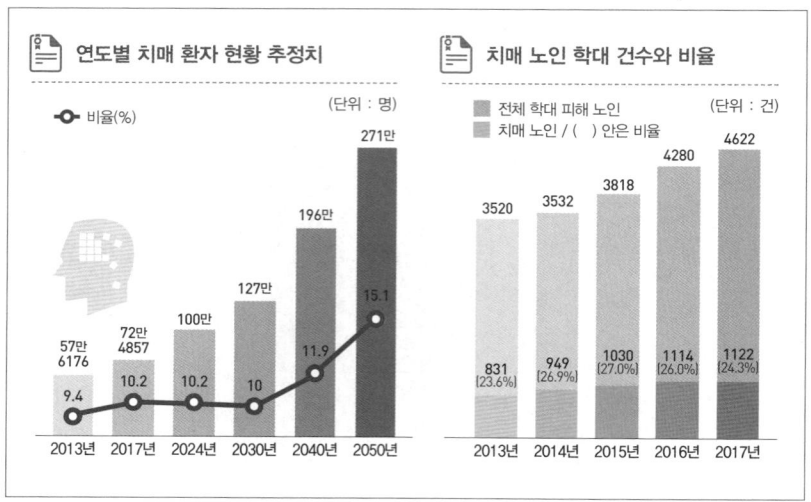

[중앙치매센터, 2017년 연차보고서]   [보건복지부, 중앙노인보호전문기관]

로 인한 가족간 다툼이 함께 생기게 됩니다. 심지어 치매 환자에 대한 가족 내 학대가 심각한 사회 문제가 되기도 합니다.

우리가 만약 나이가 들어서 치매에 걸린다면 어떻게 해야 할까요? 자녀나 배우자에게 부담을 주지 않으면서 충실한 간병을 받으려면 좋은 시설을 갖춘 요양원을 활용하는 수 밖에 없습니다. 이런 곳들은 상당히 비쌉니다. 노인장기요양보험의 지원을 받더라도 개인적으로 상당한 금액을 지불해야 하는 곳도 많습니다. 이를 대비한 준비가 바로 CI보험의 LTC 보장입니다.

이렇게 상담하세요

고객 현황

57세 여성, 전업 주부. 총 자산 10억 원 정도 보유. 남편은 자영업 종사. 자녀 2명 모두 직장 생활 중.

🙋 고객님, 어르신들이 가장 두려워하는 질병이 뭔지 혹시 아세요?

음… 암이겠지요? 가장 많이 돌아가시니까….

🙋 그럴 것 같은데, 아닙니다. 치매를 가장 두려워하신다고 해요.

아~ 그럴 수 있겠네요.

🙋 설문조사 결과도 그렇고, 실제 제가 고객과 치매를 주제로 대화를 해 보면 마음속으로 아주 큰 두려움을 느끼시는 것 같아요.

제 생각에는 두 가지 우려가 있는 듯한데요. 치매는 누구나 걸릴 수 있는 병이라고 생각하기 때문입니다. 실제로 2013년 57만 명 정도였던 치매 환자가 2017년에는 72만 명이 되었고, 2050년에는 270만 명이나 될 것이라고 하니 걱정스럽죠.

또 하나의 우려는 돈과 감정의 문제인데, 치매로 인한 치료비 부담과 함께 가족의 간병 고통이 상당하다는 것입니다. 그리고 최근에는 늘어나는 치매 환자에 대한 가족의 학대가 심각한 사회 문제가 되기 시작했습니다. 저도 가끔 '만약 내가 치매에 걸리면 어떻게 해야 할까?'라는 생각을 해 봅니다. 고객님은 생각해 보신 적 있으세요?

저도 주변을 살펴보면서 가끔 그런 생각을 하긴 해요. 어떻게 해야 할지 막막하긴 하네요.

🙋 현재 노인인구는 전체 인구의 14% 정도인데요, 2050년이 되면 일본 다음으로 노인인구 비율이 높아져 37%까지 늘어날 것이라고 해요. 이로 인해 노인 진료비는 엄청나게 빨리 상승하게 될 것이 분명한데, 국민건강보험 전체 의료비 중 65세 이상 노인 진료비의 비중이 2010년 32.2%였는데, 2017년에는 40.9%로 늘어났습니다.

치매 관련 비용은 더 빨리 늘어나고 있는데요, 2015년 8.8조 원 정도였던 것이 2050년이 되면 100조 원을 넘을 전망이라고 합니다. 정말 엄청나죠?

그러게요. 정말 엄청나네요

🙋 1인 당 연간 치매 관리비용도 2010년 1,851만 원에서 2016년 2,054만 원으로 크게 늘어나서 전체 가구소득의 46.1%를 차지할 만큼 엄청난 부담이 되고 있습니다. 앞으로는 더 심해지겠죠?

물론 국가가 어느 정도 노인장기요양보험으로 지원한다고 하지만 가족의 경제적 부담도 만만치 않을 것 같아요.

그러게요. 제 주변에도 고생하시는 분들이 많으신 것 같아요.

🙋 준비되지 않은 상황에서 발생하는 치매는 자녀에게까지 부담이 될 거예요.

치매가 생기면 12.6년을 더 산다는 연구 결과도 있더라고요. 그래서 저는 이에 대비하라고 고객 분들께 조언해 드리고, 보험가입 시에는 반드시 장기간병에 대한 보장이 있는 보험을 선택하라고 권유드리고 있는데, 마침 저희 회사에서 여기에 맞는 좋은 상품이 최근 출시되었답니다.

그림으로 풀어보는 CI 보험 실전 활용 포인트

임상치매척도(Clinical Dementia Rating, CDR)

경증치매	중등도치매	중증치매	말기치매
CDR척도1	CDR척도2	CDR척도3	CDR척도4~5
기억장애 (일상생활에 지장을 초래하는 정도)	반복학습된 과거기억만 있음 (새로운 정보 저장 못함)	심한 기억장애 (단편적 기억만 보존)	심한 기억장애 및 전혀 기억력 없음(의사소통불가)
정상처럼 보이나 길을 찾기에 장애가 있음	시간과 장소에 대한 지남력 거의 상실	사람에 대한 지남력만 있음. 장소 기억 없음	집 밖에서 아무것도 할 수 없음

치매를 판단하는 기준으로 CDR척도라는 것을 사용합니다.
임상치매척도(Clinical Dementia Rating, CDR)는 1979년 워싱턴대학의 알츠하이머병 연구센터에서 치매의 중등도를 평가하기 위해 개발되었습니다.

치매 진단기준은 보험금을 받는데 중요합니다. 먼저, 치매 전 단계인 '경도인지장애'가 있습니다. 경도인지장애는 일상생활은 유지되나 인지기능이 떨어진 상태를 의미합니다. CDR기준으로 1보다 작은 경우로 지난 5년간 3배나 증가하였으며, 경도인지장애 진단을 받은 환자의 80%가 5년 이내에 치매로 발전한다고 합니다.

CDR 1은 일상생활에 지장을 초래하는 정도의 기억장애인데, 겉보기에는 문제가 없어 보이나 집을 찾지 못할 수준의 장애를 의미합니다. CDR 2는 과거 기억만을 가지며 새로운 정보를 저장하지 못하고 집을 찾는 것 자체가 거의 불가능한 정도입니다. CDR 3 이상은 거의 기억하지 못하고 의사소통도 힘든 정도입니다.

CI보험의 LTC 보장은 CDR척도 3 이상일 때 지급되는 것이 일반적입니다. 어떤 이들은 경증치매까지 보장받아야 한다고 하는데, 보장범위가 넓을수록 좋지만 대부분 적은 금액만을 보장하기 때문에 실질적인 도움이 되기 어렵습니다. 또한, 치매는 반드시 경증을 통과해 중증으로 발전할 수 밖에 없는 질병입니다. 즉, 치매가 발생하면 결국 CDR 3으로 가게 된다는 것입니다. 실질적으로 도움이 될 수 있는 수준의 보험금을 받는 것이 중요하므로 CI보험의 LTC 보장으로 준비하는 것이 좋습니다.

두 번째 CI / LTC 보장특약을 주제로 한 상담 방법

두 번째 CI / LTC 보장이란 말을 들어보셨나요?

> 두 번째 CI / LTC 보장특약을 주제로 한 상담의 포인트는?

CI보험에 대해 고객들이 가진 선입견 중 대표적인 것은 "CI보험으로는 질병보장을 받기가 매우 어렵다더라"라는 것과, "CI보험은 비싸더라"라고 하는 것을 꼽을 수 있습니다.

다른 부분을 고려하지 않고 보험료로만 접근한다면 CI보험의 보험료가 일반종신보험보다 조금 높게 나타납니다. 보험료가 높다는 것이 보험료가 비싸다는 것을 의미하지는 않습니다. 만약 보험료가 높지만 높은 만큼 더 많은 혜택이 있다면 오히려 싼 보험이기 때문입니다.

서울 강남의 아파트 전세가격이 지방 아파트의 그것보다 높다고 해서 수요가 없는 것이 아니듯, 그만큼의 혜택이 있다면 가격이 높아도 구매하는 것과 같습니다.

CI보험을 정확하게 설명하려면 이 상품이 어떻게 진화해서 발전하고 있는지를 아는 것이 중요하고, 이를 고객에게 제대로 전달하는 것이 포인트입니다. 이를 위해 두 가지 핵심 사항을 안내할 필요가 있습니다.

첫째는 최근 CI보험의 진화방향을 설명하는 것인데, 특히 LTC(중증치매 상태나 일상생활장해상태)상황에 대비한 보장강화가 중요한 핵심입니다.

둘째는 CI/LTC 보장특약을 활용하도록 안내하는 것이 중요한데, 이를 활용하면 상대적으로 저렴하고 든든한 고액보장이 가능하기 때문입니다.

CI보험이 크게 바뀌고 있습니다.

CI보험에 대해 잘 모르는 분들은 CI보험을 "중대한 질병에 중대하게 걸려야 보험금을 지급하는 것 아닌가?"라고 생각합니다. 그리고 나서 보상도 잘 안 된다고 말합니다.

이렇게 생각하게 된 이유는,
첫째, CI 보상이 거절된 사례가 과장되어 알려진 측면이 있습니다. 구체적으로 살펴보면, CI보험을 잘못 이해하고 가입한 경우가 많았고, 모든 질병이 보장대상이라고 잘못 설명한 경우도 있었습니다. 이는 사망보험금을 미리 지급하는 보험이 CI보험이며, CI 상황이 어떤 상황인지 정확하게 이해하지 못했기 때문입니다.

CI보험의 진화와 발전

초기 CI보험		현재 CI보험	
주계약	피보험자 사망(또는 1급 장해) 중대한 암 중대한 급성심근경색증 중대한 뇌졸중 말기신부전증 말기간질환 말기폐질환 중대한 화상 및 부식 중대한 수술	주계약	피보험자 사망 중대한 암 중대한 급성심근경색증 중대한 뇌졸중 말기신부전증 말기간질환 말기폐질환 중대한 화상 및 부식 중대한 수술 일상생활장해상태 중증치매상태
특약	재해보장특약 입원, 수술 보장특약 중대한 수술보장특약 중대한 질병보장특약 연금전환특약	특약	재해보장특약 입원, 치료, 수술보장특약 중대한 수술보장특약 중대한 질병보장특약 연금전환특약 두번째 CI/LTC보장특약 재진단암특약 질병보장특약

둘째, 초기에 만들어진 CI보험에 대한 비판이란 점입니다. CI보험이 계속 업그레이드 되고, 보상에 대한 해석도 고객에게 유리하게 적용되면서 이런 문제들이 거의 해결 되었습니다

> **tip**
> CI보험 약관에서 '중대한 암'이란 악성종양세포가 존재하고, 또한 주위 조직으로 악성종양세포의 침윤파괴적 증식이 있을 때 CI보험금을 지급한다고 되어 있는데, 이는 암의 기본적인 특징이며, 주위 조직으로 침윤파괴적으로 증식할 수 있는 악성 종양의 존재만 인정되면 중대한 암에 해당된다.(대법원판례 & 금융분쟁 조정위원회 결정)

최근에는 LTC와 관련된 담보가 강화되면서 수명증가에 따른 장기간병 상황까지 대비할 수 있게 되었으며, CI 보장 대상질병의 확대와 특약으로 다양한 질병에 대한 보장을 종합적으로 할 수 있게 되었다는 점도 큰 진화라고 할 수 있습니다.

보험회사별, 상품별 차이가 있기는 하지만 초기 CI보험은 중대한 질병, 중대한 수술, 사망 보장을 주된 목적으로 개발 되었고, 특약들도 주로 중대한 질병, 중대한 수술 등을 특약으로 구성하고 있습니다. 이에 비해 최근의 CI보험의 특징은 주계약으로 LTC보장을 추가함으로써 중증치매나 장기간병상황에 대비할 수 있도록 하고 있으며, 다양한 일반질병(중대한 질병이 아닌)에 대한 보장(소액치료비 외 특약 등)을 확대하고 있으며, 재진단암, 두 번째 LTC 보장 등을 추가하고 있습니다.

두 번째 CI/LTC보장이란 말을 들어보셨나요?

첫 번째 CI/LTC 상황이 발생한다는 것은 중대한 암, 중대한 질병, 중대한 화상 및 부식, 중대한 수술, 일상생활장해상태, 중증치매상태 중 하나가 발생했다는 뜻입니다. 이런 상황은 CI보험의 주계약 부분에서 보장하게 되는데, 80% 선지급형의 경우(일반형) 사망보험금(주계약 1억 원일 경우)의 80%인 8천만 원을 지급하게 됩니다.

그런데… 실제 환자들은 질병을 치료하는 과정에서 몸이 쇠약해지고, 면역력이 떨어지면서 다른 합병증이 발생할 가능성이 커지게 됩니다.

이렇게 되면 다시 많은 치료비나 간병비가 필요하게 되는데, 문제는 이때는 모아놓은 돈, 받은 보험금 대부분을 치료비나 간병비로 이미 상당 부분 소진한 상황에서 발생한다는 것입니다.

이런 상황에 놓이면 가정경제가 함께 공멸할 수 있어 두 번째 CI/LTC 보장은 반드시 필요한 보장이라고 할 수 있습니다. 보장금액이 매우 크지만, 특약으로 구성되어 있어서 실제 보험료 부담은 상대적으로 저렴합니다. 별도로 CI보험이나 LTC보장보험에 가입하는 것에 비하면 훨씬 경제적입니다.

수명이 길어지고 의료기술이 생존 기간을 늘리는 쪽으로 발전하면서 앞으로 이런 상황은 더욱더 많아질 수밖에 없습니다.

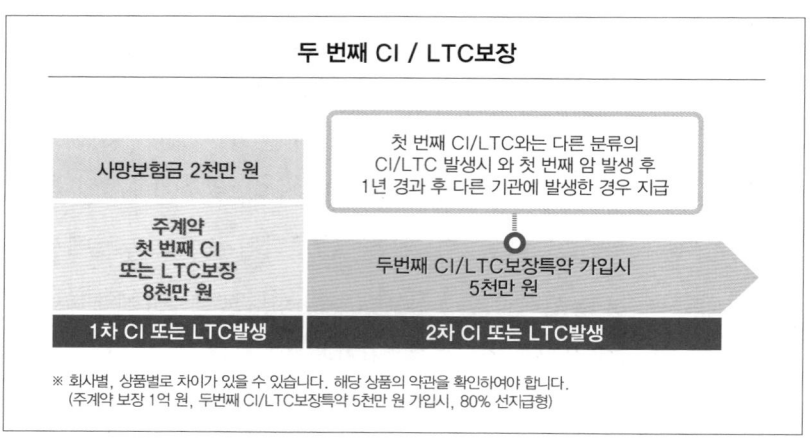

이렇게 상담하세요

고객 현황

43세 남성, 직장인이며 고학력자, 보험에 대해 상당한 지식 보유

🧑‍💼 고객님 혹시 CI 보장 혹은 LTC 보장이란 말을 들어 보셨습니까?

CI 보장요? 그거 CI보험 이야기 아닌가요? CI보험은 보험금을 받기 어렵다고 하던데요?

🧑‍💼 와~ 관심이 많으시군요. 혹시, 그런 이야기는 인터넷을 통해 보셨나요?

네 인터넷에서도 그러고, 주변에서도 그러구요.

🧑‍💼 그러시군요~~ 그런데 그렇게 이야기하는 근거에 대해서는 기억나세요?

중대한 암에 중대하게 걸려야 받는다는 말을 들었어요. 죽을 때가 되어야 받을 수 있다고 하던데요?

🧑‍💼 많은 분들이 그렇게 생각하세요. 그런데 중대한 암이란 것은 일반적인 암을 의미합니다. 다른 보험처럼 소액암이나 제자리암 등만 제외한 대부분의 암을 보장해 드리고요, 중대하게 걸려야 한다는 의미가 죽을 만큼 진행된 암을 의미하는 것이 아닙니다. 오히려 고액의 암 보장을 받을 수 있는 상품입니다.

그런가요? 그럼 보험료가 많이 비싸지겠네요…

🧑‍💼 보험료가 조금 높은 것은 사실인데요, 혜택이 그 이상이라면 오히려 저렴하다고 할 수 있지 않을까요? 최근 CI보험이 크게 업그레이드 되고 있는데요, 혹시 CI/LTC 상황이 발생하면 고액의 보험금을 받을 수 있

다는 말을 들어보신 적 있으세요?

CI는 알겠는데 LTC는 뭔가요?

🙂 최근 수명이 길어지면서 장기간병상황이 많아지고 치매 환자도 늘어나고 있지 않습니까? LTC보장이란 일상생활장해상태나, 중증치매상태 중 하나가 발생할 경우 CI보험의 주계약 부분에서 보장을 하는 것인데요, 사망보험금이 1억 원이라면 8천만 원까지 지급되는 것입니다.

그래요? 언제 그런 것이 생겼나?

🙂 LTC 보장은 비교적 최근에 업그레이드 되었어요. 여기에 제가 꼭 활용하기를 권해드리는 특약이 있는데요, 두 번째 CI/LTC 보장특약이란 말 들어 보셨어요?

그건 뭔가요? 처음 듣는데…

🙂 실제 중대한 질병에 걸리면 환자들은 질병을 치료하는 과정에서 몸이 쇠약해지고, 면역력이 떨어져서 다른 합병증이 생길 가능성이 높아집니다. 이렇게 되면 다시 많은 치료비나 간병비가 발생할 수밖에 없습니다.

이럴 때 두 번째 CI/ LTC 보장특약을 활용하면 저렴한 비용으로 고액의 보장을 받으실 수 있으세요.

앞으로의 우리 노후는 생각보다 간병기간이 길고 비용도 많이 들 것이 확실하기 때문에 보험상품 선택 시에 두번째 CI/LTC 보장특약은 반드시 갖추어야 하는 보장이라고 할 수 있습니다.

그림으로 풀어보는 CI 보험 실전 활용 포인트

CI/LTC 보장을 설명하는 순서
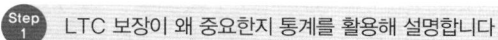

- **Step 1** LTC 보장이 왜 중요한지 통계를 활용해 설명합니다.
- **Step 2** CI보험이 업그레이드 되고 있고, 그 중 하나가 LTC 보장 확대임을 강조합니다.
- **Step 3** LTC 보장이 앞으로 고객에게 큰 혜택을 줄 것임을 설명합니다.
- **Step 4** 두 번째 CI/LTC 보장특약의 중요성과 그 혜택을 설명합니다.

※ 상품마다 차이가 있을 수 있으므로 해당 상품의 약관을 참조하시기 바랍니다.

LTC 보장은 앞으로 시간이 흐를수록 고객님께 더욱 중요한 역할을 하게 될 것입니다. 2017년 국민건강보험공단 자료에 따르면 우리나라 전체 치매 환자는 약 72만 명으로 노인의 치매 유병률은 10.2%에 이르고 있습니다.

한편, 치매 전 단계인 경도인지 장애환자는 199만여 명(유병률 27.8%)으로 최근 5년 사이 4.3배나 증가하고 있습니다. 2050년이 되면 약 270만 명의 노인이 치매를 앓게 될 것이라고 합니다.

2015년 노인장기요양보험 대상자 47만 명 중 14만 명(30.23%)이 치매를 앓고 있으며, 뇌졸중을 동시에 앓고 있는 경우도 3만 1천 명(6.74%)이나 되고 있습니다.

CI보험의 장점 중 하나가 LTC 상황이 발생하면 고액의 보험금을 지급한다는 것입니다. 치매의 경우 진단을 받고도 보통 10년 이상 생존하는 것으로 알려져 있습니다. 그래서 이에 따른 경제적 고통도 장기간 이어지기 때문에 몇백만 원 정도의 보험금으로는 큰 도움이 되기가 어렵습니다. 고액의 보험금이 필요한데, 이 정도의 보험금을 지급하는 상품은 CI보험이 거의 유일하다고 할 수 있습니다.

게다가 중대한 질병에 걸리면 몸이 쇠약해지고 다른 합병증들이 발생할 가능성이 높아지게 됩니다. 이런 상황에 대비해 CI보험에서 제공하는 두 번째 CI/LTC 특약을 활용하게 되면, 혹시 고객님께 장기간병상황이 발생하더라도 가족들이 겪게 될 경제적 어려움과 고통을 크게 덜 수 있습니다.

26 남성고객에게 CI보험의 필요성을 설명하는 방법
남자의 일생, 8.15를 아십니까?

CI Insurance

남성고객에게 CI보험의 필요성을 설명할 때 포인트는?

일반적으로 남성은 여성에 비해 보험가입에 부정적인 경우가 많습니다. 이런 남성고객에게 CI보험의 필요성을 어떻게 설명하면 효과적일까요?

먼저 재미있고 관심있는 주제를 가지고 자연스럽게 CI보험과 관련된 대화를 시작하고 싶지만 어떤 주제로 대화해야 할지 막막할 때가 많습니다.

이 때 8.15를 주제로 대화를 시작해 보세요. 8.15란 8월 15일 광복절이 아니라 남자의 수명은 약 80세이고, 약 15년간의 유병기간을 가진다는 의미를 함축한 것입니다.

먼저 수명과 관련해서는 단순히 과거보다 수명이 길어졌다는 사실에 초점을 맞추기 보다는 수명이 길어짐에 따라 유병기간이 함께 늘어났다는 점이 보다 중요한 팩트입니다. 따라서 길어진 유병기간 동안 본인과 가족에게 어떤 일들이 일어나게 되는지를 얼마나 설득력 있게 설명하느냐가 상담의 핵심이 되어야 합니다.

또한 본인의 유병기간이 지나고 나면 배우자의 삶은 어떻게 바뀌는지에 대해서도 알려줄 필요가 있습니다.

"남자의 일생"을 공감가는 스토리로 풀어내는 것이 CI보험 판매 성공의 포인트가 될 것입니다.

2019년 남자의 일생은 어떤 모습일까요?

남자는 유전적으로 "권위지향적" DNA를 가지고 있어 자신이 사망한다거나 경제적 곤궁에 빠지고 병에 걸린다는 것을 자신의 권위를 훼손하는 것으로 판단하는 경우가 많습니다. 그래서 남성은 대체로 보험가입에 대해 부정적인 시각을 가지고 있습니다.

이런 남성고객에게 "고객님이 갑자기 사망한다면…"이라고 한다면 고객의 마음을 움직일 수 있을까요? 남성고객과 상담할 경우 다음의 방식으로 풀어 나가면 어떨까요? 화법으로 풀어보겠습니다.

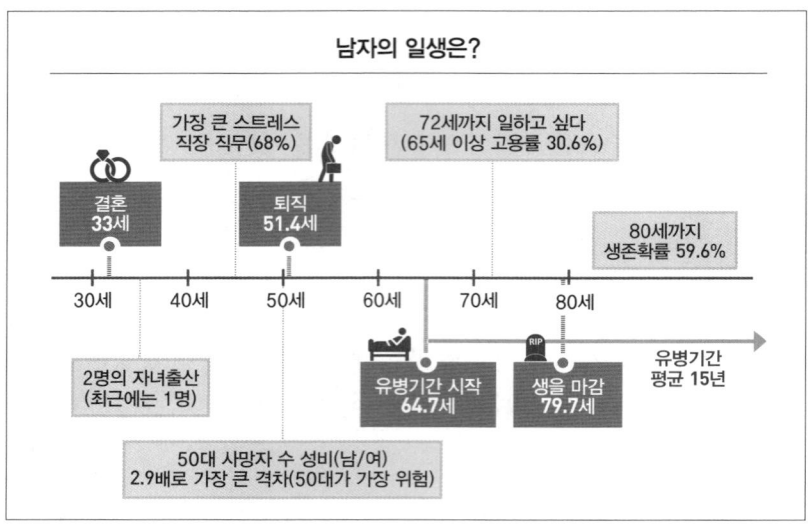

[2018.5월 고령층 경제활동인구 조사, 사망원인2017, 생명표2017, 통계청]

"고객님께서는 성공도 하시고, 건강하게 장수하실 것이라 확신합니다만, 통계적으로 나타난 남성의 삶은 꼭 그렇지만은 않은 것 같습니다. 통계를 보면 남성은 33세에 결혼하고 51.4세에 가장 오래 다닌 직장에서 퇴직한다고 합니다. 79.7세에 사망하고 64세가 넘으면 유병기간이 시작되어 14년에서 15년의 긴 유병기간을 가지게 됩니다. 2017년 출생자가 80세까지 생존할 확률은 59.6%나 됩니다. 한편, 경제적 이유로 72세까지 일을 하고 싶어 하는데, 실제 65세 이후 고용률은 30% 정도로 매우 낮은 수준입니다.

이런 화법을 자연스럽게 쓰기 위해서는 통계를 정확히 외워 두는 것이 좋습니다. 통계는 객관적인 시각에서 남성의 일생을 바라볼 수 있는 유용한 도구가 될 수 있기 때문입니다. 남성고객을 만나면 가급적 객관화된 통계를 활용해 삶을 이야기 하는 것이 효과적입니다. 즉, "고객님께서 사망한다면…"이라는 화법보다는 "통계적으로 남성은 평균 79.7세까지 산다고 합니다."라는 Approach가 더 효과적입니다.

남자는 네 가지 질병으로 55%가 사망, 암은 셋의 합보다 많아요

남자의 단일 질병 사망원인을 순서대로 나열하면 악성신생물(암, 32.2%), 심장 질환(9.7%), 뇌혈관 질환(7.1%), 폐렴(6.4%), 고의적 자해(자살), 간 질환(4.9%), 당뇨병(2.9%), 만성하기도질환(2.8%), 운수사고, 추락의 순으로 압도적인 사망원인 1위는 역시 암입니다.

이런 통계는 과연 무엇을 의미하고 상담에서는 왜 중요할까요?

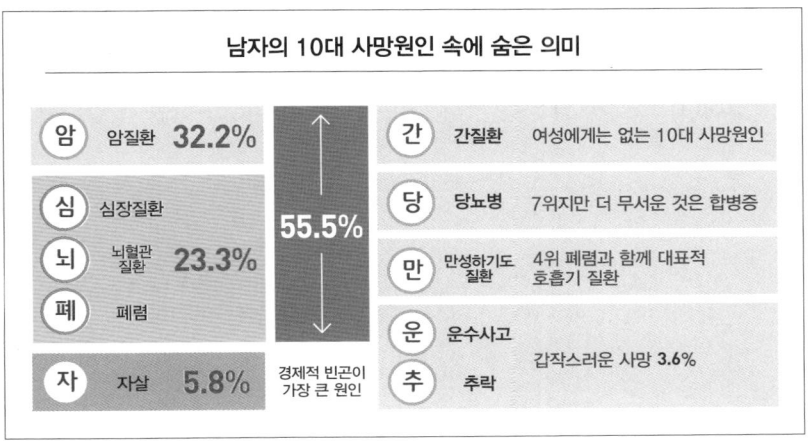

[사망원인통계 2017, 통계청]

통계가 제공하는 정보를 통해 남성은 특히 어떤 부분에 초점을 맞추어 보장플랜을 세워야 하는지 알 수 있기 때문입니다.

먼저 암으로 인한 사망률은 2위에서 4위 까지의 사망원인을 합한 것 보다 많고, 특히 여성에 비해 남자의 사망률이 월등히 높습니다. 사망원인이 되는 질병 중 여성에 비해 남성의 순위가 높은 두 가지는 간질환(사망원인 6위)과 만성하기도질환입니다. 간질환은 여성에게는 10위 안에 들지 않을 만큼 남자에게 특히 많은 질환입니다.

당뇨는 사망원인 7위지만 더 무서운 것은 합병증입니다. 쉽게 넘길 병이 아닙니다. 만성하기도질환은 폐렴과 함께 대표적인 호흡기질환입니다. 이 둘을 합하면 상당히 높은 사망원인이라고 하겠습니다.

교통사고와 추락은 여성에게는 없고 남성에게만 있습니다. 여성보다 야외 활동이 많다고 보면 당연하다고 할 수 있습니다. 비율은 낮지만 대비하지 못한 상황에서 갑작스럽게 충격을 주는 것이 사고와 관련된 사망입니다. 그래서 남성은 사망보장이 필수적이라고 하는 것입니다.

이렇게 상담하세요

고객 현황

45세 남자. 중소기업 직장인이며, 부인은 전업 주부. 자녀 2명, 평균 수준의 급여를 받고 있으며, 주택 소유 및 대출 약간, 보험도 약간 있음

> 제가 최근 기사를 보다 보니 요즘 직장인의 스트레스 1위가 직장업무에 따른 스트레스라고 하던데…. 고객님은 어떠신가요?

음… 저는 일과 관련해서는 스트레스를 그리 많이 받지는 않는데, 유독 많이 받는 동료도 있기는 있어요.

> 대부분 그런 것 같아요. 남자로 산다는 것은 두 어깨에 가족과 자신을 모두 짊어지는 삶인 것 같아요. 때로는 남편으로, 아빠로, 아들로 살아야 하죠. 그렇게 살면서 8.15를 맞이하게 되죠.

8.15요? 처음 듣는데요? 광복절은 아닐 테고… 뭔가요?

> 8.15란 남성의 수명 80세와 15년의 유병기간을 줄인 말입니다.
> 남성의 평균 수명은 거의 80세에 달하고 있습니다. 여성은 85세를 넘었죠. 65세까지는 건강하시다가 이때부터 15년 동안이나 병을 가지고 살아가는 것이죠. 공부하고, 돈 벌고, 가장의 책임을 다하고 즐길 나이가 되면 아프게 되는 것이죠.
>
> 그래서 저는 조금이라도 젊을 때 즐기면서 미래도 함께 준비하시라고 말씀드립니다. 특히, 인생의 마지막에 찾아오는 질병과 아픔은 본인뿐만 아니라 가족에게도 큰 어려움이 되죠. 그래서 준비를 해야 하는데 안타깝게도 제대로 알고 준비하시는 분들이 많지 않으세요. 그래서 꼭 알고 계실 필요가 있는 이야기를 하나 들려드리려고 합니다.

그래요? 어떤 거죠?

🙋 우리가 미래를 대비하기 위해 보험을 가입하는데요, 어떤 질병이 위험한지, 나는 무엇을 준비해야 하는지를 정확하게 아는 것이 효과적인 건 당연합니다. 이를 위해서는 남성의 10대 사망원인을 살펴보는 것이 중요합니다. 고객님, 3대 사망원인이 무엇인지는 들어보셨지요?

암은 첫 번째 일 듯하고… 그리고…

🙋 맞습니다. 남성에게 있어 압도적인 사망원인 1위는 암입니다. 제가 비율도 함께 알려드리면, 암으로 사망하는 비율이 32%, 심장질환이 10%, 뇌혈관질환이 7%, 폐렴이 6%, 간 질환 5%, 당뇨병, 만성하기도 질환 3% 순입니다. 제가 비율까지 말씀드리는 것은 중요한 이유가 있어서 그렇습니다.

어떤 이유가 있는데요?

🙋 먼저 암으로 인한 사망률은 2위부터 4위까지 사망원인을 모두 합한 것보다 많습니다. 특히 여성보다 남성의 사망률이 월등히 높습니다. 사망원인이 되는 질병 중에 여성보다 남성의 순위가 높은 두 가지는 간질환과 만성하기도질환입니다. 또한 당뇨는 사망원인 7위지만 더 무서운 것은 합병증입니다. 쉽게 넘길 병이 아닙니다. 보험은 확률의 산업이라고 합니다. 확률이 높을수록 위험이 높고 보험금을 받을 가능성도 높습니다. 이런 것을 아시고 보험에 가입하시면 매우 도움이 되실 것입니다.

그러게요. 도움이 될 것 같네요.

🙋 여기에 하나 더 고려할 게 있습니다. 건강을 유지하시면서 멋지게 살아가는 것도 고려하실 필요가 있습니다. 너무 병을 두려워한 나머지 보장만 되는 보험에 가입하셨다가 나중에 노후자금이나 목돈이 부족하면 이것도 문제겠지요? 그래서 저는 질병에 대비하는 준비와 건강한 삶을 살아갈 준비를 동시에 하는 것이 좋다고 생각합니다. 둘 모두를 준비할 수 있다면 정말 좋지 않을까요?

그럼요~ 그런 것이 있다면 최고겠지요.

그림으로 풀어보는 CI 보험 실전 활용 포인트

남성의 노후는 플러스가 마이너스를 이겨야 합니다

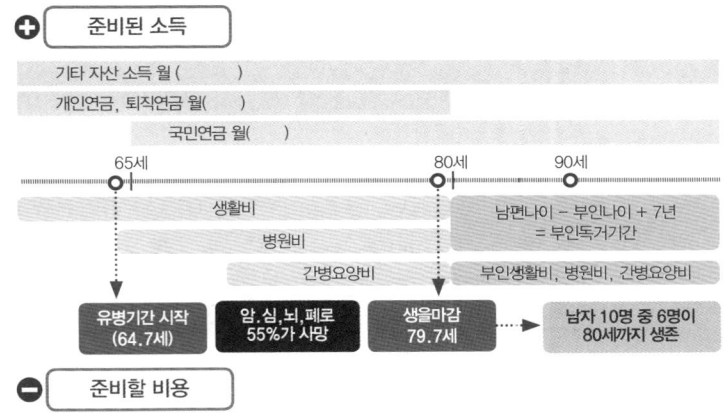

지금까지 알아 본 내용을 고객에게 1페이지 제안서로 요약을 한다면 어떤 모습일까요? 나이가 들어 일을 하지 못하면 준비된 자산으로 생활을 해야 하는데, 노후에 플러스 현금흐름이 되는 것은 국민연금과, 개인연금, 그리고 자산에서 발생하는 소득일 것입니다. 한편, 노후에 돈을 지출해야 하는 항목들도 있습니다. 생활비는 당연하고, 의료비와 간병비에 요양비까지 준비해야 합니다.

남성의 경우 유병기간이 시작되는 시점은 대략 65세 부터이고 약 80세까지 15년간 지속됩니다. 그리고 남성은 암, 심장질환, 뇌혈관질환, 폐렴으로 55%가 사망합니다. 아주 치명적인 4인방 입니다. 문제는 여기서 끝나는 것이 아닙니다. 부인은 남편 사후에도 통계적으로 평균 10년 이상을 생존합니다. 남성은 홀로된 부인의 삶에 대해서도 준비를 해 두어야 합니다. 자산을 많이 남기면 상속세가 걱정이고, 자산이 적으면 부인의 생활비와 노후 의료비, 간병비가 걱정입니다.

건강하게 오래 살게 될 미래를 대비하고, 병원비나 간병비 부담을 가족에게 주지 않기 위해 준비해야 하고, 홀로 살게 될 부인을 위한 배려도 필요하고… 이런 남편의 어깨를 가볍게 해줄 지원군이 필요한데요, CI보험이 그 역할을 해 줄 것입니다.

27 CI Insurance

여성고객에게 CI보험의 필요성을 설명하는 방법
여자의 일생은 86.20이라고 합니다.

> 여성에게는 어떻게 CI보험의 필요성을 설명하는 것이 좋을까요?

우리나라 인구의 절반(49.9%)을 차지하고 있는 여성의 삶은 남성과는 여러부분에서 차이가 있는데, 그 중에서도 특히 여성의 고용률(50.8%)은 남성(71.2%)에 비해 매우 낮아 경제적인 측면에서 남성의존도가 매우 높은 수준이라고 할 수 있습니다.

이와 유사한 현상은 통계에서도 쉽게 찾아 볼 수 있는데, '2017 통계로 보는 여성의 삶'에 따르면 월 평균소득이 100만 원 미만인 여성 1인 가구는 전체의 56.9%로 남성(29.5%)보다 1.9배 높고 60세 이후부터는 80.2%가 100만 원 미만을 버는 것으로 나타나고 있습니다. 또한, 2017년 여성 월평균 임금은 남성 임금의 67.2% 수준에 불과하고, 상용근로자도 여성(45.7%)이 남성(53.6%)에 비해 적어 안정적 소득원이 부족하다는 것을 알 수 있습니다.

또한 사회안전에 대한 불안감은 여성(50.9%)이 남성(40.1%)보다 더 크게 느끼고 있고, 평균수명은 여성이 남성에 비해 6세 이상 높아 유병기간도 남성보다 길 수밖에 없습니다.

이렇게 경제적으로 약자일 가능성이 높은 여성의 입장에서 미래의 삶을 예상해 보고, 이에 따른 준비를 스스로 할 수 있다면 심리적으로나 재정적으로 보다 안정적인 삶을 누릴 수 있을 것입니다.

여성의 노후는 86.20으로 요약할 수 있는데, 86은 수명이고 20은 유병기간을 의미합니다. 여기에 남편과 아내의 결혼연령 차이를 3살 정도로 보면 통계적으로 여성은 약 10년 정도를 홀로 살아야 합니다. 여성이 자신의 경제적 미래를 스스로 준비해야 하는 가장 큰 이유입니다.

여성을 위한 CI보험 상담 포인트는 남편을 피보험자로 하는 CI보험 준비의 필요성 측면과 여성 스스로를 위한 CI보험의 필요성 측면, 두 가지로 나눠 생각해 볼 수 있습니다.

86.20을 아십니까?

우리나라 여성은 30세에 결혼해서 평균 2명의 자녀를 얻습니다.(최근은 1명 출산) 30세에서 59세 사이 여성사망자는 전체 여성 사망자의 10%로, 남성의 21%에 비해 매우 낮은 수준입니다. 여성의 삶의 특징은 장수에 있습니다. 여성은 80세 까지 생존율이 79.6%로 10년 전에 비해 10.5%나 증가했습니다.

한편, 혼자 사는 여성과 가족을 책임지는 여성도 많이 증가하여 2018년 우리나라 가구의 30.7%는 여성이 가구주이며 계속 증가할 것으로 전망됩니다. 1인 가구 비중은 여성이 「70세 이상」, 남성은 「30대」가 가장 높은데, 여성은 사별 때문에, 남성은 미혼으로 인해 1인 가구가 증가하고 있습니다.

여성의 평균 수명은 85.7세로 남성보다 6~7년 이상 장수하며, 65세부터 유병기간이 시작되어 20년을 살아갑니다. 86.20이란 여성의 수명과 유병기간을 나타낸 것이죠. 여성이 이렇게 오래 살다보니 자연스럽게

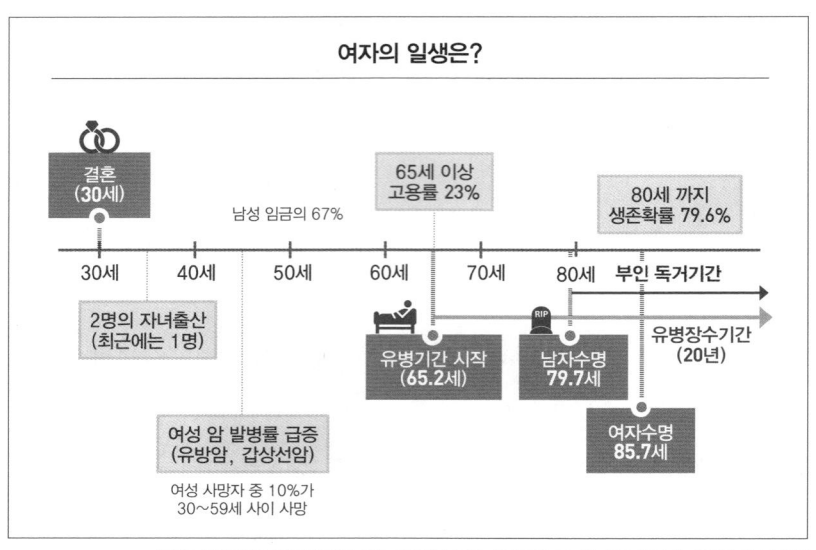

장수에 따른 부담이 커지는데, 대표적인 것이 치매와 간병상황의 증가입니다. 실제 치매사망률을 보면 여성이 남성어 비해 2.4배나 높게 나타나고 있습니다.

질병과 관련해 여성이 꼭 알아야 할 또 하나의 특이점은 암입니다. 일반적으로 암으로 인한 사망률은 남성이 훨씬 높은데, 암 발병 시점은 여성이 빠릅니다. 이는 유방암과 갑상선암 때문인데, 여성의 경우 40대 발병률이 매우 높습니다.

여성이 스스로 미래를 준비해야 하는 이유는?

대가족 사회에서 핵가족 사회로 변화한 우리 삶은 이제, 독신 사회로 가는 듯 합니다. 이런 현상은 여성에게 특히 빨리 일어나고 있습니다.

2018년 우리나라 여성 가구주는 약 607만 가구로 전체의 30.7%를 차지하고 있습니다. 2000년(18.5%)보다 거의 2배 가까이 급증한 결과입니다. 여성이 가구주가 되는 경우는 배우자가 없는 경우가 대부분으로 미혼, 이혼 또는 사별을 하게 되면 여성이 가구주가 됩니다. 전체 여성 가구주의 70% 이상이 이에 해당합니다.

그럼 어떤 연령대에 여성 1인 가구가 가장 많을까요? 2018년 통계를 살펴보니 70세 이상이 29.3%로 가장 높고, 다음은 20대(16.0%), 60대(15.9%) 순으로 많았습니다. 여성은 60세 이상이 1인 가구의 45% 이상

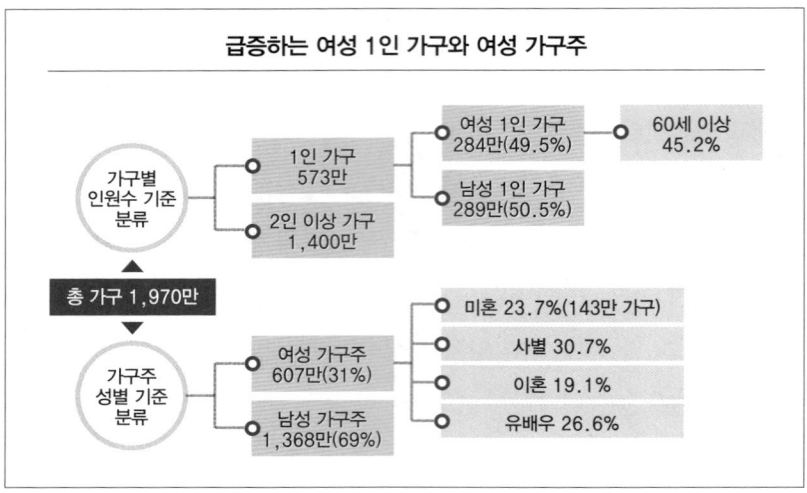

[통계로 보는 여성의 삶, 통계청, 2018]

을 차지하는 반면, 남성 1인 가구는 20대~50대까지 고르게 분포되어 있었습니다.

미래에는 어떻게 될까요? 통계청의 분석을 보면, 여성 1인 가구 중 70세 이상인 가구가 가장 크게 증가할 것이라고 합니다. 2035년에는 70세 이상 비중이 47.9%로 가장 높을 것이라고 합니다.

여성이 스스로 자신의 미래를 준비해야 하는 이유가 여기에 있습니다.

여성은 다양한 질병을 폭 넓게 보장 받아야 합니다

여성에게는 어떤 질병이 치명적으로 위험한지를 알면 합리적인 보장설계를 할 수 있을 것입니다. 그래서 여자의 10대 사망원인이 무엇인지 살펴볼 필요가 있습니다. 여성의 3대 사망원인이 암, 심장질환, 뇌혈관 질환인 것은 남성과 같습니다. 그런데 세부내용을 자세히 들여다 보면 상당히 다른 차이가 있음을 알 수 있습니다.

남성의 경우 암으로 사망하는 비중이 32.2%이그, 심장질환 + 뇌혈관질환 + 폐렴으로 사망하는 비중이 23.3%로, 암이 절대적인 비중을 차지하는 반면, 여성의 경우에는 암을 제외한 3대 질환으로 인한 사망률의 합계가 암보다 훨씬 높습니다. 즉, 여성은 암뿐만 아니라 나머지 3대 질병에 대한 보장도 균형있게 해야 합니다.

여성과 남성의 사망원인을 비교했을때 나타나는 큰 차이점은 남성에게는 없고 여성에게만 있는 10대 사망원인으로 고혈압성질환, 알츠하이

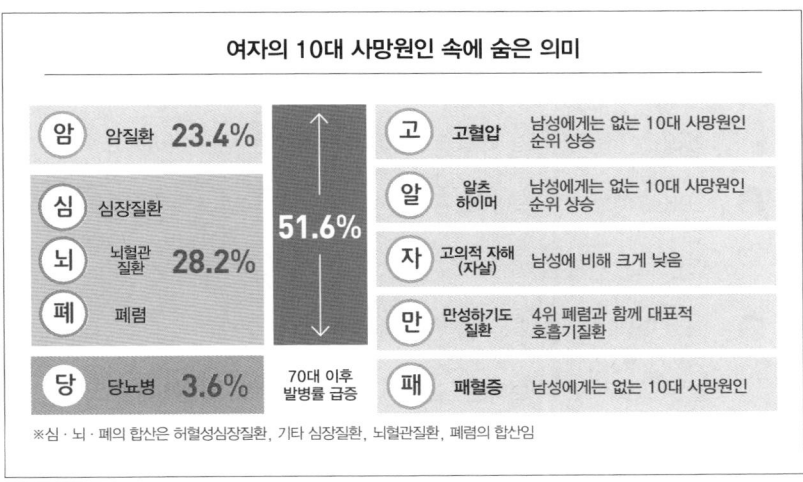

[사망원인통계 2017, 통계청]

머병, 패혈증이 있다는 것입니다. 특히 알츠하이머병은 2016년 8위에서 7위로, 고혈압성 질환은 7위에서 6위로 상승했습니다. 앞으로 수명이 길어지면 이들 질병의 순위가 더 높아질 것입니다. 그래서 이러한 사망원인의 변화방향을 예측하고 고려해서 여성의 보장 플랜을 세우는 것이 중요합니다.

10대 사망원인 통계를 통해 여성은 다양한 질병을 폭 넓게 보장받을 수 있는 보장플랜이 필요하다는 사실을 알 수 있습니다.

이렇게 상담하세요

고객 현황

50세 여성, 전업주부이고 자녀는 대학생 딸 1명. 배우자는 공무원이며 주택소유

- 따님이 계시다고 하셨는데, 몇 살입니까?

    올해 열 아홉이에요. 대학 1학년인데… 거의 돈 먹는 하마예요.

- 그래도 예쁘고 소중하시죠?

    그럼요~~ 제 삶의 전부죠.

- 그런 따님이 결혼해 독립하면 매우 허전하시겠어요?

    물론 그렇지요. 저보다는 남편이 더 애지중지해서 결혼한다고 하면 펑펑 울지도 몰라요~~

🧑 돌이켜보면 부인께서도 그런 날이 있었을 것 같아요. 몇 살에 결혼하셨어요?

저는 28살에 결혼해 아이를 늦게 얻었어요.

🧑 그러시군요. 부인은 지금 50세인데, 이후 펼쳐질 여자의 인생에 대해서는 생각해 보신 적이 있으신가요?

여자의 인생요? 글쎄요… 심각하게 생각한 적은 없는데….

🧑 제가 간단하게 여자의 인생을 알아 봤어요. 통계를 근거로 하는 것이니까, 개인마다 다르겠지만 평균적으로 이처럼 산다고 해요.

현재 기준으로 우리나라 여성은 30세에 결혼하고 86세에 사망합니다.

30세에서 59세 사이 여성사망자는 전체 여성사망자의 10%로, 남성의 21%에 비해 매우 낮습니다. 그만큼 오래 사는데요, 80세를 넘을 확률은 79.6%로 10년 전에 비해 10.5%나 증가했습니다. 부부의 은퇴와 사망사이에 유병기간이 있는데요, 고객님 혹시 8620이란 말을 들어보신 적 있으세요?

8620요? 처음 듣는데요?

🧑 8620이란 여자의 수명 86세와 20년의 유병기간을 줄인 말입니다. 남자의 인생이 8.15인 것과 비교하면 큰 차이가 있습니다. 그리고 통계적으로 남편이 먼저 사망하고 나서 평균 10년을 홀로 살아야 하는 운명이죠. 혹시, 이런 상황에 대비는 해 놓으셨나요?

글쎄요… 어떤 대비를 해야 한다는 것인가요?

🧑 우리가 미래를 대비하기 위해 보험 등을 가입하는데요, 어떤 질병이 위험한지, 나는 무엇을 준비해야 하는지를 정확하게 아는 것이 효과적인 건 당연합니다. 이를 위해서 여자의 10대 사망원인을 살펴보는 것이 중요한데요, 고객님, 3대 사망원인이 무엇인지는 들어보셨지요?

대충, 암, 심근경색 등등 아닌가요?

와~ 잘 알고 계시군요~ 맞습니다. 여성의 3대 사망원인이 암, 심장질환, 뇌혈관질환인 것은 남성과 같습니다. 그러나 속 내용은 전혀 달라요.

남성의 경우 암으로 사망하는 비중이 32.2%이고, 심장질환+뇌혈관질환+폐렴으로 사망하는 비중이 23.3%로, 암이 절대적인 비중을 차지하는 반면, 여성의 경우에는 암을 제외한 3대 질환으로 인한 사망률의 합계가 암보다 훨씬 높습니다.

즉, 여성은 암뿐만 아니라 나머지 3대 질병에 대한 보장도 균형 있게 해야 합니다. 또 하나, 10대 사망원인 중 여성에게만 있는 세 가지가 있는데요, 이 부분도 중요해요. 혹시 떠오르는 것이 있으세요?

글쎄요…전혀…잘 모르겠는데요?

남성에게는 없고 여성에게만 있는 10대 사망원인은 고혈압성질환, 알츠하이머병, 패혈증이 있습니다. 특히 알츠하이머병은 2016년 8위에서 7위로, 고혈압성 질환은 7위에서 6위로 상승했습니다. 이 두 가지 병은 장수로 인해 발생할 수밖에 없는 질병입니다. 또한 여성에게 가장 두려운 것은 홀로 살게 되었을 때 간병할 사람이 없다는 것인데요, 이때 경제적으로도 어려우면 어떻게 되겠습니까?

그러게요. 저도 그 부분이 큰 걱정이네요.

남편과 부인은 보장플랜이 달라야 합니다. 남편 분은 사망을 기본으로 하고, 3대 질병을 집중적으로 보장받도록 해야 하는 반면, 여성은 오래 살게 됨으로써 발생하는 생활비와 의료비, 간병비 준비에 더욱 철저해야 합니다.

특히, 통계적으로 남편이 먼저 사망하는데요, 사망 전에 가진 돈의 상당부분을 쓰고 갈 확률이 높습니다. 따라서 반드시 부부 모두 CI보장을 준비하셨으면 좋겠습니다.

그림으로 풀어보는 CI 보험 실전 활용 포인트

여자가 준비해야 하는 든든한 인생은?

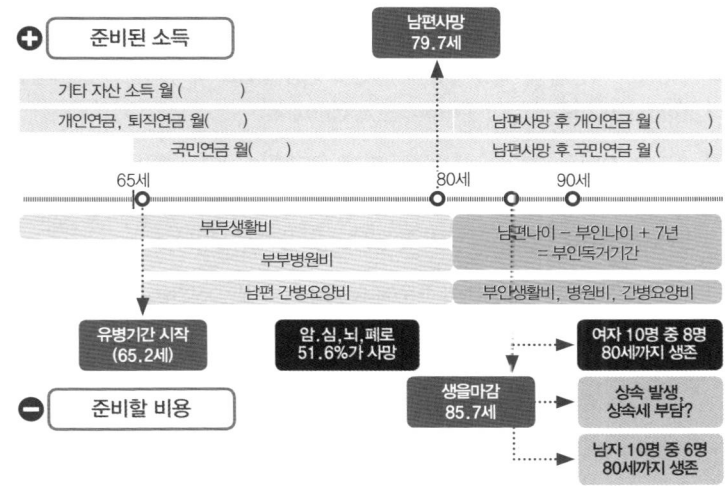

[사망원인통계 2017, 생명표, 통계청]

지금까지 알아 본 내용을 고객에게 1페이지 제안서로 제안을 한다면 어떤 모습일까요?

남성의 유병기간 시작점은 대략 65세 부터이고 약 80세까지 15년간 지속되지만 여성은 20년간 지속됩니다. 통계적으로 남편이 먼저 사망하고 나면 여성의 삶은 크게 바뀔 가능성이 매우 높습니다.

우선, 부부가 국민연금 가입자라면 하나의 국민연금이 사라지면서 연금소득이 크게 줄어들 것입니다. 부부의 병원비와 남편의 간병비 지출로 모은 재산의 상당부분이 지출되었을 가능성도 높습니다.

그림으로 풀어보는 CI 보험 실전 활용 포인트

그리고 여성은 암, 심장질환, 뇌혈관질환, 폐렴으로 51.6%가 사망합니다. 암으로 인한 사망이 많은 남성과는 달리 여성 4대 질병의 사망률이 골고루 분산되어 있습니다. 더구나 여성인 부인은 남편 사후에도 통계적으로 평균 10년 이상을 생존합니다.

따라서 여성은 자신의 독거기간 동안에 발생할 상황을 알고 미리 대비할 필요가 있습니다. 이를 위해 다음과 같이 준비하시면 좋겠습니다.

우선, 남편과 부인은 각각 CI보장을 준비할 필요가 있습니다. 남편은 자신의 병원비와 간병비 및 남겨진 부인을 위한 배려가 필요하고, 부인은 남편 사후 필요하게 될 자신의 간병비와 치료비를 별도로 준비할 필요가 있기 때문입니다.

또한 CI보험은 적립기능도 강하기 때문에 건강할 경우 연금 전환을 통해 부인의 노후 생활비 준비도 가능하다는 장점이 있습니다.

보장분석 및 보상으로 풀어내는 니즈환기 방법

○○보험, 언제 가입하셨습니까?

CI Insurance

보험가입시점을 주제로 한 상담이 효과적인 이유는?

보험상품은 가입시점마다 상품내용이 조금씩 달라질 수 있습니다. 상품내용이 다르다는 것은 보험의 보장내용이 달라진다는 의미와 같습니다. 일반적으로 약관의 내용이 변경되면서 보장되던 항목이 소멸되거나 축소되기도 하고, 반면에 과거에 보장하지 않았던 항목이 새롭게 보장내용으로 추가가 되고 보장금액이 늘어나기도 합니다.

이렇게 하는 대부분의 이유는 위험률 혹은 손해률과 밀접한 관련이 있습니다. 손해율은 거수된 보험료 대비 지급된 보험금의 비율이라고 할 수 있는데 손해율이 높아지면 보험회사의 보험금 지급능력에 문제가 발생할 수 있어 안정적인 손해율 관리가 매우 중요합니다.

손해율이 높아져서 보장이 축소되었던 대표적인 예가 '대장점막내암'입니다. 과거에는 대장점막내암으로 진단 시 일반암 수준의 보장금액을 지급했으나 최근 대부분의 보험회사는 소액암 수준으로 축소 지급하고 있습니다.(예외 있음) 손해율(위험률) 증가에 따라 약관내용이 변경되고 그에 준하여 보험금을 지급하고 있는 것입니다.

과거보다 보장내용이 강화되는 경우라면 크게 문제가 되지 않습니다만 보장내용이 축소되거나 소멸하는 경우는 보험금 지급여부와 관련하여 많은 분쟁을 일으킬 수 있습니다. 가입시점마다 보장내용이 달라졌으므로 해당시점의 보장내용과 관련하여 설명할 수 있다면 고객의 신뢰를 얻을 수 있을 것입니다.

따라서 달라진 보장관련 규정을 정확히 숙지할 필요가 있습니다. 특히 암보장은 변경시점이 중요합니다. 일반암이 소액암으로 변경되었던 시점에 관한 사항과 약관내용이 어떻게 바뀌었는지 알고 있다면 이를 주제로 고객에게 도움이 되는 상담을 진행할 수 있습니다.

암 보험 약관(제도)의 변경시점에 따른 보장내용 변화

소액암이라고 하면 단순히 치료비가 적게 드는 암이라고 생각하기 쉬운데, 이 말은 암보험 제도변경에 따라 보험금이 적게 지급되는 암이라는 뜻이기도 합니다.

여러 암 종류 가운데 기타피부암과 갑상선암, 대장점막내암은 과거에

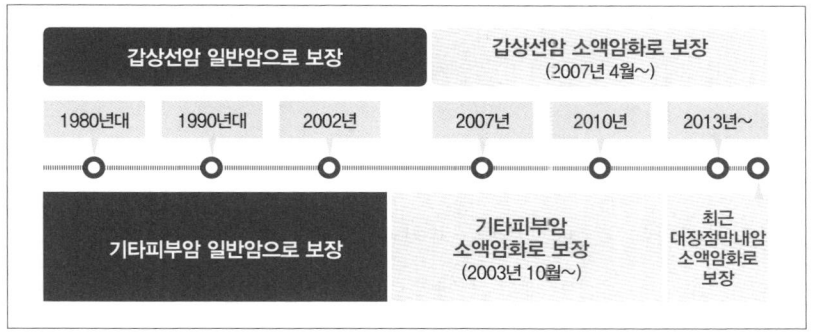

[국민건강보험 보도자료]

는 일반암이었으나 소액암으로 변경되었습니다. 기타피부암은 2003년 10월 이전에는 일반암 수준으로 보장하였으나 그 이후에는 소액암화되어 현재까지 유지되고 있습니다.

예를 들어 같은 보험회사에 암보험을 2001년과 2011년에 각각 가입했는데, 기타피부암 진단을 받고 보험금을 청구했다면 2001년에 가입한 암보험에서는 1,000만 원의 암진단금이 지급되겠지만 2011년에 가입한 암보험에서는 200만 원이 지급될 수 있습니다.(일반암 진단비 1천만 원 가정)

이러한 차이가 발생하는 것은 앞서 설명한 바와 같이 기타피부암의 보장규정이 변경되었기 때문입니다. 2001년은 2003년 10월 이전이므로 일반암으로 보장했지만 2011년에 가입한 암보험은 약관내용 변경으로 소액암으로 보장이 됩니다.

갑상선암의 경우 2007년 4월을 전후로 일반암과 소액암화(기타 암)로 구분되어 보장이 됩니다. 2007년 4월 이전에는 일반암으로 보장되었으나 그 이후에는 일반암의 10~20%(보험회사마다 상이)를 지급하도록 변경이 되었습니다.

대장점막내암은 보험회사별로 차이가 있지만 2012년 7월부터 시작해서 2014년까지 일반암에서 소액암으로 변경되었습니다. (보험회사마다 다를 수 있습니다.)

대체적으로 암 보장은 축소나 소멸의 변화를 거쳐왔습니다. 보장의 범위와 내용 측면에서 과거의 암 보장이 현재보다 더 우위에 있을 수 있습니다. 기가입 보험증권 분석 시 이런 변화를 고려한다면 고객에게 도움이 되는 상담이 가능할 것입니다.

사례를 통해 본 암 보험금 지급기준 변화

❸ 이차성 암에 대한 보험금 지급기준 합리화
- 표준질병사인분류상 "이차성(Secondary) 및 상세불명의 악성 신생물"의 경우 암 보험금 산정기준이 논란
  (예) 림프절의 이차성 및 상세불명의 악성신생물(C77) 중 갑상선을 원발부위로 하는 경우 일부 회사는 갑상선암으로, 다른 회사는 일반암으로 처리
- 회사별 산정기준의 차이로 보험금이 달라지는 불합리 발생
⇨ 진단받은 질병이 이차성 암으로 판정되는 경우
  - 일차성(원발부위) 암 발생부위를 알 수 없거나 상세불명인 경우에는 진단받은 표준질병사인분류대로 보험금을 지급하고
  - 일차성 암 발생부위를 알 수 있는 경우에 한하여 일차성 암에 따라 보험금을 결정하고 해당 위험률에 반영
    (예) 갑상선의 악성신생물(C73)과 림프절의 이차성 및 상세불명의 악성신생물(C77) 중 갑상선을 원발부위로 하는 경우를 갑상선암에 모두 포함한 위험률을 적용

[유의사항]
한국표준질병사인분류 지침서의 '사망 및 질병이환의 분류번호 부여를 위한 선정준칙과 지침'에 따라 C77~C80(이차성 및 상세불명 부위의 악성신생물(암))의 경우 일차성 악성신생물(암)이 확인되는 경우에는 원발부위(최초 발생한 부위)를 기준으로 분류합니다.
(2011년 4월 이후 약관규정)

[금융감독원 '소비자 권익보호를 위한 약관개선, 2011.3.13]

2011년 4월 이후의 암보험금 지급관련 약관 규정 중 〈유의사항〉이 새롭게 추가되었습니다. 해당 약관내용은 C77~C80에 해당하는 이차성 및 상세불명 부위의 악성신생물(암)의 경우 일차성 악성신생물(암)이 확인되는 경우에는 원발부위(최초 발생한 부위)를 기준으로 분류한다고 규정하고 있습니다.

이는 금융감독원의 '소비자 권익보호를 위한 약관개선' 사항 중 하나로 2011년 3월에 예고되었고 보험회사는 2011년 4월부터 금융감독원의 지침 하에 새롭게 추가된 '유의사항'에 근거하여 암진단금을 지급하고 있습니다.

사례를 들어 설명해 보겠습니다.

> 갑상선암이 의심되는 한 환자가 병원에서 조직검사를 시행한 후 갑상선암 진단을 확정 받았습니다. 해당 환자가 진단받은 질병분류는 코드는 C73과 C77이었습니다. 갑상선암이 림프절까지 전이가 된 관계로 C77코드까지 부여받게 된 것입니다. 이런 경우 위의 약관규정에 근거하여 림프절 전이암은 원발암인 갑상선암(C73)이 확인이 되었기 때문에 원발암인 갑상선암(C73)기준으로 보험금이 지급이 됩니다. 즉 일반암이 아닌 소액암으로 지급이 되는 것입니다.

결론적으로 암 보장 금액을 보다 높일 필요가 있습니다. 그래야 소액암의 보장 금액도 늘어날 수 있기 때문이고, 원발부위를 기준으로 지급될 경우에도 보다 높은 보험금을 받을 수 있기 때문입니다.

이렇게 상담하세요

고객 현황

45세 기혼 남성, 고등학교 교사, 종신보험과 암보험 가입 중. 최근 암보장에 대한 리모델링 여부를 고민하고 있는 상황

> 🧑 고객님께서 가입하신 암보험은 갑상선암을 일반암 기준으로 지급하는 것인가요 아니면 소액암 기준으로 지급하는 것인가요?

네. 무슨 뜻이죠?

> 🧑 아~ 잘 모르셨군요. 암보험은 가입시점마다 보장내용이 조금씩 다릅니다. 가령 암진단을 받으면 3천만 원(보험가입금액)이 지급될 것이라고 생각을 했는데 실제 지급받은 금액은 암진단금의 10~20% 정도의 소액암 기준으로 지급될 수 있습니다. 그래서 내가 가입한 암보험에서 암 종류별로 일반암 기준으로 보장을 받는지 소액암 기준으로 보장을 받는지 확인해야 합니다. 나중에 정말 당황하실 수 있으니까요. 암보험을 가입한 시점이 언제시죠?

제 기억으로는 2005년에 종신보험에 가입하였는데 그 보험 안에 암 진단비가 있어요. 그리고 2013년에 지인 소개로 암보험을 별도로 하나 더 가입했습니다.

> 🧑 그러시군요. 그렇다면 2005년에 가입한 종신보험에 있는 암보장에서는 일반암으로 지급될 것이고, 2013년에 가입한 암보험에서는 소액암 기준으로 지급되겠네요. 반면 기타피부암은 두 경우 모두 소액암 기준으로 보험금이 지급될 것입니다. 알고 있으셨나요?

아니오. 여러가지로 복잡하네요.

> 🧑 하하. 네, 좀 복잡하죠. 그렇지만 알고 있으셔야 나중에 당혹스럽지 않

으실 수 있으니까요… 그런데 갑상선암은 한쪽에서 일반암으로 보장을 받는데 기타피부암은 왜 양쪽 다 소액암으로 지급되는지 아시나요?

으음…그것도 가입시점에 따라 달라서 그런가요?

네, 맞습니다. 기타피부암은 좀 더 빨리 약관 규정이 바뀌었습니다. 2003년 10월경 이전에는 일반암으로 지급이 되었는데요 그 이후에는 소액암 수준으로 보험금이 지급되고 있습니다. 그래서 고객님께서 가입한 암보험은 모두 2003년 10월 이후라 소액암으로 지급이 되는 것이죠. 이해되시죠? 그런데 이런 소액암도 재발과 전이의 위험이 있다는 사실을 아시죠?

네

고객님과 제가 지금보다 나이가 더 들면 이런 현상은 훨씬 일반적일 텐데요, 오랜 치료와 간병, 그리고 사망 전에 사용하게 되는 많은 병원비를 무엇으로 감당할 것인지에 대해 걱정하지 않을 수 없게 되었습니다. 이런 사회환경 변화에 대비할 필요성이 더욱 커지고 있는 상황이 되어버렸어요. 고객님 주변에도 고령이시라 장기간 병원에 계속 입원하시거나 요양원에서 생활하는 어른들이 많으시죠?

그건 그래요. 저희 친구 부모님 중에도 있어요.

제 주변에도 정말 그런 분들이 많으세요. 이런 일들이 발생하는 이유는 의료기술 발달로 수명이 빠르게 길어졌기 때문인데요, 이제는 사망 전에 상당히 큰 비용을 사용할 수 밖에 없는 시대가 된 것 같습니다. CI보험은 이런 변화에 맞춰 비교적 최근에 개발된 보험입니다.

이 상품은 기존의 종신보험의 장점을 대부분 가지고 있으면서 상황에 따라 사망보험금을 미리 받아 활용할 수 있는 기능까지 포함되어 있어요. 즉, 사망보험금도 준비하고 적립된 보험료로 필요한 목돈 수요에도 대비하면서 중대한 질병이 발생하면 사망보험금을 미리 받을 수도 있는 상품입니다.

그림으로 풀어보는 CI 보험 실전 활용 포인트

가입시점에 따른 암보장의 축소에 대한 설명을 통해
소액암의 증액을 추천하거나 CI보험 가입을 제안합니다.

보험증권 회수 및 보장내용 점검
⇒ 일반암에서 소액암으로 변경된 사항 확인 체크리스트
 · 갑상선암이 일반암으로 보장되는가?
 · 기타피부암이 일반암으로 보장되는가?
 · 대장점막내암이 일반암으로 보장되는가?
 · 기가입 암보장내용이 2011년 4월 이후 약관변경사항의 적용을 받는가?

암보장금액 증액플랜 및 CI보험 제안
⇒ 소액암의 재발 및 전이를 고려하여 증액플랜 설명 및 CI보험의 추가가입 제안

보험 가입시점에 따라 암보장의 내용변경을 설명해야 하는 이유는 크게 두 가지 입니다.

첫째, 고객 관점에서 생각해 볼 때 보험금 지급관련 분쟁이 없어야 한다는 것입니다.

둘째, FP 관점에서 본다면 고객의 기가입 보험증권을 효과적으로 회수하기 위한 전략이 될 수 있다는 점입니다.

암보장이 확대된 부분도 물론 중요하지만 컨설팅의 효율성을 위해 보장축소에 초점을 맞춰 상담을 시작하고, 추후 확대된 보장부분으로 진행하는 순서가 보다 효율적입니다. 질문화법으로 암 종류별로 일반암 보장여부를 묻습니다. 대부분 고객은 질문에 정확한 답을 하지 못할 가능성이 큽니다. 왜냐하면 암 종류별 보장축소의 변경 시점이 다르기 때문에 전문가가 아닌 이상 알기가 쉽지 않기 때문입니다.

갑상선암, 기타피부암 등에 대해서 소액암 보장인지 일반암 보장인지 증권내용을 보면서 확인할 필요가 있다고 제안을 합니다. 더불어 최근 대장점막내암까지 소액암화 되는 경향이 강해 이 부분으로도 증권회수를 요청할 수 있습니다.

아울러 2011년 4월 이후 새롭게 추가된 암보장 약관개정 사항을 설명함으로써 소액암의 증액을 추천하거나 CI 보장을 통해 암 발생에 따른 위험을 분산해야 함을 제안하도록 합니다.

주요 질병의 보장규모 설명을 활용한 판매 방법

주요 질병에 대한 보장규모는 어떻습니까?

적절한 질병 보장규모에 대해 상담하는 포인트는?

"과연 얼마 정도의 진단비를 보장받는 것이 적절한가요?"라고 고객이 질문할 때 어떻게 설명하십니까?

적절한 보장규모는 고객의 경제적 상황, 보험료 납부여력, 가족력, 기가입 보장보험을 고려해 판단해야 한다고 설명하고 계신가요? 이런 답변은 당연히 맞는 설명입니다만 뭔가 논리적 근거가 다소 부족하다고 느껴지는 것 또한 사실입니다. 적절한 보장규모를 주제로 상담하는 것은 보험영업에서 매우 중요한 포인트입니다.

이를 위해서는 다음과 같은 스토리 라인을 만드는 것이 좋습니다. 먼저, 일반적인 상황일 때 필요한 의료비 규모에 대해 설명하면서 노인가구의 의료비 지출비중이 당연히 높을 수밖에 없음을 설명합니다.

다음으로, 국가가 지원하는 의료비로 과연 감당이 가능한 지를 주제로 설명을 이어갑니다. 이때 적절한 사례를 활용하면 더 효과적입니다. 대표적인 질병인 암에 대한 치료비를 설명할 때는, 실제로 고객이 부담하는 경제적 비용 개념으로 설명합니다.

또 하나 뇌졸중 및 뇌질환에 대한 치료비는 별도로 설명할 필요가 있는데, 이 질병은 소득상실에 따른 위험이 매우 크기 때문입니다. 이를 통해 적절한 보장금액을 안내하고 가입 또는 추가가입을 권유하는 순서로 진행하는 것이 좋습니다.

일반가구와 노인가구의 의료비 지출에는 큰 차이가 있습니다.

40대와 60대는 버는 돈과 쓰는 돈에 큰 차이가 있습니다. 40대는 매월 317만 원을 지출하고 보건비용으로 5.8%를 사용합니다. 오락비가 6.9%인 것과 비교하면 크게 부담이 되지 않는 수준이라고 할 수 있습니다. 그러나 60대 이상은 월 지출 181만 원 가운데 보건의료비로 11.2%를 사용합니다. 40대에 비해 비율로는 2배나 높습니다.

한편, 노인 1인 가구는 월 79만 원의 지출에서 보건의료비로 13.4%를 사용하고 있으며, 노인부부의 경우에는 170만 원을 지출하고 이 중 13.8%를 보건의료비로 사용하고 있습니다.

여기에서 보건의료비는 일반적인 가정의 평균적인 보건의료비를 의미

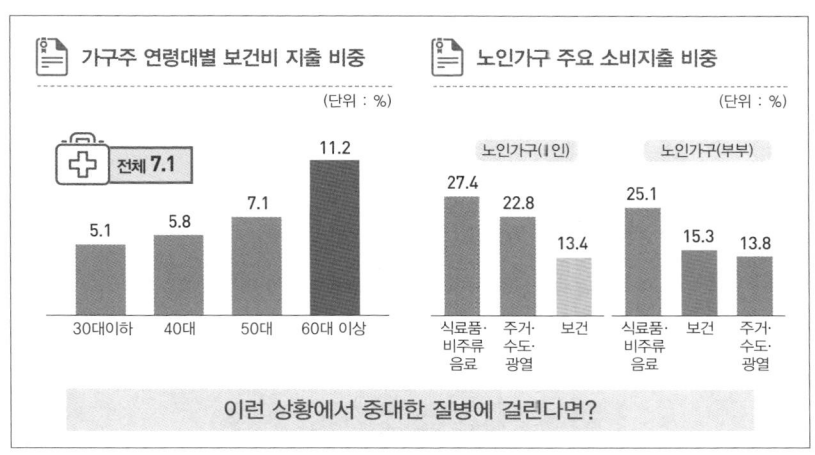

[2017년 가계동향조사(지출부문)결과, 통계청]

합니다. 즉, 중대한 질병에 걸렸을 경우는 포함하지 않았다는 것입니다. 만약, 가족 중 한 사람에게 중대한 질병이 생기게 된다면, 과연 얼마나 필요할까요?

실제 겪어보면 전혀 다른 치료비 부담

우리나라는 암이 발병하게 될 경우 국민건강보험의 산정특례제도가 적용되어 의료비부담을 완화시켜주고 있습니다. 산정특례제도란 진료비 부담이 큰 암, 희귀난치성질환, 중증화상, 중증치매, 결핵의 본인부담금 경감혜택(0~10%)을 적용하는 제도로 1983년 10월에 도입되어 2005년부터 본격적으로 확대되었습니다. 이에 따르면 암은 5%만 본인이 부담하면 됩니다. 그래서 걱정이 없다고 생각하는 분들이 많습니다.

```
┌─────────────────────────────────────────────────┐
│              2년 사이 무슨 일이?                  │
│  ─────────────────────────────                  │
│                                                 │
│  ■ 부산 사는 이모씨, 발견 당시 암 3기             │
│  ■ 4기로 넘어갈 때 수술(5%만 본인부담)            │
│  ■ 검사~수술까지 한 달 동안 1,300만 원 지출       │
│    (수술 후 3일 중환자실, 일반실 10일 사용, 간병인 고용) │
│  ■ 두 달 요양병원 월 160만 원                    │
│  ■ 1년 후 재발, 수술없이 항암치료, 요양병원 입원과 퇴원 반복(3천만 원) │
│    = 총 5천만 원 사용                            │
└─────────────────────────────────────────────────┘
```

```
┌─────────────────────────────────────────┐
│    서울 왕복 교통비와 동반가족의 비용 부담    │
└─────────────────────────────────────────┘
```

그런데, 실제로 환자와 가족이 부담하는 비용은 이보다 훨씬 많았습니다. 사례에서 보듯이 직접치료비 외에 추가적인 비용이 생각보다 크게 지출됩니다. 5%의 입원, 수술비만 부담했지만, 간병인, 요양병원 입원, 재발 후 항암치료 등을 받으면서 비급여 부분이 많았기 때문입니다.

이것으로 끝나는 것이 아닙니다. 실제 치료비에 포함되지 않는 교통비와 식비, 동반가족의 지출까지 포함하면 5천만 원을 훨씬 넘어가는 부담을 하게 됩니다.

여기에 또 하나 포함할 것이 있습니다. 암으로 인해 일을 그만둘 수밖에 없고, 배우자 또한 간병으로 인해 일을 그만두면서 발생하는 소득상실의 기회비용까지 포함해야 합니다. 결국 한 사람의 질병으로 인해 다른 가족의 소득까지 사라지는 악순환이 시작되는 것입니다.

> 실제 고객이 부담하는 경제적 비용을 기준으로 보장 준비 필요

암 보장은 어느 정도나 준비해야 할까요? 고객의 경제상황, 가입여력, 나이, 가족력 등을 고려해 결정해야 하지만 암 발병 시 필요한 기본적인 비용이 어느 정도인지 알고 가입하는 것이 기본일 것입니다.

우리나라 사망원인 1위는 암입니다. 자료의 사망원인과 사망률은 통계청의 사망원인, 사망률과 차이가 납니다. 이는 보험개발원이 보험가입자를 대상으로 분석한 통계이기 때문입니다. 자료에 따르면 암 종류별로는 폐암, 간암, 위암 순으로 사망률이 높습니다.

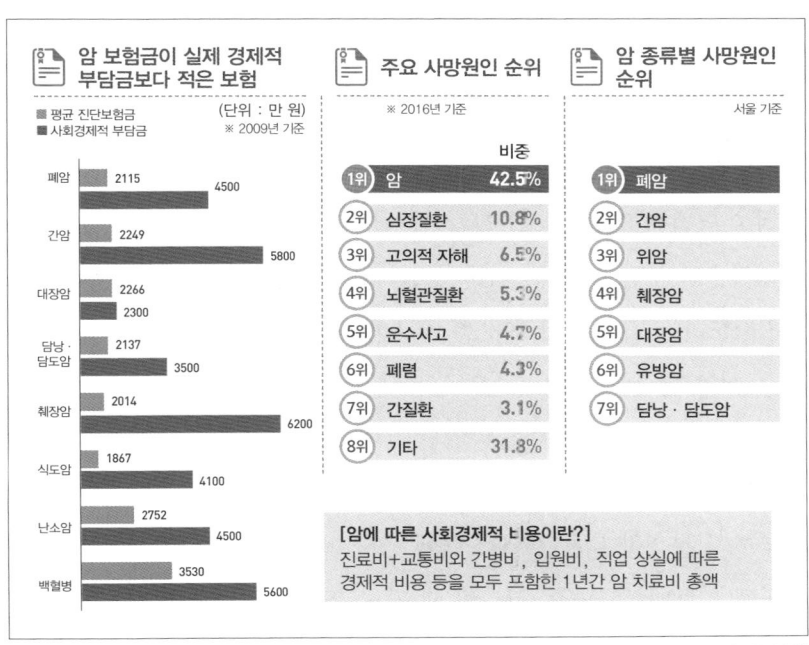

[보험개발원]

많은 사람들이 암에 걸리면 치료비가 걱정이라고 이야기 합니다. 그런데 암 환자 가족들은 표면적인 치료비보다 실제 경제적 부담은 훨씬 더 크다고 말합니다. 그래서 만들어진 개념이 사회경제적 부담이란 개념입니다.

암으로 인한 「사회경제적 부담금」이란 진료비에 교통비와 간병비, 요양병원 입원비, 직업상실에 따른 경제적 비용 등을 모두 포함한 1년간 암 치료비 총액을 의미하는 개념입니다. 이런 개념을 바탕으로 가장 광범위한 조사가 2009년에 이루어졌는데 거의 대부분의 암이 5천만 원 이상의 사회경제적 부담이 있는 것으로 나타났습니다. 이에 비해 준비된 진단보험금은 절반 수준에도 미치지 못하고 있습니다. 구체적으로 살펴보면 다음과 같습니다.

진단보험금과 사회경제적 부담금의 차이가 가장 큰 암은 췌장암으로 나타났습니다. 췌장암의 평균 진단보험금이 2,014만 원인 반면, 사회경제적 부담금은 6,200만 원으로 나타난 것입니다. 또 하나 고려할 것은 사회경제적 부담금은 1년 기준이지만 암 환자가 치료받는 기간이 최소 3년 정도라는 점을 감안하면 총 치료비는 1억 원을 넘는다는 것도 염두에 두어야 합니다. 1년 기준으로만 따지더라도 암 보장의 적정 금액은 5,000만 원 이상이 필요한 것입니다.

지금까지 분석한 비용은 2009년에 조사한 내용입니다. 현재의 물가상승률과 의료비 상승률을 고려할 때 필요금액은 더욱 커졌을 것입니다.

한편, 보험개발원이 발표한 '은퇴시장 설문조사'에 따르면 은퇴 준비자들은 암 치료비가 2,412만 원 수준일 것으로 예상하고 있습니다. (간병비와 입원비 등 제외) 고객의 생각과 실제 부담해야 하는 액수에는 큰 차이가 있는 것입니다.

뇌졸중, 가장 큰 경제적 고통을 가져다 주는 병

뇌졸중으로 병원에서 진료받은 환자 수는 연간 57만 명(2016년 기준)에 이를 정도로 발병자가 많은 질병입니다. 사망원인 1위는 암이지만 단일 질환을 기준으로 보면 뇌졸중으로 인한 사망자 수가 더 많습니다.

뇌졸중의 두려움은 사망뿐만 아니라 심각한 후유증에 있습니다. 대부분 언어, 인지기능 장애로 식사 등 일상생활에 어려움을 겪게 됩니다.

뇌졸중은 발병 뒤 1년 내 10.4%가 사망할 정도로 사망률도 높습니다. 발병 2년 뒤에도 독립적 일상생활이 불가능한 환자는 33.1%로 3명 중 1명꼴이며, 28.1%는 4년 뒤에도 제대로 거동하지 못했습니다. ('뇌졸중 환자의 재활분야 장기적 기능수준 관련 요인에 대한 10년 추적조사 연구, KOSCO)

뇌졸중의 경우 발병에 따른 직접의료비용은 평균 2,300만 원 정도인데, 그 중 입원비용이 평균 123만 원, 한방치료 비용은 평균 420만 원, 민간요법에 지출된 비용은 평균 119만 원 정도입니다. 치명적이라고 하기에는 생각보다 큰 액수는 아닌 정도입니다.

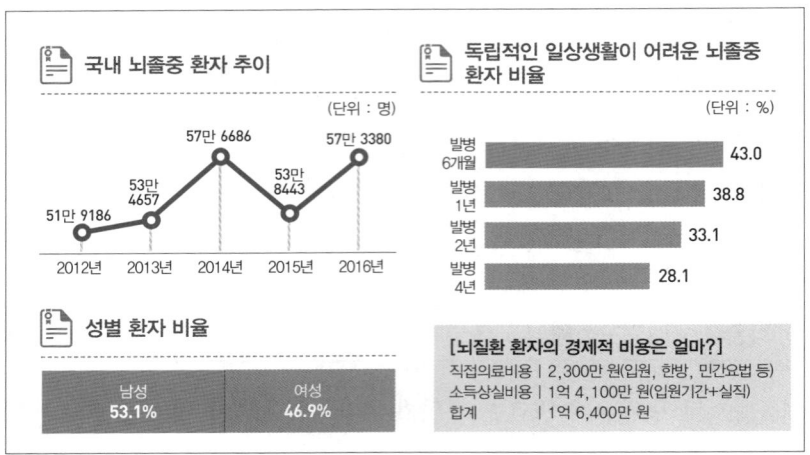

[건강보험심사평가원]   [뇌질환의 비용추계:개인적, 사회적 비용, 2010 보고서]

정말 큰 비용은 기회비용인데, 환자들은 평균 192일에서 최장 822일 동안 입원하였습니다. 뇌질환 발병 전 직업이 있었던 61.3%(남성 77.6%, 여성 39.5%) 가운데 직업을 유지한 경우는 전체의 6.7%(남성 8.5%, 여성 1.9%)에 불과했습니다. 발병 후 실직된 경우 평균 2억 2,000만 원의 소득이 손실되었고, 실직하지 않은 경우에도 2억 500만 원의 소득 손실이 있는 것으로 나타났습니다. 발병 전 무직인 분들을 포함해도 평균 1억 4,100만 원의 소득이 감소하는 것으로 추정할 수 있습니다.(뇌질환의 비용 추계 : 개인적 사회적 비용, 2010년)

이 둘을 합하면 뇌질환으로 인한 경제적 비용은 1억 6,400만 원이나 되고, 직접의료비용 보다는 소득상실로 인한 경제적 고통이 훨씬 큰 질환임을 알 수 있습니다. 또한 2010년 분석 결과인 점을 감안할 때 지금은 부담이 더 커졌을 것으로 예상됩니다.

이렇게 상담하세요

고객 현황

50세 여성, 주부. 남편은 사업을 하고 있으며, 높은 소득 유지 중이며, 보유 자산도 상당한 가정

🧑‍💼 요즘 저는 고객님들의 질병보장에 대한 리모델링을 많이 해드리고 있어요. 고객님도 질병 진단비를 보장 받는 보험은 있으시지요?

네 있죠….

🧑‍💼 혹시 보장금액이 얼마인지는 기억하시나요?

제 기억으로 3천만 원 수준 정도인 것 같은데요… 보험에 더 가입할 필요는 없을 것 같으니 가입하라고 하지 마세요.

🧑‍💼 하하하~ 제가 고객님께 무리하게 보험가입을 권유한 기억은 없는 것 같은데요, 걱정하지 마세요, 고객님을 불편하게 해 드리지는 않을 거예요. 다만 꼭 고려하셔야 할 부분들이 있어서 알려 드리려고 합니다. 가장 치명적인 질병이 암이란 건 아실 텐데요, 혹시 실제로 암이 발생하면 어느 정도의 치료비가 드는지 알고 계시는지요? 제가 실제 암 환자 가족의 치료비를 확인해 보았거든요

글쎄요 한 3천만 원 정도 들지 않나요?

🧑‍💼 실제 암 수술비와 직접 치료비는 그보다 좀 적습니다만, 실제 부담하는 경제적 비용은 거의 5천만 원에서 6천만 원 가까이 됩니다.

그렇게 많아요?

🙍 암은 건강보험 산정특례가 적용되기 때문에 5%~10% 정도만 병원비를 부담하면 되는데요, 문제는 그 외의 추가적인 비용이 상당히 많다는 점입니다.

간병인 사용, 요양병원 입원, 재발 후 항암치료 등은 가족이 지급해야 하는데, 1년에 거의 5천만 원 가까이 들어갑니다. 여기에 또 하나 고려할 비용이 있습니다.

또 들어가는 돈이 있나요?

🙍 암이나 뇌졸중과 같은 질병은 수술했다고 하더라도 완치가 어렵고 후유증이 남습니다. 실제 이런 병에 걸린 후 일을 하지 못하는 분들이 대부분인데요, 잃어버리는 소득도 고려하셔야 하거든요. 그 비용이 거의 1억 5천만 원에 가깝다고 합니다.

그래서 중대한 질병에 대한 보장은 진단비가 필요하고 최소한 5천만 원에서 1억 원을 가지고 계셔야 합니다. 실제 해당 질병을 가진 가족들은 이 부분 때문에 더 큰 경제적 어려움에 부닥치고있습니다.

그림으로 풀어보는 CI 보험 실전 활용 포인트

 암보험 가입률(2012년 기준)

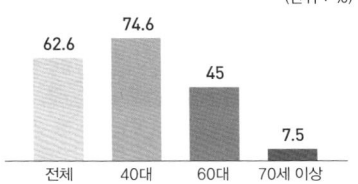

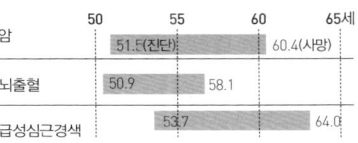

3대 질병 평균 진단 및 사망 연령

[보험개발원]

환자와 환자 가족의 실제 삶을 들여다 보면 CI보험이 필요한 이유가 더욱 명확해 집니다. 암이나 뇌졸중과 같은 질병은 직접치료비 외에 경제적 손실에 따른 어려움마저 짊어져야 하기에 고액의 진단자금이 필요합니다. 보험개발원 조사에 따르면 2012년 말 기준으로 암보험에 가입한 인구는 3,131만 명으로 가입률은 62.6%입니다.

문제는 이 가입률이 연령별로 큰 차이를 보인다는 점인데요, 30·40·50대 가입률은 각각 73.8%, 74.6%, 69.9%로 평균 수치를 크게 웃도는 반면, 60대의 가입률은 불과 45%에 그치고 있고 심지어 70대 이상 연령대에서는 7.5%에 불과합니다.

그리고 암이나 뇌출혈, 급성심근경색과 같은 질병이 발생하더라도 곧바로 사망하는 경우는 많지 않습니다. 통계적으로 암보험에 가입한 고객중 암으로 진단받은 환자들은 평균 51.5세에 암 진단을 받고 60.4세에 사망한다고 합니다.

암과 함께 '3대 질병'으로 불리는 뇌출혈과 급성심근경색은 조기사망 위험이 암보다 1.7배 더 크지만 발병 후 8년에서 10년 더 생존합니다. 뇌출혈 환자는 평균 50.9세에 진단을 받고 58.1세에 사망해 암보다 진단과 사망시기가 더 빨랐습니다. 급성심근경색 환자는 평균 53.7세에 진단받고 64.0세에 사망한 것으로 파악되었습니다.

직접 치료비보다 추가되는 비용의 부담이 갈수록 커지고 있어 최소한 5천만 원 이상의 보장이 필요한 시대가 된 것으로 판단됩니다. 우리는 소중한 가족이 좀 더 오래 살기를 바라지만 오래 살수록 경제적 곤궁은 더 심각해 질 수 있으므로 일정 규모 이상의 질병 보장준비는 필수라고 할 수 있습니다.

30 CI Insurance

보장트렌드 변화에 맞춘 핵심 보장설계 방법

최근 보장트렌드 변화에 맞춰 꼭 준비해야 할 담보는?

> 최근 보장트렌드의 변화를 고객에게 설명하는 것이 중요한 이유는?

소득이 낮고, 안정적인 직업이 많지 않았던 시절, 게다가 국민건강보험도 큰 역할을 하기 어려웠던 시절, 그 당시에는 그렇게 중대하지 않은 질병으로도 많은 분들이 사망했습니다.

1990년 겨우 67.3세에 불과했던 남성의 평균 수명이 2017년에는 79.7세로 무려 12년이나 늘어났습니다. 수명이 길어지면서 발생하는 의료화 현상으로 인해 의료비 지출도 급속히 늘어났습니다. 이제 사소한 질병은 감기처럼 잠깐 병원에 갔다 오면 해결되는 시대가 된 것이죠.

한편, 수명의 증가와 의료기술의 발달 결과 유병장수기간이 늘어나게 되어 인생 후반기라는 특정 시점에 필연적으로 많은 치료비와 간병비 지출이 집중되고 있습니다. 그래서 자연스럽게 CI보험은 앞으로 더욱 필요한 보험이 될 가능성이 높습니다.

이러한 보장트렌드의 변화추이를 고객에게 설명함으로써 CI보험을 활용하여 인생의 리스크를 시기별로 적절하게 대비할 수 있도록 설명하는 것이 상담의 포인트가 될 것입니다.

> 과거와 현재, 그리고 미래의 보장트렌드는 어떤 방향으로 갈까요?

고객의 적절한 보장플랜을 만들기 위해 어떤 위험이 고객에게 발생할 것인지를 과거와 현재의 주요 통계 트렌드 변화를 통해 예측해 볼 필요가 있습니다.

우리나라의 노인인구(65세 이상) 비율은 2000년에 7%를 넘어 고령화 사

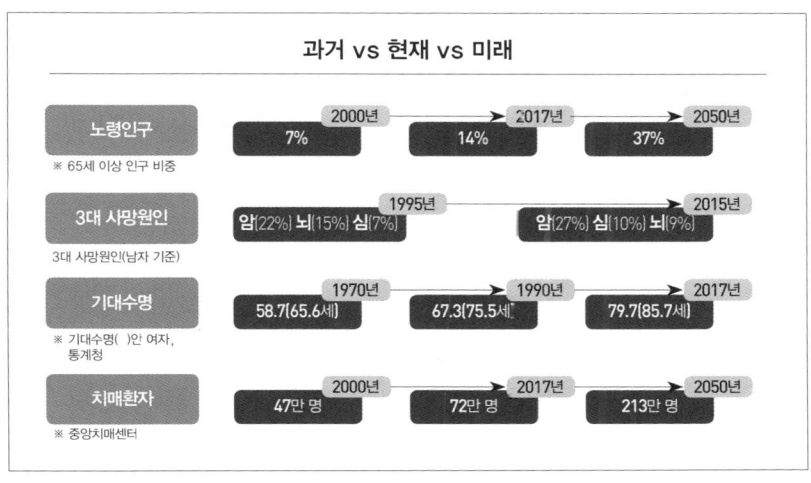

회에 진입했습니다. 그리고 2017년 8월에 14%를 돌파하면서 고령사회에 진입했고, 2050년에는 37%에 이를 것이라고 합니다.

3대 사망원인에도 변화가 있는데, 1995년에는 암, 뇌혈관질환, 심장질환 순이였는데, 2015년에는 암, 심장질환, 뇌혈관 질환으로 순서가 바뀌었습니다. 여기에 폐렴으로 인한 사망률이 크게 높아지고 있다는 점도 특이합니다. 또한, 암으로 인한 사망률은 다른 사망원인에 비해 빨리 높아지고 있습니다.

기대수명 또한 급속히 늘어나고 있는데, 1970년 남자의 수명은 58.7세(여자 65.6세)에 불과했던 것이 1990년에는 67.3세(여자 75.5세)로 늘어났고, 2017년에는 79.7세(여자 85.7세)로 더욱 높아졌습니다.

수명이 늘어나고 노인인구가 많아짐에 따라 치매 환자수도 크게 늘어나 2000년 47만 명이던 환자수가 2017년 72만 명으로 증가하였고, 2050년이 되면 213만 명으로 급증할 전망이라고 합니다.

이처럼 대부분의 주요 통계가 유병장수의 라이프 사이클을 가리키고 있습니다.

보장트렌드 변화에 맞춘 보장설계는 어떻게?

나이가 들어감에 따라 고객의 미래에는 어떤 일이 발생할까요? 이 부분을 어떻게 설명하느냐가 매우 중요합니다. 고객이 이런 트렌드 변화를 공감해야 가입니즈가 강해지기 때문입니다.

60대(은퇴하기 전)까지는 3대 사망원인을 구성하는 질병인 암, 심장질환, 뇌혈관질환의 위험성을 알릴 필요가 있습니다. 여자는 40대, 남자는 50대 이후 암 발병이 급증한다는 사실, 50대 이후 뇌졸중도 급증하기 시작해 60대, 70대까지 계속 위험이 증가하며, 급성심근경색은 소리 없이 다가와 목숨을 빼앗게 된다는 사실을 강조하고, 이러한 3대 사망원인으로 향후 더 많은 사람들이 사망하게 된다는 것을 알려줍니다.

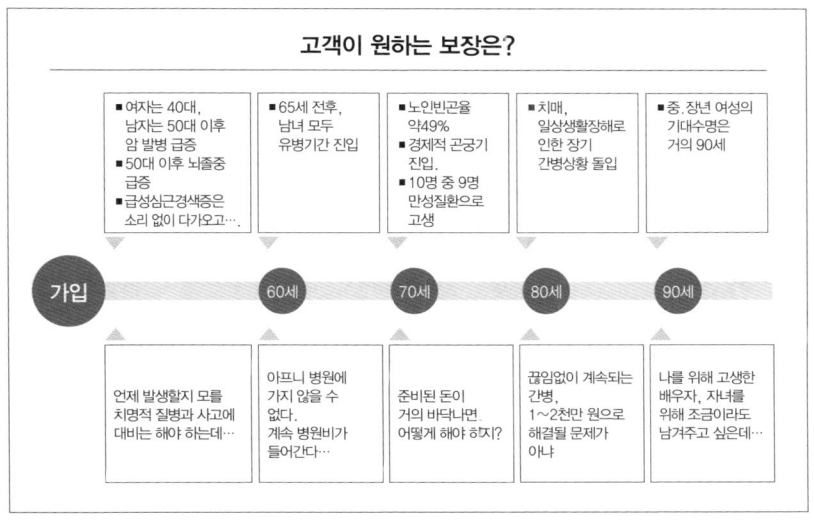

60대 이후에는 남녀 모두 본격적인 유병기간이 시작되어, 70대가 넘어가면 경제적 여유가 사라지고 대부분의 노인분들이 하나 이상의 만성질환을 앓게 됩니다. 그리고 70대 후반을 넘어서면 본격적인 간병기간이 시작되는데, 끝 모를 간병과 이에 따른 경제적 부담은 1~2천만 원의 돈으로 해결될 문제가 아님을 설명하고,

그리고 마지막… 고생한 가족, 배우자를 위해 무엇인가 남겨주고자 하는 부모의 마음을 이야기합니다. 이런 고객의 니즈에 부합하는 보장설계가 가능하다면 고객에게 큰 희망이 될 수 있음을 강조합니다.

이렇게 상담하세요

고객 현황

48세 남자. 근로소득자, 아내는 주부로 42세

> 저는 가끔 미래를 예측할 수 있다면 얼마나 좋을까 생각하곤 합니다. 고객님은 어떠십니까?

미래를 알 수 있다면 좋겠죠. 그런데 현재 상황에서 미래는 거의 뻔한 것 아닐까요?

> 하하하… 사실 그렇기는 합니다. 과거가 현재를 보여 주듯 현재가 미래를 보여주겠죠. 하늘에서 돈이 떨어지지 않는 한 우리는 현실을 직시하고 미래를 준비할 필요는 있다고 봅니다. 통계의 변화를 살펴보면 미래가 어떻게 펼쳐질지 대략 짐작할 수는 있습니다. 가장 객관적인 기준이니까요. 그래서 제가 고객님이 알아두시면 도움이 될만한 몇가지 트렌

드의 변화를 알려드리려고요

그래요? 그럼 좋죠

제가 통계를 살펴보니 모든 지표가 한 방향으로 움직이는데요, 한마디로 오래 살게 되고, 안 죽게 되고, 오랜기간 병원에 다니게 되어 노후생활이 심히 걱정된다는 것입니다.

우리나라의 노인 인구비율은 이미 14%를 돌파하여 고령사회에 진입했고, 2050년에는 37%에 이를 만큼 노령화가 빨라지고 있습니다.

3대 사망원인에도 변화가 있는데, 암, 심장질환, 뇌혈관질환의 사망률이 더 높아지고 폐렴으로 인한 사망률 또한 크게 높아지고 있는데요, 폐렴은 나이가 들어 허약하면 오는 질병입니다. 특이한 점은 암으로 인한 사망률이 더욱 큰 비중을 차지할 것 같은데요, 남자의 30%는 암으로 사망할 것 같습니다.

기대수명 또한 급속히 늘어나고 있는데, 1990년 남자 수명이 67.3세였는데, 2017년에는 79.7세로 나타나고 있습니다. 10년에 약 4살씩 길어지고 있네요.

수명이 늘어나고 노인인구가 많아지면 치매 환자 또한 함께 늘어나게 됩니다. 현재 72만 명으로 추산되는데요, 2050년이 되면 213만 명으로 급증할 전망이라고 합니다.

그렇군요… 하긴 걱정이 좀 되기는 합니다.

보험은 확률에 기반하고 있기 때문에 효과적인 보장설계를 위해서는 트렌드의 변화를 읽는 것이 정말 중요합니다. 미래에 발생확률이 높은 질병이 있다면 빨리 준비하는 것이 더 유리하겠죠? 저는 이런 관점에서 보장설계를 해 드리고자 합니다.

그림으로 풀어보는 CI 보험 실전 활용 포인트

변화 1 여성은 40대, 남성은 50대 이후 암 발병 급증, 50대 이후 뇌졸중 급증, 심근경색 위험
⇨ CI보험의 주계약이 중대한 질병 집중보장, 암특약과 CI 추가보장특약으로 준비

변화 2 65세 이후 본격적인 생활비 부족이 발생하고, 병원비 지출 증가
⇨ CI보험의 중도인출, 연금전환 서비스, 생활자금 전환 서비스와 같은 인출 서비스 활용해 준비

변화 3 80세 전후, 끝 모를 장기간병 및 치매간병상황의 발생 확률은 더 높아지고
⇨ CI보험 주계약의 LTC보장, 두 번째 CI/LTC보장 특약을 활용해 준비

변화 4 고생한 가족에게 조금이라도 도움이 되었으면…
⇨ CI보험 주계약의 사망보험금이 남겨진 가족에게 제공됨

※상품마다 차이가 있을 수 있으므로 해당 상품의 약관을 참조하시기 바랍니다.

바뀌고 있는 보장 트렌드에 꼭 맞는 상품이 CI보험입니다. 네 가지 주요 변화를 설명하고 CI보장이 어떤 역할을 하는지 알려주세요.

첫째, 은퇴 전 발생할 수 있는 중요한 질병, 사망에 대한 준비 부분으로, 여자는 40대, 남자는 50대 이후 암 발병과 뇌졸중이 급증하고, 급성심근경색증은 돌연사 1위일 만큼 준비되지 않은 상황에서 나타납니다. CI보험의 주계약이 중대한 질병을 집중보장하고 있으며, 암특약과 CI 추가보장특약을 활용하면 적절한 준비가 가능합니다.

둘째, 60대 중반 이후부터 유병기간이 시작되고 70대 이후 본격적인 생활비 부족 상황이 발생하며, 병원비 지출이 크게 늘어날 것입니다. CI보험의 다양한 인출 서비스를 활용(예: 중도인출 기능 활용, 연금전환 서비스, 생활자금 전환 서비스, 부분전환 서비스 등)

셋째, 80세 전후가 되면 끝 모를 장기간병과 치매간병상황이 발생할 확률이 더 높아지게 되는데요, 이 시기는 모아둔 돈이 거의 고갈되는 시기이기도 합니다. 따라서 CI보험 주계약의 LTC 보장, 두 번째 CI/LTC 보장특약을 활용하면 준비할 수 있습니다.

넷째, 사람은 누구나 사랑하는 가족을 위해 무엇인가를 주고 싶어 합니다. 아무리 가난해도 그 마음은 변하지 않습니다. 이런 마음을 행동으로 옮길 수 있게 하는 것이 CI보험입니다. CI보험은 기본적으로 사망보험이므로 주계약의 사망보험금이 남겨진 가족에게 경제적 도움을 제공합니다.

31 CI Insurance

CI보험의 서비스 특약의 내용과 중요성을 설명하는 방법

CI보험에 있는 서비스 특약을 아시나요?

> **CI 보험의 장점 중 하나는 다양한 서비스 특약입니다**

CI보험이 가지는 장점 중 하나가 다양한 서비스 특약을 갖추고 있다는 것입니다. 회사에 따라 서비스 내용이 다를 수 있으므로 일반적인 서비스 특약 가운데 중요한 내용 기준으로 알아보도록 하겠습니다.

서비스 특약이란 가입자가 별도의 비용부담 없이 활용할 수 있는 특약이란 의미입니다. 그 주요 내용을 살펴보면 다음과 같습니다.

첫째, 납입면제 특약입니다. 때로는 별 것 아닌 것 같다고 느끼는 사람들도 있지만, 막상 해당되는 경우 정말 큰 도움이 되는 특약입니다.

둘째, 사후정리 특약은 보험금을 바로, 빨리 받을 수 있는 특약으로, 당장 돈이 필요할 때 큰 도움이 되는 특약입니다.

셋째. 연금전환 특약이 있습니다. CI보험은 보험료의 일부가 적립되는데 시간이 지날수록 적립금이 커지게 됩니다. 이를 재원으로 노후 생활자금이 부족할 때 활용할 수 있습니다.

넷째. 선지급서비스 특약입니다. 피보험자의 여명이 12개월 이내인 것으로 진단받을 경우 미래 사망보험금의 일부를 선지급합니다.

다섯째. 대리청구인 지정서비스가 있습니다. 만약, 피보험자인 계약자가 의식불명이나 치매 등으로 의사결정을 하기 어렵다면 보험금 청구에 문제가 생길 수가 있습니다. 이를 해결하기 위해 계약체결 시 1명을 보험금 대리청구인으로 지정하여 보험금을 대신 청구할 수 있도록 하는 서비스입니다.

이 외에도 다양한 서비스가 있으므로 이를 활용할 수 있도록 고객에게 안내할 필요가 있습니다.

고객을 편안하게 하는 CI보험의 주요 서비스 특약

CI보험의 서비스 특약 중 보험료 납입면제특약이란 전문의가 피보험자의 여명이 12개월 이내인 것으로 진단하고 계약자가 보험료 납입면제를 신청할 경우 사망할 때까지 별도 비용없이 보험료 납입을 면제하는 것입니다. 이때, 보험계약이 해지되지 않고, 최대 12개월 한도 내에서 보험료의 납입을 면제받을 수 있습니다. 납입이 면제된 보험료는 이후

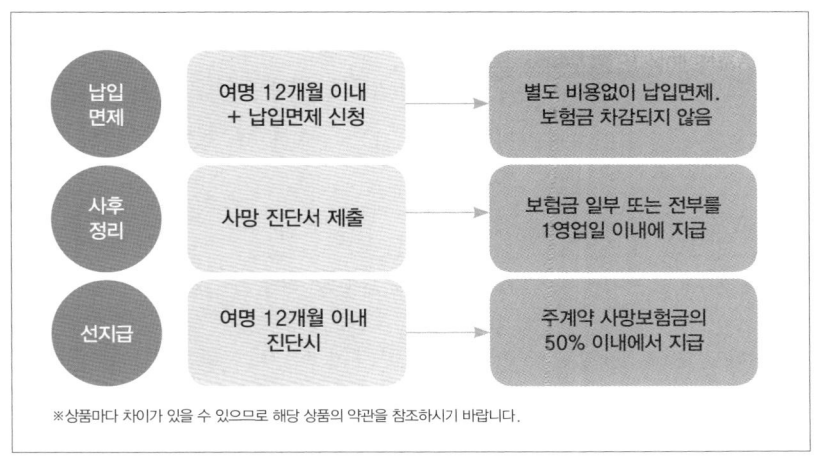

사망보험금 등 제지급금에서 차감하지 않고 계약금액을 모두 지급하므로 보험금이 줄어드는 것이 아닙니다.

사후정리, 선지급서비스 특약은 보다 쉽게, 빨리 보험금을 받을 수 있도록 하기 위한 것입니다. 사망보험금 지급을 청구할 경우 보험회사는 지급청구를 심사하고 지급을 결정하는데 다소 시간이 필요합니다. 고객은 당장 돈이 필요한데 늦게 지급되면 그 만큼 경제적 불편이 지속될 수 있으므로 사후정리특약을 통해 별도의 조사없이 사망진단서 제출만으로 보험금의 일부 또는 전부를 1영업일 이내에 받을 수 있습니다. 이때 피보험자 1인당 3천만 원 등 금액에 제한이 있을 수 있고, 재해사망보험금 등은 사후정리 특약이 적용되지 않을 수 있으니 상품별로 확인이 필요합니다.

선지급서비스 특약이란 전문의가 피보험자의 여명이 12개월 이내인 것으로 진단한 경우 주계약 사망보험금의 50%이내에서 지급하게 되는데, 주계약 금액에 따라 지급비율이 달라질 수 있으므로 유의해야 합니다.

> **CI상황이 발생하지 않아도 보험금의 일부를 받을 수 있는 서비스**

큰 병에 걸리지도 않고 건강을 유지한다면 이 보다 좋은 일이 없을 것입니다. 그런데, 건강하더라도 돈이 필요할 경우가 발생할 수도 있습니다. CI보험은 이런 상황에도 활용할 수 있습니다.

먼저, 매월 생활비가 부족할 수 있는데, 이 때는 연금전환 특약을 통해 자금 활용이 가능합니다. 한편, 갑작스럽게 일시적으로 목돈이 필요할 수도 있습니다. 이 경우에는 중도인출 기능을 활용할 수 있습니다. (일부 CI 상품은 생활자금전환 서비스나 보험금 부분 전환 서비스를 제공하기도 합니다.)

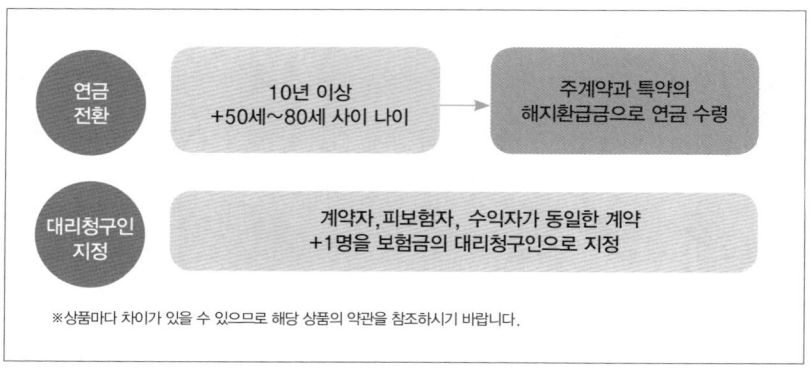

연금전환 특약은 주계약의 보험기간 중 보험계약자의 신청에 따라 주계약과 특약의 해지환급금으로 연금을 수령할 수 있는 서비스입니다. 연금전환 신청시 주계약과 특약은 해지되며, 이 특약은 미래에 노후생활자금이 필요할 경우 활용하면 좋습니다. 계약일로부터 10년 이상 지난 유효계약이면서 피보험자 나이가 50세에서 80세 사이일 때 신청할 수 있습니다. 연금은 종신연금형, 확정기간연금형, 상속연금형 중에서 선택할 수 있습니다.

CI보험은 일반적으로 유니버설기능을 가지고 있습니다. 보험 가입 후 약관에서 정한 납입경과기간(보통 2년, 24회 납입이 일반적이나 상품마다 다를 수 있음) 이후에는 해지환급금에서 월대체보험료를 충당할 수 있는 경우, 보험료를 납입하지 않을 수 있으며(해지환급금이 월대체보험료를 충당하지 못할 경우 계약이 해지될 수 있음) 계약자 적립금을 중도인출 하여 긴급 자금으로 활용할 수도 있습니다.

대리청구인 지정서비스는 계약자, 피보험자, 수익자가 동일한 계약인 경우 보험금을 청구할 수 없는 특별한 사정이 있을 경우를 대비해 보험금을 청구할 수 있도록 1명을 보험금의 대리청구인으로 지정할 수 있습니다. 의식불명이거나 의사결정을 할 수 없는 상태(중증치매 등)일 때 본인이 청구하는 것은 불가능합니다. 따라서 믿을 만한 분을 대리인으로 지정해 놓으면 마음이 든든할 것입니다.

이렇게 상담하세요

고객 현황

56세 남성, 소규모 사업체 운영 중. CI보험 가입의사를 표시하였으나 궁금한 사항이 많아 가입을 결정하지는 않은 상태.

> CI보험이 좋기는 한데, 혹시라도 나중에 노후자금이 부족해서 보험을 해지하게 되면, 손해가 크지 않을까요?

🙍‍♀️ 보험은 해지하시면 기본적으로 손해를 본다고 생각해야 합니다. 보험을 유지하고 싶어도 할 수 없는 상황은 대부분 돈이 없기 때문이겠지요?

이때 보험 해지를 방지하기 위한 다양한 서비스 특약이 CI보험에는 있어요. 우려하신 대로 노후생활비가 부족할 경우에는 연금전환 특약을 활용해 연금으로 전환하여 받으실 수 있으세요.

> 그런가요? CI보험은 중대한 질병에 해당될 때 사망보험금이 선지급 된다는 것이 장점이라고 하셨는데요, 중대한 질병이 아닌 상황에서 돈이 필요할 때는 해지할 수밖에 없지 않나요?

🙍‍♀️ 아~ 그 경우에는 중도인출 기능을 활용하시면 보험을 해지하지 않고도 적립금을 활용할 수 있습니다.

중도인출을 하여 자금을 받더라도 보장이 전부 사라지는 것이 아니라 중도인출한 금액 부분만큼 보험금과 해지환급금이 감소됩니다.

> 설명을 들어보니 나중에 돈이 필요할 때도 도움이 될 듯 하네요. 이제 의문이 모두 풀렸습니다.

그림으로 풀어보는 CI 보험 실전 활용 포인트

CI상황 발생하지 않을 때 돈이 필요하다면?

1. 중도인출 기능의 활용
   - 보험료 납입경과기간 2년 이상인 경우

2. 연금전환 특약의 활용
   - 보험계약기간 10년 이상, 피보험자 나이 50~80세 요건 갖춘 경우 신청가능

3. CI보험에서 제공하는 서비스 기능 활용
   - (예 : 생활자금설계 서비스, 보험금 부분전환 서비스 등)

CI보험금을 받을 수 있는 상황이란?

1. CI보장
   - 중대한 질병, 중대한 수술, 중대한 화상 및 부식 상황 발생시

2. 사망시
   - 피보험자 사망시(단, 여명이 12개월 이내 진단 시 사망보험금 일부 선지급)

3. LTC 보장
   - 일상생활장해상태 또는 중증치매상태

※상품마다 차이가 있을 수 있으므로 해당 상품의 약관을 참조하시기 바랍니다.

CI보험이 보장하는 주계약의 CI 보험금을 받기 위해서는 세 가지 조건 중 하나에 해당되어야 합니다. 이를 CI보험금을 받을 수 있는 상황이라고 할 수 있는데요,

① CI 상황 발생시 ② 사망시 ③ LTC 보장상황 발생시가 이에 해당됩니다.

한편, CI 상황이 발생하지 않았어도 돈이 필요할 수도 있는데요, 이런 경우에도 보험금을 지급 받을 수 있는 서비스가 세 가지 있습니다.

① 적립금을 중도인출 기능을 통한 자금 활용 방법,
② 연금전환특약 기능을 통한 생활자금 활용 방법과
③ 기타 CI보험에서 제공하는 서비스 기능을 활용할 수도 있습니다.(예 : 생활자금설계 서비스, 보험금 부분전환 서비스 등) 단, 보험상품별로 이런 기능이 없거나 다른 기능이 제공될 수 있으니 약관을 확인하시기 바랍니다.

CI보험은 CI 상황 발생시 뿐만 아니라 발생하기 이전에도 활용할 수 있는 다양한 서비스 특약을 갖추고 있습니다.

고객 상황에 맞춘 CI보험 설계 방법 1

32 CI보험은 고객의 상황에 맞춘 설계가 중요합니다.

> **CI보험은 어떤 고객에게 적합할까요?**

CI보험은 어떤 고객에게 적합할까요? CI보험이 적합한 고객을 찾고, 고객의 특성에 맞추어 설계하기 위해서는 CI보험의 특징과 본질을 먼저 생각해 볼 필요가 있습니다.

CI보험은 기본적으로 사망을 보장합니다. 사망보험이 필요한 사람은 미래 소득상실 규모가 큰 분일 것입니다. 따라서 소득규모가 평균 이상인 분들에게 적합하다는 사실을 고객에게 알릴 필요가 있습니다.

한편, CI보험은 사망보장과 중대한 질병, 간병상황을 대비할 목적으로 가입하는 상품이며, 여기에 적립금을 쌓아 미래 목돈활용이나 노후활용까지 염두에 두고 있어 보험료가 상대적으로 높습니다. 그래서 이런 준비가 필요하면서 보험료 납입여력이 있는 고객에게 적합합니다.

또한, 나이와 가족력도 중요한 점검사항입니다. 대부분의 질병은 40대를 넘어서면서 급속히 발생합니다. 특히 가족력이 있다면 일찍 발생할 수 있습니다. 주요 질병이 발병되는 정점은 60대를 전후로 나타납니다. 이 때가 되면 이미 병이 발생해서 보험에 가입하고 싶어도 가입할 수 없거나 가입할 수 있어도 퇴직 등으로 인해 가입이 어려울 수 있습니다.

CI보험은 40대 이상의 고객에게 적합한 이유가 여기에 있습니다. ① 소득이 높고 ② 질병 발생확률도 높아지면서 ③ 아직 소득을 유지하고 있을 때 시작해야 가장 좋기 때문입니다. 이 세 가지 요건에 해당하는 고객에게 CI보험은 매우 효과적인 상품이 될 것입니다.

나이가 40대를 넘은 고객

효과적인 보장플랜은 발생확률이 높고 치명적인 부분부터 준비하는 것이므로 사망원인 1~4위를 차지하고 있는 암, 심장질환, 뇌혈관질환, 폐렴에 대한 대비가 중요합니다. 그런데 발생확률과 치명성은 나이에 따라 다르게 나타나서 40대부터 치명적인 질병의 발생이 본격적으로 시작됩니다. 그래서 우리나라 5대 사망원인을 40대 이전과 이후로 나누어 살펴 볼 필요가 있습니다.

40대 이전은 질병으로 인한 사망보다는 자살이나 교통사고, 기타 사고 등으로 인한 사망률이 높습니다. 즉, 젊어서는 치명적인 질병이 발생할 확률이 낮다는 것입니다.

연령별 5대 사망원인 사망률(2017년)

(단위 : 인구 10만 명당 명, %)

	1-9세	10-19세	20-29세	30-39세	40-49세	50-59세	60-69세	70-79세	80세 이상
1위	악성신생물 1.9	고의적 자해 (자살) 4.7	고의적 자해 (자살) 16.4	고의적 자해 (자살) 24.5	악성신생물 42.5	악성신생물 126.7	악성신생물 305.5	악성신생물 744.9	악성신생물 1445.7
2위	운수 사고 1.4	운수 사고 2.7	운수 사고 5.1	악성신생물 13.8	고의적 자해 (자살) 27.9	고의적 자해 (자살) 30.8	심장 질환 61.3	심장 질환 227.4	심장 질환 1063.4
3위	선천기형 변형 및 염색체 이상 1.1	악성신생물 2.3	악성신생물 4.0	운수 사고 4.5	간 질환 12.2	심장 질환 28.1	뇌혈관 질환 45.1	뇌혈관 질환 186.1	폐렴 856.7
4위	가해(타살) 0.9	심장 질환 0.6	심장 질환 1.5	심장 질환 4.0	심장 질환 11.1	간 질환 25.4	고의적 자해 (자살) 30.2	폐렴 132.2	뇌혈관 질환 749.8
5위	심장 질환 0.6	익사 사고 0.4	뇌혈관 질환 0.7	간 질환 3.0	뇌혈관 질환 8.8	뇌혈관 질환 20.1	간 질환 26.1	당뇨병 85.6	고혈압성 질환 285.0

[2017사망원인통계, 통계청]

CI보험은 중대한 질병 등에 대비해 고액의 CI 보험금을 지급하는 것이 주된 목적입니다. 따라서 중대한 질병이 발생할 확률이 높아지는 40대 이후에 가입하면 더욱 효과적인 보장을 고객에게 제공할 수 있습니다.

중상의 소득을 가진 고객

올바른 보장플랜은 고객의 나이뿐만 아니라 자산과 소득규모도 고려되어야 합니다. 예를 들어 한 달에 150만 원을 벌고, 자산도 거의 없는 30대의 가장이라면 적은 돈으로 폭넓은 보장을 준비하는 것이 더 효과적일 것입니다.

한편, 자산이 7억 원 정도 되고, 한 달에 800만 원 이상 버는 40대 중반의 사업가라면 사소한 질병치료비 등은 자산으로도 충분히 해결할 수 있을 것입니다. 이 고객의 가장 큰 위험은 미래에 발생할 소득의 상실이라고 봐야 합니다. 사망하거나 큰 질병에 걸려 소득활동을 하지 못할 경우가 가장 위험하기 때문입니다. CI보험은 기본적으로 사망을 보장하고 고액의 질병보장을 제공하고 있습니다. 따라서 고객의 자산, 소득의 특성을 고려해야 합니다.

그럼 어느 정도의 자산과 소득이 있는 분들에게 CI보험을 권하면 좋을까요? 2017년 3월 말 기준 순자산 보유액이 1억 원 미만 가구는 34.1%, 1억~2억 원 미만 가구 18.5%입니다. 3억 원 미만 가구가 전체가구의 66.2%이며, 10억 원 이상의 자산을 가진 분들은 5.1% 정도입니다. 가구주 연령대별 순자산 보유액은 50대 가구가 3억 6,457만 원으로 가장

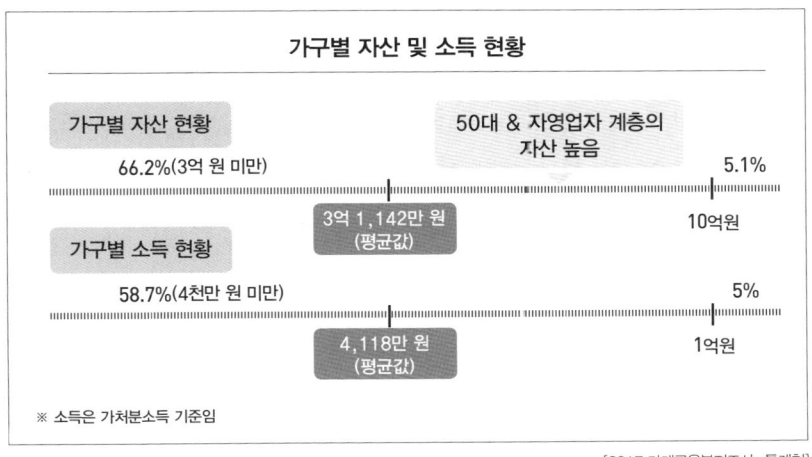

[2017 가계금융복지조사, 통계청]

많으며, 직업적으로는 자영업자가 3억 9,656만 원으로 임시 · 일용근로자(1억 3,015만 원)에 비해 월등히 높습니다.

2016년 기준으로 가구별 처분가능소득은 4천만 원 미만 가구가 전체 가구의 58.7% 정도이며, 1억 원 이상 가구가 5.0% 입니다. 이를 토대로 분석해 보면, 40대에서 50대 가구로써 순자산이 3억 원이 넘고, 가처분소득이 연간 4,100만 원(총소득 기준 5천만원) 이상인 자영업자와 고소득 상용 근로자 가구에 CI보험을 제안하는 것이 가장 효과적일 것입니다.

가족력이 있거나 유병력인 고객

가족력이 주요 질병발생의 원인이 될 수 있다는 점은 이미 가족력을 주제로 한 상담부분에서 알아보았습니다. 따라서 고객이 어떤 가족력을 가지고 있느냐는 매우 중요하므로 가족력이 있다면 CI보험의 필요성이 더욱 커질 것입니다.

가족력과 함께 체크해야 할 또 하나는 병력인데 대표적으로 고혈압과 당뇨의 병력을 체크할 필요가 있습니다. 고혈압은 그 자체로 사망원인 9위에 해당하지만 고혈압의 무서운 점은 합병증임을 우리는 잘 알고 있습니다. 고혈압의 5대 합병증 중 뇌혈관질환은 세 번째, 심장질환은 두 번째로 높은 사망원인이 되고 있습니다. 한편, 남성과 여성 고혈압 환자의 나이 대는 다소 차이가 있어 남성은 50대가, 여성은 60대가 가장 많고 나이가 들수록 여성의 비율이 높습니다.

당뇨 역시 합병증이 무서운 질병입니다. 초기에는 증상이 별로 없고, 급사하는 질병이 아니기 때문에 당뇨병을 심각하게 생각하지 않는 경향이 높은데, 당뇨는 우리나라 남성의 사망원인 7위이고 여성의 사망원인 5위일 만큼 높습니다.

당뇨가 일으키는 다섯 가지 질병인 뇌혈관질환, 심혈관질환, 신장질환과 족부병변, 실명(당뇨망막병증)은 우리 삶에 큰 영향을 미치는 질병입니다. 뇌혈관질환은 사망원인 3위이고, 심장질환은 2위 입니다. 말기 신부전이나 당뇨망막병증도 생각보다 많이 발생합니다.

가족력이 있거나 병력이 있는 고객이라면 CI보험을 활용해 더욱 든든한 보장을 할 필요가 있습니다.

이렇게 상담하세요

고객 현황

48세 자영업 사장님. 소득은 연 1억 원 이상으로 추정. 고혈압 있음

> 사장님 요즘 별일 없으시지요?
>
> 그럼요 특별한 일 없어요.
>
> 예전처럼 건강하시구요?
>
> 아~~ 건강은 한데…. 최근에 혈압이 좀 높게 나와 걱정이네요.

🙂 어느 정도나 나오셨는지요?

140 정도 된다고 하데요

🙂 음… 조금 높기는 하지만 아주 심각한 정도가 아니어서 잘 관리하시면 되실 것 같습니다. 혹시 부모님이나 형제자매 분들도 고혈압이나 다른 질병을 가진 적이 있으신가요?

아버님이 고혈압이죠. 저희 형도요. 어머니는 암으로 돌아가셨구요.

🙂 아~ 그러시군요. 고혈압은 형제력이 크게 작용하는 질병입니다. 아마 형님이 고혈압이어서 사장님도 고혈압이 될 가능성이 높을 것 같습니다. 또 하나, 가족력이 크게 작용하는 질병이 암인데요, 가족력이 있는 분들은 없는 가정에 비해 3배 정도 발생 확률이 높아진다는 연구 결과가 있습니다. 이 두 가지를 중심으로 보장설계를 하시는 것이 좋습니다.

제가…. 이미 건강보험에 가입하고는 있어요.

🙂 어떤 보험인지는 모르겠지만 건강보험은 꼭 필요하신데 잘 가입하셨으리라 생각됩니다. 제가 한번 봐 드릴게요.

제가 보장 분석을 할 때는 최대한 고객님의 재무상황과 가족력, 유병력을 고려해서 최적의 플랜을 찾아 드립니다. 여기에 향후 발생 가능성이 높고 고객님의 직업과 나이에 적합한 보장도 함께 점검해 드립니다. 많은 분들이 싼 보험을 좋다고 하는데, 정작 보험료는 싸지만 보장은 제대로 되지 않는다면 그것이야 말로 비싼 보험이 아니겠습니까?

그 말씀이 맞는 것 같네요.

그림으로 풀어보는 CI 보험 실전 활용 포인트

고객 상담을 위한 효과적인 질문 방법

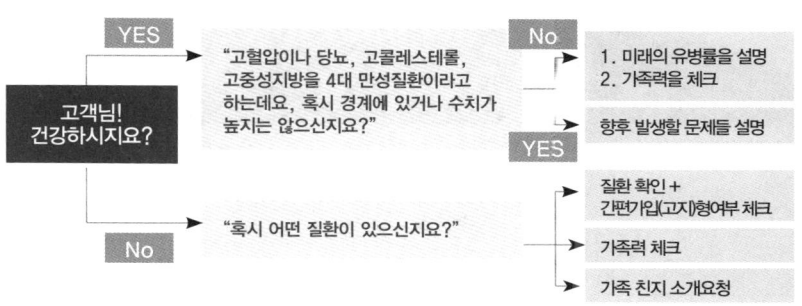

지금까지 알아 본 내용을 실제 고객상담에서 활용하기 위해서는 사전에 고객응대를 대비한 질문 화법을 준비할 필요가 있습니다.

먼저, 고객의 근황을 질문하는 것은 기본입니다. 잘 지내는지, 특별한 일은 없었는지 일상적인 대화 속에서 최근 고객이 겪고 있는 특별한 상황을 파악해야 합니다.

그리고 고객의 건강에 대해 질문을 시작합니다. 고객이 건강하다고 한다면, 고객의 가족력을 질문하는 것이 필요합니다. 가족력을 질문할 때는 먼저 만성질환부터 풀어내면 효과적일 것입니다. 특히, 고혈압, 당뇨 등과 같은 만성질환을 중심으로 질문을 시작하면 좋습니다. 만성질환이 있는지 질문한 후 만약, 만성질환이 있다면 이들 질병으로 인해 발생하는 여러 질병의 위험을 설명하고, 없다면 가족력에 대해 질문을 해 나가도록 합니다.

만약, 고객이 건강하지 않다면 어떤 질환이 있는지를 체크합니다. 일반 건강보험에 가입할 수 없을 경우에는 간편가입(고지)형 보험 가입이 가능한지 체크하고 이를 가입할 수 있도록 안내하며, 질환이 있으나 완치 되었다면 가족력을 체크한 후 추가보장의 필요성을 설명합니다.

또한 질환이 있고, 가족력이 있다면 해당가족과 친지를 소개받아 적극적으로 보장 플랜을 다시 제공합니다. 즉, 이를 통해 적극적으로 고객 확대를 해나가는 것입니다.

고객 상황에 맞춘 CI보험 설계 방법 2
앞으로 우리가 살아 갈 시대는 生→老→病→療→死의 시대가 될 것입니다.

> 왜 CI보험이 미래의 변화로부터 우리 삶을 대비할 수 있는 상품일까?

우리는 미래에 고객의 삶은 물론이고 우리 자신의 삶도 어떻게 전개될지 아무도 알 수 없습니다. 갑자기 사망할 수도 있고, 건강하게 백 세까지 장수할 수도 있습니다.

개개인의 삶은 실로 다양하게 펼쳐지겠지만 개인의 삶의 합계인 통계는 미래가 어떤 방향으로 변할 지를 알려주는 중요한 메시지가 되고 있습니다.

지금까지 우리는 生→老→病→死의 라이프 사이클 모습으로 살아왔지만 앞으로 우리 삶은 生→老→病→療→死의 라이프 사이클로 변화될 가능성이 매우 높습니다. 즉, 늙어서 병이 들어도 곧바로 사망하지 않고 의료기술의 발전으로 병이 있는 상태에서 다소 장기간의 요양

(또는 간병)상황이 생겨나게 되었다는 것입니다. 그래서 앞으로는 이 부분에 대한 준비를 고려한 보장설계가 반드시 필요합니다.

고객이 이런 라이프 사이클의 변화를 이해하고 공감을 하면 할수록 CI보험 판매 성공률은 높아질 것입니다. 물론 사고나 질병으로 예상치 못한 사망에 이르러 生→老→病→療→死의 사이클을 벗어나는 경우가 발생할 수도 있습니다. 이런 상황이 발생해도 CI보험을 활용해 대비가 가능함을 설명할 수 있다면 더욱 효과적인 상담이 될 것입니다.

우리는 어떤 삶을 살아가게 될까요?

CI보험의 필요성과 역할을 설명할 때 효과적인 방법은 무엇일까? 이런 고민을 해본 분들이 많을 것입니다. CI보험의 사망보장을 강조하면 고객들은 "죽어야 받는다"라고 생각할 것입니다. 그런데, 고객들은 저마다의 생각이 달라 어떤 고객은 빨리 죽는 것 보다는 오래 사는 것이 더 두렵다고 하고, 어떤 고객은 병에 걸리는 것을 더 두려워 할수도 있고,

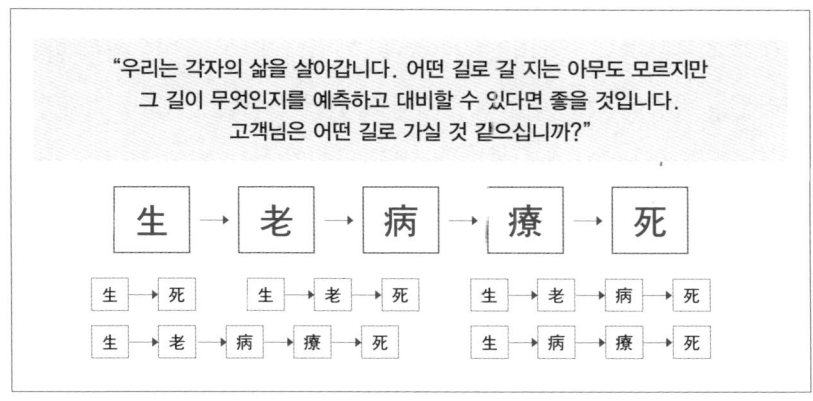

또 다른 고객은 치매와 같은 장기요양상황에 처할 것이 두려울 수도 있습니다.

처음 대화를 시작할 때 다음과 같이 이야기로 풀어보면 어떨까요?

> "우리는 각자의 삶을 살아갑니다. 그리고 각자의 길로 가게 됩니다. 어떤 이는 갑작스런 죽음이나 사고로 인해 生에서 死로 바로 가기도 하고, 어떤 이는 건강하게 오랜 삶을 누리다 가기도 합니다. (生→老→死) 또 어떤 이는 나이가 들어 병에 걸려서 오랫동안 앓다가 가기도 합니다.(生→老→病→療→死) 어떤 길로 갈 지는 아무도 모르지만 그 길이 무엇인지를 예측하고 대비할 수 있다면 좋을 것입니다.
> 고객님은 어떤 길로 가실 것 같으십니까?"

실제 고객의 삶이나 생각은 다양한데, CI보험의 특정 기능만 강조한다면 어떻게 될까요? 그래서 '우리는 어떤 삶을 살아갈지'에 대한 주제로 대화를 시작할 필요가 있습니다.

이렇게 질문하면서 고객의 생각을 듣는 것입니다. 이런 이야기를 할 때 여러분은 다양한 경로를 미리 생각하고 있어야 합니다. 갑자기 사망하는 상황, 건강하게 오래 살게되는 상황, 나이가 들어 병에 걸리는 상황, 오랜기간 간병해야 하는 상황, 갑자기 병에 걸리고 간병까지 이어지는 상황 등 다양한 상황을 고객이 이야기 했을 때 어떻게 대응할 것인지 미리 준비하는 것이 중요합니다.

生 → 死 의 길로 간다면?

고객을 만나기 전 고객의 나이에 CI보험을 가입할 경우(고객 재무상황을 고려해 보장금액을 임의로 설정합니다.) 매월 납입하는 보험료 규모와 보장 규모를 아래의 그림으로 설명한 후 다음과 같이 고객에게 이야기 합니다.

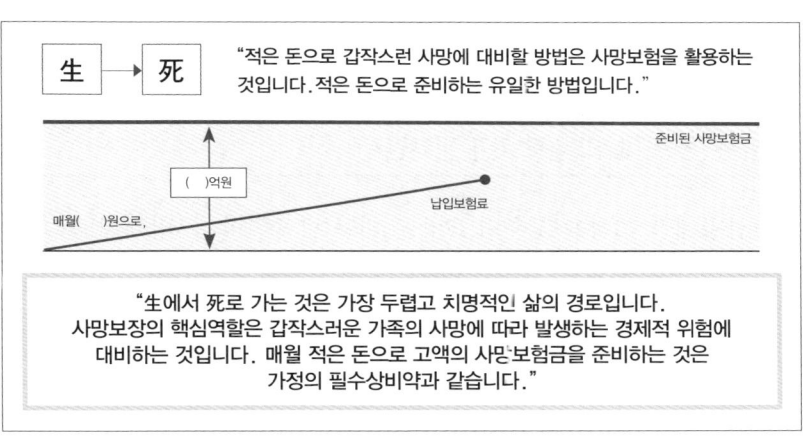

먼저 生에서 死로 이어지는 갑작스런 상황부터 설명해 보세요. 이 상황은 가장 치명적인 상황이겠지요? 사망보장의 가장 중요한 핵심역할이 바로 이런 상황에 대비하는 것임을 누구나 알 수 있습니다. 다만, 이런 저런 이유로 가입이 어려울 뿐입니다.

> "生에서 死로 가는 것은 가장 두렵고 치명적인 삶의 경로입니다. 사망보험의 핵심역할은 갑작스러운 가족의 사망에 따라 발생하는 경제적 위험에 대비하는 것입니다. 매월 적은 돈으로 고액의 사망보험금을 준비하는 것은 가정의 필수상비약과 같습니다."

이렇게 필요성을 강조해도 고객의 마음 속에는 거부의사가 있을 수 있습니다. 사망보장의 필요성을 강조하고 나서 해야 할 것은 바로 반대의 상황이 벌어질 수 있다는 개연성을 함께 설명하는 것입니다. 사망보험의 필요성을 덜 느끼는 고객은 반대로 오래 사는 것에 대한 부담을 더 크게 느끼고 보험가입 보다는 돈을 모으는 것이 중요하다고 생각할 수 있기 때문입니다.

生 → 老 → 死 의 길로 가게 된다면?

조기사망에만 초점을 맞추면 고객은 마음이 불편할 수 밖에 없습니다. 누구나 건강하게 오래 살기를 바라니까요. 그래서 고객의 이런 마음을 헤아려 건강하게 노후를 맞이하고 사망하는 상황이 발생할 경우 CI보험이 어떤 역할을 할 지에 대해 설명할 필요가 있습니다.

고객에게는 이렇게 설명하면 어떨까요?

> "生에서 老로, 그리고 死로 가는 것은 우리가 가장 원하는 최고의 삶이죠. 문제는 건강하게 오래 살 때 필요한 생활비가 부족하다면 최고가 최악이 되지 않을까요? 이때에는 CI보험의 연금전환 특약을 통해 해결할 수 있습니다."

연금개시시점의 해지환급금을 일정하게 종신토록 연금으로 받을 수도 있으며, 많은 돈이 필요한 기간 동안에는 소득보장형으로 더 많이 받을

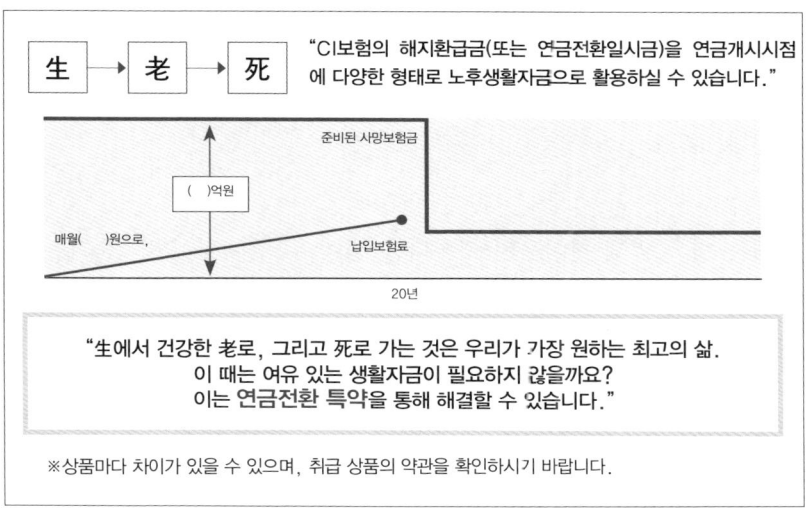

수도 있고, 매년 연금액이 증가되는 체증형으로 받거나 그 외에 부부형 연금도 선택할 수 있어 한 분이 사망해도 남은 분이 받을 수 있음을 설명합니다.

CI보험은 사망보장은 물론이고, 적립기능으로 미래에 연금전환특약을 활용하여 다양한 방법으로 연금을 수령할 수 있음을 설명합니다.

生 → 老 → 病 → 死 의 길로 가게 된다면?

생로병사의 전통적인 라이프 사이클에 따른 삶을 살아가게 될 때 CI보험의 역할을 설명하는 것도 중요합니다. 이 부분은 다양한 건강보장 특약을 활용함으로써 CI보험이 역할을 할 수 있음을 강조하는 것이 포인트입니다.

우리는 일반적으로 늙고, 늙어서 병에 걸리고, 병으로 고생하다가 삶을 마감하게 되는데, 이때 병에 걸린다는 것은 어떤 의미를 가지고 있는 것일까요?

첫째는 병은 언제 찾아올지 모른다는 점이 두려운 것이고, 둘째는 처음에는 그리 심각하지 않은 상황에서 시작해서 시간이 지날수록 병은 점점 깊어지게 되고, 결국 치명적인 상황까지 가게 됩니다. 이 때 가장 큰 경제적 부담이 발생하게 될 것입니다.

따라서 소액암에서부터 치료비, 수술비, 입원비 등 필수적으로 부담되는 다양한 비용을 충당할 준비가 되어 있어야 합니다. CI보험은 다양한 건강보장특약으로 한번 발생하고 또 발생해도 지급하는 CI 두번 보장, 소액암보장 특약, 뇌출혈, 급성심근경색 진단만 받아도 보장하는 진단

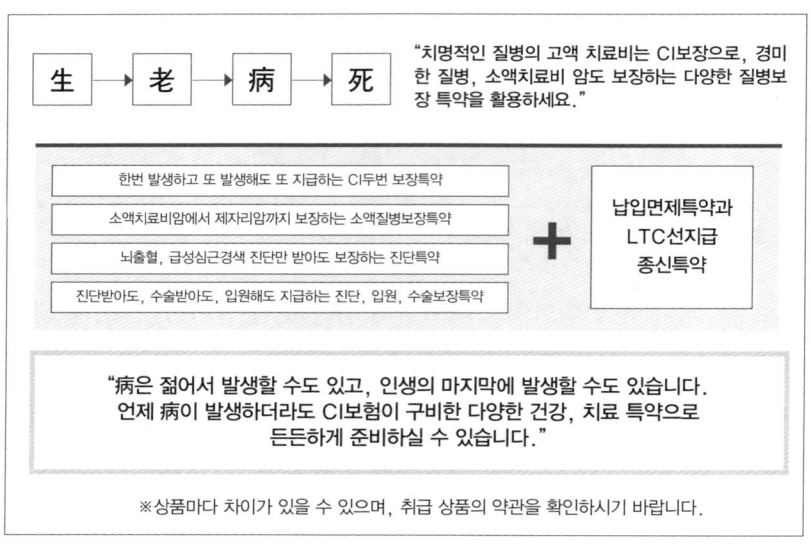

특약, 진단이나 수술, 입원시에 지급하는 진단, 입원, 수술보장 특약, 납입면제 특약과 LTC 선지급 종신 특약까지 갖추고 있습니다.

여기에 고객이 이미 가입하고 있는 건강보험이 더해지면 더욱 완벽한 보장이 될 수 있음도 함께 설명하면 좋습니다. CI보험은 기존에 가입된 건강보험과 상호보완관계를 가진다는 점도 설명하면 좋을 것입니다.

> "병은 젊어서 발생할 수도 있고, 인생의 마지막에 발생할 수도 있습니다. 고객님 인생에 언제 병이 발생하더라도 CI보험이 갖추고 있는 다양한 건강보험 특약으로 든든하게 준비하실 수 있습니다."

生 → 老 → 病 → 療 → 死의 길로 가게 된다면?

최근 전통적인 생로병사의 라이프 사이클이 무너지고 있습니다. 의료기술의 발전과 수명증가로 인해 반드시 요양상황이 발생하기 때문입니다.

요양상황이 발생하는 원인은 매우 다양합니다. 교통사고 등으로 일상생활을 하지 못할 정도의 장애를 입을 수도 있고, 질병으로 인해 요양을 해야 하는 상황이 발생할 수도 있습니다. 뇌졸중 같은 경우에는 발병 2년 뒤에도 독립적 일상생활이 불가능한 환자가 33.1%나 됩니다. 뇌졸중 발병 환자의 28.1%는 4년 뒤에도 제대로 거동하지 못할 정도로 심각한 질병입니다('뇌졸중 환자의 재활 분야 장기적 기능 수준 관련 요인에 대한 10년 추적조사 연구, KOSCO)

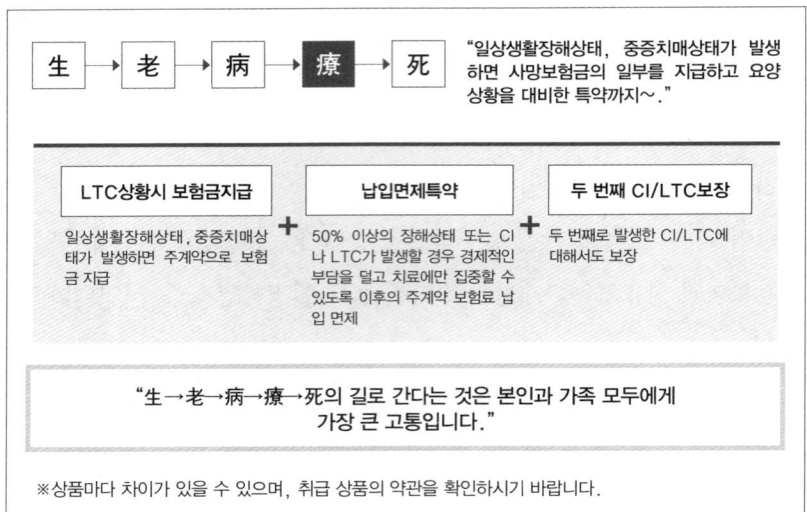

또한 장기요양하면 떠오르는 대표적인 질병이 치매입니다. 2017년 기준 우리나라 치매 환자는 약 72만 명 수준으로 파악되고 있습니다. 노인 10명 중 1명이 치매입니다. 이런 치매 환자가 2050년에는 220만 명까지 늘어날 것으로 보고 있습니다.(중앙치매센터 2017)

치매에 걸리면 장기간 동안 적지 않은 액수의 돈이 필요한데 사망해야만 보험금을 지급받을 수 있다면 얼마나 불편할까요? CI보험은 이런 트렌드에 맞춰 아주 다양한 장기간병 특약을 구비하고 있습니다.

최근 출시되는 CI보험의 특징은 주계약으로 아예 LTC 상황을 보장하고 있어 일상생활장해상태나 장기요양상태가 발생하면 사망보험금을 미리 지급합니다.(자세한 지급 요건은 각 상품의 약관을 참조. 상품마다 차이가 있을 수 있습니다.)

이와 관련하여 고객과 상담할 때는 이렇게 대화를 시작해 보세요.

> "우리는 보통 생로병사를 겪으면서 살아간다고 알고 있는데요, 이런 라이프 사이클이 완전히 바뀌고 있다는 이야기 들어보셨는지요? 이제는 생로병요사의 사이클로 급격히 변하고 있다고 합니다. 실제로 어르신들이 가장 두려워하는 병은 '치매'라는 조사결과도 있습니다. 최근 의료기술의 발전은 요양(간병)기간을 더욱 길게 만들고 있습니다. 아프지만 오래 살 때 가장 큰 부담은 장기요양간병비가 아닐까요?"

이렇게 상담하세요

고객 현황

50세 부부. 남편은 대기업 이사, 부인은 커피전문점 경영.
자녀 2명 모두 해외 유학중.

🧑‍🦰 고객님, TV에서 생로병사라는 프로그램을 보신 적 있으시지요?

그거 아주 유명한 프로그램 아닌가요? 몇 번 봤죠.

🧑‍🦰 저도 자주 보는데요, 저는 그걸 보면서 정말 세상에는 많은 병이 있고, 이를 고치는 의료기술도 대단하다는 생각이 들었습니다.

그러게요. 정말 건강이 최고의 자산이 아닐까 생각해요.

🧑 우리는 생·로·병·사를 겪으면서 살아간다고 알고 있는데요, 지금은 이런 라이프 사이클이 완전히 바뀌고 있다는 이야기 들어보셨는지요? 이제는 생·로·병·요·사의 사이클로 급격히 변하고 있다고 합니다. 실제로 어르신들이 가장 두려워하는 병은 '치매'라는 조사결과도 있습니다.

최근 의료기술의 발전은 장기요양기간을 더욱 길게 만들고 있습니다. 얼마전 뉴스를 보니 남성의 유병기간은 15년이고 여성은 무려 20년이라고 하더군요. 병에 걸린 이후에 장기요양이란 사이클이 생긴 것이지요. 고객님 주변에도 요양병원에 오랫동안 계시는 어르신들 있으시지요?

그렇죠. 정말 많죠

🧑 사람은 저마다 각자의 삶을 살고, 다른 길을 가게 되는데, 크게 보면 우리 앞에는 네 개의 길이 있습니다. 1번 길은 生에서 死로 가는 길입니다. 갑작스러운 죽음의 길이죠, 2번 길은 건강하게 오랫동안 행복한 삶을 누리다 가는 길을 말합니다.

이른바 生→老→死의 길이죠. 3번 길은 生→老→病→死 의 길인데요, 9988234의 길이기도 해요. 4번 길은 최근 만들어진 길인데요, 나이 들고, 아프고, 오랜기간 간병상황에 있다가 돌아가시는 길이죠. 이른바 生→老→病→療→死의 길인 것이죠.

우리는 어떤 길로 갈지 모른다는 것이 문제이긴 한데요… 저는 보통의 경우라면 4번 길로 갈 확률이 가장 높을 것 같다는 생각이 들어요. 혹시 고객님은 치매나 질병때문에 장기간병상황이 발생하면 연간 얼마 정도의 돈이 필요한지 생각해 보셨는지요?

아뇨~ 얼마나 드나요?

🧑 연간 2,000만 원 정도 든다고 합니다. 그리고 치매에 걸리면 12.6년 정도 더 산다는 연구 조사가 있어요. 따라서 약 2억 원 정도의 간병자금을 쓸 수 밖에 없다고 합니다. 고객님께서는 준비해 놓으셨을 것 같

은데요?

준비요? 건강보험 정도 밖에는 없는데….

🙍 제가 보험을 설계할 때 꼭 고려하는 것이 있는데요, 사람은 어떤 길로 갈지 아무도 알 수 없으며, 어떤 길로 가더라도 도움이 될 방법으로 설계해야 한다는 것입니다. 갑작스러운 사고가 발생해도, 건강하게 오래 살아도, 병에 걸려 많은 병원비가 들어도, 장기요양상황이 발생해도 도움이 될 수 있는 보장설계가 정말 중요하기 때문입니다.

다행히 최근 이런 다양한 상황에 모두 도움이 될 수 있는 상품이 개발되었습니다.

그런 상품이 있어요? 뭔가요?

🙍 최근 새롭게 개발된 CI보험이 있는데요, 이 보험은 이런 상황 모두에 대비할 수 있는 최적의 상품입니다.

아~ CI보험요? 저도 들어 봤는데, 치명적인 질병에 걸렸을 때 보험금을 준다고 해서 별로 생각하지 않았어요.

🙍 아~ 그러셨군요? CI보험에 대해 일부분만 이해하는 사람들은 그렇게 생각하기 쉬운데요, 말씀하신 부분은 CI보장의 내용이고요, 여기에 사망 시 종신보험처럼 사망보험금을 지급하고요, 장기간병보장도 기본계약에 포함되어 있습니다.

LTC란 일상생활장해상태와 중증치매상태를 말하는데요, 이때도 보험금을 지급합니다. 여기에 특약을 활용해 건강보장의 범위도 늘릴 수 있어요. 게다가 연금전환이나 중도인출기능이 있어 건강할 때도 적립금을 활용할 수 있으세요.

그림으로 풀어보는 CI 보험 실전 활용 포인트

4개의 라이프 사이클(인생길)

1. 生 → 死   종신토록 보장하는 사망보험금이 중요한 상황
2. 生 → 老 → 死   종신토록 노후생활을 누릴 현금이 중요한 상황
3. 生 → 老 → 病 → 死   고액의 치료비 준비가 중요한 상황
4. 生 → 老 → 病 → 療 → 死   장기간병비가 필요한 상황

※상품마다 차이가 있을 수 있으므로 해당 상품의 약관을 참조하시기 바랍니다.

좋은 보험이란 불확실한 미래에 어떤 상황이 발생하더라도 도움이 될 수 있는 보험일 것입니다. 미래를 확신할 순 없겠지만 사람의 일생에는 대체로 4개의 길이 있다고 합니다. 즉, 우리가 갈 길은 이 4개의 길 중 하나라는 것입니다. 이 4개의 길 어디로 가더라도 보장을 충실하게 받아야 하는데, CI보험이 그 역할을 잘 할 수 있는 상품이기에 소개드리려고 합니다.

첫 번째 길은 生에서 死로 바로 가는 길입니다. CI보험은 사망보험이고 종신보험의 성격을 가지고 있으므로 갑작스런 사망에 대한 대비에 가장 적합합니다.

두 번째 길은 生에서 老를 거쳐 死로 가는 건강한 삶을 사는 길입니다. 이 때는 노후생활자금이 필요한데, CI보험의 연금전환기능이나 중도인출 기능을 활용해 CI 상황이 발생하지 않아도 자금을 활용할 수 있습니다.

세 번째 길은 生→老→病→死의 길입니다. 이 때는 의료비가 가장 큰 부담이 되는데, CI보험의 주계약과 건강보장 특약을 활용해 해결할 수 있습니다.

네 번째 길은 生→老→病→療→死의 길입니다. 이 때는 치료비 뿐만 아니라 장기간병비에 대한 부담까지 더해지게 되는데, 최근 CI보험은 LTC 상황이 발생했을 때 주계약으로 보험금을 지급합니다.

이렇듯 CI보험은 고객이 어떤 길로 가더라도 도움이 되는 역할을 할 수 있습니다.